Die letzten Stimmen des Holocaust

LOUIS PAWELLEK

Die letzten Stimmen des Holocaust

12 Überlebende erinnern sich

Nachwort von
Bestsellerautor &
Literaturpreisträger
RICHARD BROX

echter

Bibliografische Information der Deutschen Nationalbibliothek
Die Deutsche Nationalbibliothek verzeichnet diese Publikation in der Deutschen Nationalbibliografie; detaillierte bibliografische Daten sind im Internet über http://dnb.d-nb.de abrufbar.

2. Auflage 2024

www.echter.de

Covergestaltung: Vogelsang Design, Jens Vogelsang, Aachen
Layout Innenteil: satzgrafik Susanne Dalley, Aachen
Druck und Bindung: CPI books – Clausen & Bosse GmbH, Leck

ISBN 978-3-429-05947-7
ISBN 978-3-429-06647-5 (PDF)
ISBN 978-3-429-06648-2 (ePub)

INHALT

VORWORT

Das Thema Holocaust sowie das breite Themenfeld des Zweiten Weltkrieges haben mich schon seit meiner Jugend sehr interessiert.

Als Auslöser für das große politische und geschichtliche Interesse benenne ich stets zwei Personen. Zum einen meine damalige Lehrerin an der Europarealschule in Horn-Bad Meinberg, Frau Schumacher, die den Unterricht in den Fächern Politik und Sozialwissenschaften lehrte, und zum anderen meinen Onkel aus Neuburg an der Donau, der Horst heißt. Er war schon in meiner Jugend in der SPD aktiv und mein politisches Vorbild.

Frau Schumacher hatte mich stets in ihrem Unterricht gefördert und merkte sehr schnell, dass mir politische und geschichtliche Themen sehr liegen. Gemeinsam planten wir politische Diskussionsrunden mit Gästen aus dem Land- und Bundestag, luden den Bürgermeister oder andere regionale politische Vertreter sowie einen Historiker ein oder organisierten Gedenkstättenfahrten wie zum Beispiel nach Bergen-Belsen bei Celle oder an die Wewelsburg bei Paderborn. Sie hatte immer ein offenes Ohr für mich und meine vielfältigen Ideen. Ich bin ihr sehr dankbar, denn ihr guter Zuspruch und der Ratschlag, dass ich das Engagement beibehalten solle, führten nach einigen Jahren zu diesem besonderen Buch. Bei einer anderen Lehrerin der Realschule nahmen wir das Thema der NS-Zeit im Zweiten Weltkrieg durch, leider nur an wenigen Seiten im Geschichtsbuch, was mich sehr störte. Es wurde in einer Windeseile mit Zahlen und Daten zu Toten oder Deportierten um sich geworfen, bis sich dann schon das nächste Thema im Buch andeutete. Wir lernten aber trotzdem einiges über die politischen Strukturen und wichtige Personen des NS-Regimes. Bis zum heutigen Tag ist es für mich schwer verständlich, wie in kürzester Zeit ein so enormer politischer Umschwung in Deutschland vollzogen wurde und so eine völlige Veränderung der Ideologien auf das Volk zukam. Ich konnte all die Zahlen und Daten am Ende gar nicht richtig verarbeiten. So machte ich mir Gedanken, wie ich das Thema für mich persönlich intensivieren könnte. Ich forschte im Internet nach einer möglichen Zeitzeugin oder einem Zeitzeugen, die dieses dunkle Kapitel der deutschen Geschichte miterlebt hatten. Meine Suche traf auf den Namen Karla Raveh, die mehrere Konzentrationslager und Ghettos der Nationalsozialisten überlebt hatte wie Auschwitz-Birkenau und Theresienstadt.

Sie war eine Überlebende des Holocaust, die ihre Wurzeln ebenfalls in der Region, genauer gesagt in der lippischen Hansestadt Lemgo, hatte. Ihr fester Wohnsitz war hingegen in Israel, einem Land, in das viele Überlebende nach dem Zweiten Weltkrieg emigrierten. Ich hielt mit Frau Schumacher Rücksprache, was sie davon halten würde, wenn ich ein mögliches Treffen oder Interview bei Karla Raveh anfragen würde. Sie hob hervor, dass es mit Sicherheit ein sehr wichtiges und bedeutsames Treffen für mein Engagement wäre. So ging ich meine Planungen an. Zum damaligen Zeitpunkt war ich 17 Jahre alt. Leider fehlten mir jegliche Kontaktdaten und ich forschte das ganze Internet nach möglichen Ansprechpartnern durch, bis ich herausfand, dass eine Gesamtschule in Lemgo ihren Namen trug. Sofort verfasste ich eine E-Mail mit meinem Anliegen, was auch über das Sekretariat an Frau Raveh weitergeleitet wurde. Ich hatte Glück, denn Frau Raveh war wenige Wochen später auf Besuch in ihrer alten Heimat. Bei diesem Besuch würde sie in der Schule und weitere Termine im Kreis Lippe wahrnehmen. Ich bekam ihre Telefonnummer und ich rief sie voller Nervosität an. Wir vereinbarten gemeinsam einen Termin für das Interview. So fuhr ich mit einem Klassenkameraden, der das Interview mit seiner Kameraausrüstung aufzeichnete, zu ihrem Geburtshaus, dem „Frenkel-Haus“ in Lemgo.

Die Lebensgeschichte von Karla Raveh wird in einem Kapitel dieses Buches ausführlich beschrieben, denn ihre berührende und mahnende Geschichte „packte“ mich, sodass mein geschichtliches Interesse immer weiter wuchs.

Dank Frau Schumacher konnte ich das Interview in der Schule vorstellen und weitere Schülerinnen und Schüler auf das, was im Zweiten Weltkrieg geschehen war, aufmerksam machen. Das Interview wurde im Anschluss auf CD gebrannt, an mehrere Schulen weitergereicht und fand zudem immer wieder den Weg in die regionalen Medien. Als ich die Realschule nach einem erfolgreichen Abschluss verließ, schenkte mir Frau Schumacher eine DVD. Es handelte sich um den Film „*Schindlers Liste*“, der mich beim ersten Anschauen so berührte, dass ich später die originalen Orte, wie die Emaillefabrik von Oskar Schindler und das Konzentrationslager Plaszow in Krakau, besuchte.

Mein Onkel Horst ist Mitglied in der SPD, war zum damaligen Zeitpunkt dritter Bürgermeister von Neuburg an der Donau und kandidierte vor einigen Jahren für den bayrischen Landtag. Ich erlebte einige Situationen im Wahlkampf mit. Zwei sind mir dabei im Kopf geblieben. Horst war in Neuburg bekannt wie ein bunter Hund und wurde bei unseren Spaziergängen durch die Stadt von jedem auf der Straße gegrüßt. Wie oft hörte ich den Zuruf „Grüß Gott, Herr Winter“, es war schon ein tolles Gefühl, einen bekannten Onkel zu haben. Zudem durfte ich auch in seinem Flyer für den Wahlkampf auf einem Bild vertreten sein. Wir führten zahlreiche politische und geschichtliche Gespräche, die am Ende mit Überzeugung zu meinem Eintritt in die SPD und bei den Jusos führten. Prompt erhielt ich als Neumitglied von der lippischen SPD mein kleines rotes Parteibuch sowie eine edle Anstecknadel verliehen. Ich fühlte mich geehrt und war voller Tatendrang. Einige Jahre gestaltete ich in dieser Partei auf kommunaler Ebene im Kreis Lippe das politische Geschehen mit. Meine Unterstützung brachte ich bei Wahlständen und generell bei Wahlkämpfen oder auch bei Tagungen sowie Diskussionsrunden mit ein. Mehrere Male war ich im Landtag von Nordrhein-Westfalen in Düsseldorf zu Besuch, war Mitglied im Jugendlandtag des Landes NRW und nahm an Konferenzen teil, bei denen auch Politiker wie Karl Lauterbach, Franz Müntefering, Gerhard Schröder oder Peer Steinbrück anwesend waren. Durch meinen guten Kontakt zu einem lippischen Landtagsabgeordneten organisierte ich eine Fahrt in den Landtag, ebenfalls gemeinsam mit Frau Schumacher. Mein Onkel war damals immer ein Ansprechpartner gewesen, wenn ich mit Blick auf die Partei mal einen Ratschlag oder Tipps benötigte. Das war für mich eine aufregende Zeit mit vielen besonderen Begegnungen, Gesprächen und Erlebnissen, die ich auch nach meinem Austritt aus der Partei stets gut in Erinnerung behielt. Mein Terminkalender war immer gut gefüllt und dies ermöglichte mir auch, die ersten Freundschaften und ein Netzwerk in Lippe aufzubauen. Da ich mich aber am Ende immer mehr auf mein geschichtliches Interesse fokussierte, litt die Arbeit in der Partei darunter, sodass ich nur noch ein „zahlendes Mitglied" war, was den Austritt bestärkte. Ich möchte betonen, dass ich trotzdem der Demokratie sehr verbunden bin und mich auch aus geschichtlichem Interesse in Bezug auf die „NS-Zeit" sehr dafür einsetze, die Demokratie aufrechtzuerhalten. Eine Diktatur ohne Meinungsfreiheiten dürfen wir in der Bundesrepublik Deutschland niemals mehr zulassen. In meiner Jugend sollte ebenfalls eine Partei, die für einen bis zum heutigen Tag wachsenden und anhaltenden Rechtsruck sorgen sollte, gegründet werden. Eine Partei, die meistens wegen negativer Schlagzeilen, rechtsradikale Äußerungen und Fehltritten in die Medien gelangen würde. Ich stellte mir damals so wie heute die Frage, ob die Wählerinnen und Wähler aus der damaligen Zeit beziehungsweise dem Geschichtsunterricht nichts gelernt haben.

Das vorhin angesprochene Treffen mit Karla Raveh führte mich zu einem weiteren wichtigen Schritt. Da das Konzentrationslager Auschwitz, welches Karla Raveh überlebte, als Synonym für den Holocaust gilt, wuchs in mir der große Wunsch, die Gedenkstätte in Polen zu besuchen. Ich muss sagen, dass der Name „Auschwitz" auch in meiner Schulzeit das am häufigsten verwendete Wort im Zusammenhang mit den Nationalsozialisten und der Judenverfolgung war. Es war mein damaliges Ziel, diesen Ort, an dem Karla Raveh die Grausamkeiten der Nationalsozialisten erleben musste, als Vertiefung unseres Gesprächs zu besuchen. Meine Überlegungen gingen so weit, dass ich meine erste Fahrt, der noch viele weitere nach Auschwitz folgten, alleine antreten wollte. Die Angst, unterwegs bei meiner ersten Zugreise nach Polen durch meine Unwissenheit verloren zu gehen, überwog, sodass ich mir eine andere Möglichkeit überlegte. Auch in diesem Fall stand mir das Glück bei, denn durch einen Zufall las ich in einer regionalen Zeitung, dass ein Jugendzentrum aus der lippischen Stadt Schieder-Schwalenberg noch Teilnehmer für eine mehrtägige Fahrt in die Gedenkstätte Auschwitz suchte. Voller Freude über diese Möglichkeit meldete ich mich für die Fahrt an. Dass diese eine sehr hohe Bedeutung für mein weiteres Leben haben würde, wusste ich zu diesem Zeitpunkt noch nicht. An einem frühen Morgen startete die Busreise an unserem Treffpunkt am Bahnhof. Der Bus fuhr um kurz vor fünf Uhr los und mein Herz schlug vor Aufregung während der gesamten Fahrt sehr schnell, denn sie war für mich nach dem Gespräch mit Karla Raveh ein ganz besonderes und hautnahes „Erlebnis".

Es vergingen viele Stunden, bis wir in Oswiecim *(damals: Auschwitz)* ankamen. Es war noch hell draußen, sodass ich aus dem Fenster des Busses auf dem Weg zur Unterkunft das Treiben in der rund 40.000 Einwohner zählenden Stadt in der polnischen Woiwodschaft Kleinpolen anschauen konnte. Dass Oswiecim auch eine Stadt ist, das wusste ich vor der Ankunft nicht. Ich hatte bis zu diesem Zeitpunkt stets die Vermutung, dass der Name nur auf das Konzentrationslager zutrifft. Umso mehr war ich überrascht, denn es gab in der Stadt zahlreiche Geschäfte, eine Burg, mehrere Kirchen und, da der Fluss Sola als Nebenfluss der Weichsel durch die Stadt fließt, eine besondere Flora und Fauna. Was mir aber sofort auffiel, war, dass fast alle paar Sekunden ein vollbesetzter Reisebus an uns vorbeifuhr. Zudem konnte ich an den Kennzeichen erkennen, dass die Busse aus verschiedenen Ländern angereist waren. Ich ahnte schon, dass sie wohl die Gedenkstätte als Reiseziel hatten. Untergebracht waren wir in der internationalen Jugendbegegnungsstätte und das Zimmer teilte ich mir mit einem anderen Mitreisenden. Die kommenden Tage sollten neben einer lückenlosen Vorbereitung auf die Besuche des Stammlagers I und von Auschwitz-Birkenau weitere Termine im durchgeplanten Programm beinhalten. Die Besuche in beiden Lagern des gesamten Komplexes waren etwas sehr Besonderes, Berührendes und Emotionales für mich, denn ich erlebte das Erzählte von Karla Raveh vor Ort wieder. Ihre Erzählungen sollten sich vor meinen Augen abspielen, es klingt komisch, aber anders kann ich es nicht beschreiben. Die Gänsehaut und die Tränen in meinen Augen, als ich durch die Baracken, die Gaskammer, über die Rampe oder durch die bekannten beiden Lagertore für die Züge oder das Tor mit der Aufschrift „Arbeit macht frei“ ging, waren unbegreifliche Situationen. Wie konnte ein Mensch einem anderen Menschen solches Leid antun? Diese Frage beschäftigt mich bis zum heutigen Tag. Dass am Ende sechs Millionen tote Menschen, wovon vier Millionen in den Konzentrations- und Vernichtungslagern und weitere zwei Millionen durch Massaker der deutschen Wehrmacht ermordet wurden, das Resultat des Krieges waren, diese Zahl machte und macht mich fassungslos. Alleine im Konzentrations- und Vernichtungslager Auschwitz kamen in den Betriebsjahren von 1940 bis 1945 1,1 Millionen Menschen ums Leben. Diese Zahl gliedert sich aus den folgenden Herkünften und Religionen: 1 Million Juden, 73.000 Sinti und Roma, 21.000 russische Kriegsgefangene sowie 13.000 Andere. Ich erstarrte, als der Guide vor Ort diese Zahlen nannte.

Übrigens sollte sich in der Gedenkstätte auch meine Beobachtung aus dem Busfenster heraus erklären, als ich die vollbesetzten Reisebusse sah. Das gesamte Gelände des Parkplatzes der Gedenkstätte war voll mit Reisebussen, Reisegruppen und Touristen. Dabei konnte ich mehrere Sprachen und Herkünfte aufschnappen. Leider erlebte ich auch unschöne Begegnungen im Zusammenhang mit anderen Besuchern, so fotografierte sich eine chinesische Reisegruppe mit dem Selfiestab und einem Lächeln im Gesicht in der Gaskammer. Dabei mussten andere Besucher vor dem Eingang warten, bis die Gruppe ihren „Schnappschuss“ fotografiert hatte. Eine andere Gruppe machte eine Raucherpause in einer der Holzbaracken. Selbstverständlich gibt es solche Vorfälle mit Sicherheit bei jeder Nationalität und Herkunft, aber diese zwei Situationen blieben mir von meinen Besuchen in der Gedenkstätte Auschwitz besonders in Erinnerung. Insgesamt nahm die Besichtigung acht Stunden in Anspruch, wobei diese Zahl auf zwei Tage und beide Lagerkomplexe aufgeteilt wurde. Das dritte Lager, welches „Auschwitz III Monowitz“ heißt, besichtigten wir nicht, da nur noch wenige Gebäude an das Lager erinnern. Wie ich vorhin angedeutet hatte, sollte die Fahrt auch andere Termine im Programm beinhalten. Diese Termine wurden in Zusammenarbeit mit einer polnischen Schule in dem benachbarten Ort Bobrek durchgeführt. Es gab einen Festakt mit Abendessen, eine Stadtrallye und einen Diskoabend für die deutsch-polnische Begegnung.

Die Begegnungen mit den polnischen Schülerinnen und Schülern während des Aufenthaltes in Oswiecim würden noch eine besondere Begebenheit für mich parat haben, denn ich lernte das polnische Mädchen Kasia kennen. Strahlende Augen und ein schönes Lächeln brachten mich sofort um den Verstand. Der genaue Augenblick unseres Kennenlernens war während eines flotten Tanzes, den wir beide in der Sporthalle zu einem dieser Diskoklassiker aufs Parkett legten. Wir beide verguckten uns ineinander und verbrachten die freie Zeit während des Aufenthaltes gemeinsam. Sie besuchte mich mehrmals in der Unterkunft und wir gingen durch die Stadt spazieren. Am Abend der Heimreise brachte mir Kasia mit dem Fahrrad einen Abschiedsbrief mit einem Teddybären vorbei und wir beide hatten Tränen in den Augen, denn für uns beide war es wohl eine der ersten Begegnungen, bei der man sich so richtig „verguckt" hatte. Bis zu meinen nächsten Besuchen in Oswiecim sollten aber noch viele Monate vergehen, sodass wir den Kontakt zwar schriftlich aufrecht hielten, aber es aufgrund der Entfernung leider nicht die große Liebe wurde. Ein anderer Kontakt, der sich während dieser Begegnungen ergab, würde aber bis zum heutigen Tag bestehen bleiben. Ich lernte die polnische Lehrerin Agnieszka kenne, die auch die Klasse von Kasia unterrichtete. Sie hatte Germanistik studiert und sprach die deutsche Sprache fast fehlerfrei. Sie war beeindruckt von meinem politischen und geschichtlichen Interesse und wir vereinbarten, dass, wenn ich wieder nach Oswiecim komme, sie mir den Ort und die Region zeigt. Heute kann ich sagen, dass wir einen freundschaftlichen Kontakt haben, den ich pflege und schätze. Die Region durfte ich durch Agnieszka kennenlernen.

Die Tage der Fahrt waren vorbei und als Fazit erlebte ich eine Zeit, die meine Gefühle nicht nur auf traurige Art und Weise durch die beiden Besuche in der Gedenkstätte Auschwitz aufgewühlt hat, sondern auch eine Menge Glücksgefühle auslöste. Glücksgefühle in Bezug zu den Kontakt zwischen Kasia und mir. Dieser Ort, in dem unmenschliche und grauenvolle Dinge in dem Konzentrationslager geschehen waren, berührte mich also auch auf der schöneren Kehrseite. Oswiecim und Polen hatten mich in ihren Bann gezogen, der mich bis zum heutigen Tag nicht loslässt. An dieser Stelle möchte ich erwähnen, dass ich bereits über zwanzigmal eine Reise nach Oswiecim angetreten habe.

In den Jahren nach meinem ersten Besuch, den ich durch Karla Raveh antrat, bedeutete mir der Ort immer mehr. Doch führten mich meine Besuche nicht immer nur alleine nach Oswiecim, oftmals wurde ich von Reisegruppen, Freunden oder Bekannten begleitet. Ich übernahm somit die Rolle des Guides und führte diese kleinen Gruppen durch die Gedenkstätte. Dabei war ich aber auch für die mehrtägige Programmplanung der Reise zuständig. Als Unterkunft wähle ich stets ein Hotel in Katowice *(damals: Kattowitz)* aus. Die für die Industrie und den Kohleabbau bekannte Stadt in Oberschlesien liegt nur etwa eine knappe Stunde mit dem Zug von Oswiecim entfernt. Die Stadt selbst hat ihren Besuchern viel zu bieten: neben dem ehemaligen Bergarbeiterviertel im Stadtteil Nikiszowiec, dem schlesischen Museum oder Schlesien-Park und der Musikakademie auch einen Zoo und Freizeitpark sowie die Innenstadt mit vielen Geschäften und Restaurants. Zudem befinden sich Wroclaw *(damals: Breslau)*, Warszawa *(damals: Warschau)* oder Krakow *(damals: Krakau)* in unmittelbarer Nähe und deshalb ist dieser Ort ein guter Ausgangspunkt und Knotenpunkt für mehrtägige Reisen nach Schlesien beziehungsweise Polen.

Einige Monate nach der ersten Fahrt verstrichen und ich arbeitete nach diesem Besuch einen Vortrag aus, der den Namen „Todesfabrik Auschwitz – Synonym für den Holocaust" trägt. Mehrere Stiftungen und die christlich-jüdische Gesellschaft wurden auf mich aufmerksam und unterstützten meine Arbeit. Ein Historiker der Wewelsburg, der damals schon von Frau Schumacher und mir an die Realschule eingeladen wurde, stand mir ebenfalls mit Ratschlägen beiseite. Dieser Vortrag mit vielen Fotos und dem Videomaterial von dem Interview mit Karla Raveh führte mich durch viele Schulen in der Region Ostwestfalen-Lippe. Überall, wo ich diesen Vortrag hielt, merkte ich, auf welcher besonderen Ebene dies stattfand, denn das Gegenüber hatte das gleiche Alter wie ich als Redner auf der Bühne. Dies ermöglichte eine viel intensivere und persönlichere Gesprächsbasis und Aufmerksamkeit.

Mein schulischer Werdegang führte mich an das Felix-Fechenbach-Berufskolleg des Kreises Lippe in Detmold. Während der gesamten Schulzeit und der erfolgreich absolvierten Ausbildung zum staatlich anerkannten und geprüften Erzieher nutzte ich auch hier die Zeit, um wieder mein geschichtliches Interesse in den Schulalltag einzubringen. Gemeinsam mit dem damaligen Schuldirektor organisierte ich mehrere Diskussionsrunden mit Politikern und hielt meinen Vortrag vor dem bisher größten Publikum mit rund 250 Menschen. Es wurde mir immer bewusster, dass mein Engagement wohl eine hohe Bedeutung hat. Ich übernahm die Rolle des Schulsprechers und setzte mich sehr für die Aufarbeitung der NS-Zeit als Mahnung ein. Dieses Engagement und die Unterstützung des Schulleiters gingen so weit, dass ich an einer Fahrt in die fast zwei Millionen Einwohner große polnische Hauptstadt Warszawa *(damals: Warschau)* als Teil einer lippischen Delegation teilnehmen durfte. Der Schuldirektor ermöglichte mir die Teilnahme durch einen sehr engen Kontakt zum Bürgermeister und auch zu der Stadtverwaltung, welche die Fahrt mitgestalteten. Diese Fahrt hatte das Ziel, das damalige und das heutige jüdische Leben in Warschau durch mehrere Führungen und Termine zu erfahren. Wir besichtigten das „Warschauer Ghetto“ in dem in der NS-Zeit auf einer Fläche von 3,1 Quadratkilometern rund 450.000 Menschen eingepfercht wurden, bestimmt für die weitere Deportation in die deutschen Konzentrations- und Vernichtungslager. Wir besuchten mehrere Synagogen und die jüdische Gemeinde. Ein Treffen bleibt mir dabei besonders in Erinnerung. Wir hatten eine Audienz in dem gewaltigen Rathausgebäude, das einem Palast gleichkam, bei der damaligen Bürgermeisterin der Stadt Warschau. Wir führten eine Gesprächs- und Diskussionsrunde und durften eigene Fragen stellen. Durch diese Fahrt weitete sich der Radius meines geschichtlichen Interesses immer weiter aus. An dieser Stelle bin ich dem damaligen Schuldirektor sehr dankbar, der durch seine Kontakte mir weitere Türen zur eigenen Wissensaneignung öffnete. Gelegentlich stehen wir noch heute in Kontakt. Natürlich bleibt die Gedenkstätte Auschwitz stets in meinem Fokus, doch besichtigte ich mit den Jahren viele weitere Gedenkstätten und ehemalige Ghettos der Nationalsozialisten. Meine Reisen führten mich auch in die damaligen Ghettos nach Theresienstadt *(heute: Terezin)* in Tschechien oder nach Polen zum

Ghetto Litzmannstadt *(heute: Lodz)* sowie in die Gedenkstätten nach Ravensbrück, Buchenwald, Mittelbau-Dora und Dachau.

Ich habe mir für die nächsten Jahre ein festes Ziel vorgenommen. Ich möchte alle menschenunwürdigen und grausamen Konzentrationslager und Ghettos der Nationalsozialisten besuchen. Warum? Das kann ich selber nicht gezielt in Worte fassen und beantworten. Es ist wie eine Art „Wissensdrang" und das stetig neue Verlangen nach Belegen, denn wenn man vor Ort ist, fühlt man das im Vorfeld von den Zeitzeugen Erzählte aus den Berichten und Schilderungen mit ganz anderen Emotionen und besucht eine Gedenkstätte mit wichtigem Hintergrundwissen. Der Besuch wird durch andere Augen gesehen. Eine Sache ist mir nach den zahlreichen Besuchen in den Gedenkstätten bewusst, denn auf meine Frage, wie ein Mensch einem anderen Menschen solche Grausamkeiten antun kann, werde ich wohl niemals eine Antwort finden.

In den vergangenen Jahren entwickelte sich in meinen Gedanken eine Idee. Wie wäre es, wenn ich als junger Mensch auf die Reise und Suche nach den letzten Überlebenden des Holocaust gehe? Am Ende sogar aus diesen Begegnungen ein Buch schreibe, die Gespräche verfilme und dem Buch ebenfalls auf moderne Art und Weise beifüge? Die Antwort brauchte etwas Zeit und entwickelte sich in den Jahren, in denen sich auch mein Fachwissen weiterentwickelte. Schlussendlich fand ich die Antwort in meinem 24. Lebensjahr. Es fiel der Entschluss und ich entschied mich für eine klare Antwort: „Das Projekt gehst du jetzt an, denn noch gibt es eventuell eine Möglichkeit, mit den wenigen Zeitzeugen zu sprechen."

Über das Internet beschaffte ich mir die nötige Filmausrüstung und machte mich mit der Technik vertraut. Es dauerte etwas, aber irgendwann hatte ich den Dreh raus. Zeitgleich recherchierte ich nach möglichen Gesprächspartnerinnen oder Gesprächspartnern, die dieses Projekt unterstützend bereichern könnten. Eines fiel mir sofort auf: Es gibt immer weniger Menschen, die aktiv aus der Zeit des Holocaust berichten. Es vergeht kaum eine Woche, in der nicht Berichte in den Medien veröffentlicht werden, in denen steht, dass eine Holocaust-Überlebende oder ein Holocaust-Überlebender verstorben ist. Zudem zogen sich auch einige Zeitzeugen altersbedingt aus der Öffentlichkeit zurück. Ich probierte es trotzdem und verfasste mehrere E-Mails, die nicht immer direkt an die Personen für mein Projekt verschickt wurden, sondern auch an Gemeinden, Stadtverwaltungen, Vereine oder andere mögliche Ansprechpartner, die mir mit meinem Anliegen zu der jeweiligen Person weiterhelfen könnten. Voller Freude stellte ich fest, dass ich einige positive Rückmeldungen für dieses Buchprojekt und die Filmbeiträge erhielt. Insgesamt sagten mir neben Karla Raveh, die ich bereits im Vorfeld interviewte, zwölf weitere Personen ihre Unterstützung zu. Eigentlich waren es dreizehn, doch verstarb eine Zeitzeugin im Alter von 100 Jahren friedlich im Schlaf.

Sie verstarb in der Nacht auf den Tag, an dem das Interview in ihrer Wohnung stattfinden sollte. Sie sagte mir wenige Tage vorher über eine gute Freundin für mein Projekt zu. Die Zeitzeugin trug den Namen Philomena Franz und überlebte den Holocaust als Sinti unter anderem in den Konzentrationslagern Auschwitz-Birkenau und Ravensbrück. Ein großer Schock, der große Trauer und Fassungslosigkeit in mir entstehen ließ, denn es macht deutlich, wie wichtig dieses Projekt am Ende doch sein würde, denn irgendwann wird es keine Zeitzeugen mehr geben, die aus der Zeit des Holocaust berichten können. Mein schriftliches und verfilmtes Material hatte also eine sehr hohe Wichtigkeit und Bedeutung, da es als Beleg und Zeugnis der damaligen Zeit diente. Zudem wurde mir aber auch bewusst, dass es einen „schöneren Tod", als im Schlaf zu versterben, ohne Leid und Schmerzen, nicht geben kann. Diese Erkenntnis tröstete mich. Trotzdem möchte ich an dieser Stelle der gesamten Familie mein herzliches Beileid aussprechen und mit der Erwähnung in den vergangenen Zeilen Philomena Franz' gedenken. Ich danke dir für deine Zusage und schicke dir von Herzen liebe Grüße in den Himmel.

Es verblieben so zwölf Personen und mit Richard Brox ein „Zweitzeuge", die dem Projekt ihre Unterstützung zusagten. Auf jede der dreizehn Begegnungen bereitete ich mich intensiv vor, erwarb mir Fachwissen aus Literatur und schaute Dokumentationen über die jeweilige Person. Durch das angeeignete Wissen kristallisierten sich mehrere gezielte Fragen heraus, die ich in den Gesprächen dem Gegenüber stellte. An dieser Stelle möchte ich betonen, dass jegliche Kosten, die durch das Projekt entstanden sind, aus eigenem Budget finanziert wurden. Es war mir sehr wichtig, dass dieses Projekt aus eigener Hand und eigenen finanziellen Mitteln entsteht. Zwischen den Gesprächen und den Tagen, die ich mit dem Schreiben dieses Buches verbrachte, war es mir ein starkes Verlangen, die Orte, in denen die Zeitzeugen überlebt oder gelebt hatten, zu besuchen. Ich hatte das Gefühl, wenn ich diese Orte mitten im Entstehungsprozess dieses Buches besuche und besichtige, würde sich dies mit den gesammelten Erlebnissen und Eindrücken auf den Schreibstil auswirken. So fuhr ich nicht nur mit den Zügen in alle Himmelsrichtungen zu den einzelnen Gesprächen, sondern entdeckte durch die Reisen auch das deutsche, polnische und tschechische Schienennetz. Mehrmals fuhr ich nach Auschwitz, war in Theresienstadt oder dem Konzentrationslager in Groß-Rosen. Und ich muss sagen, dass sich die gleiche Situation wie nach dem Gespräch mit Karla Raveh und dem damit verbundenen Besuch der Gedenkstätte in Auschwitz vor meinen Augen abspielte. Die Erzählungen und Berichte meiner Gesprächspartnerinnen und Gesprächspartner fingen an, sich vor meinen Augen in den besuchten Gedenkstätten abzuspielen. Solch ein stetiges Gefühls- und Gedankenchaos erlebe ich sonst sehr selten in meinem Leben. Es „packt" mich immer wieder.

Die folgenden Kapitel dieses Buches gehen ausführlich auf die Lebensgeschichten der dreizehn interviewten Personen ein. Zudem haben Sie nach jedem einzelnen Buchkapitel die Möglichkeit, über den QR-Code via Kamera oder den Link für den Zugang über den Webbrowser ins Internet, die verfilmten Gespräche mit weiteren Erlebnissen und Berichten als Vertiefung anzuschauen.

■■■ **Eva erhielt die Nummer „A-26877“. Wie sie heute beschreibt, war sie von diesem Zeitpunkt an kein Mensch mehr, sondern nur noch eine Nummer** ■■■

Eva Szepesi

Durch einige sehr informative Medienbeiträge und ein Interview, welches die Holocaust-Überlebende Eva Szepesi bei einem süddeutschen Radiosender gab, wurde ich auf ihre Lebensgeschichte aufmerksam. Ich fasste den Entschluss, einen möglichen Kontakt zu Eva Szepesi herzustellen. Im Internet recherchierte ich nach der geeignetsten Möglichkeit für einen Kontaktaufbau und entdeckte, dass ihre Tochter Anita Schwarz gemeinsam mit ihrem Mann ein Pelzwarengeschäft in Frankfurt am Main weiterführte, welches Eva Szepesi im Jahr 1971 mit ihrem im Jahr 1993 verstorbenen Mann Andor eröffnet hatte. Ich verfasste eine E-Mail mit meinem Anliegen und erhielt wenige Tage später eine Antwort. Ich war sehr erfreut, denn in all den Tagen zwischen meiner versendeten E-Mail und der jetzt erhaltenen Antwort ließ mich die Familien- und Lebensgeschichte von Eva Szepesi gedanklich nicht los. Wir führten ein erstes längeres Telefonat und vereinbarten einen gemeinsamen Interviewtermin.

Nach dem Telefonat kam mir die Idee, dass wir dieses Gespräch in einer besonderen Räumlichkeit durchführen müssten. So schrieb ich den „Frankfurter Hof", ein Hotel der „Steigenberger Hotel Group", an. Ich bat schriftlich um eine ruhige und sehenswerte Räumlichkeit für das Interview. Es dauerte nur wenige Stunden, bis ich eine positive Rückantwort via E-Mail erhielt und ich dann ein Telefonat mit dem Manager für Marketing und Communication führte. Er bedankte sich für meine E-Mail und sagte mir eine entgeltfreie Räumlichkeit für den Tag und die Durchführung des Interviews zu. An dieser Stelle möchte ich meinen besonderen Dank dem Hotel sowie dem gesamten Team des „Frankfurter Hofs" für die Unterstützung widmen.

Meine Zugfahrt führte mich in den frühen Morgenstunden von Hannover aus zum Frankfurter Hauptbahnhof. Dort angekommen stieg ich in ein Taxi um, mit dem ich auch Eva Szepesi von zuhause abholte. Anschließend fuhren wir gemeinsam in den „Frankfurter Hof".

Dort angekommen erhielten wir das „Lesezimmer", welches sehr edel und gemütlich, mit großen und gut ausgestatteten Bücherregalen gestaltet und eingerichtet war.

Hochzeitsfoto von Karoly und Valeria Diamant

Eva Szepesi wurde am 29. September 1932 in der ungarischen Hauptstadt Budapest geboren. Sie wurde in eine jüdische Familie hineingeboren, die den jüdischen Glauben und das Brauchtum im Alltag sehr pflegte. Ihre Eltern waren Karoly *(Vater)* und Valeria *(Mutter)* Diamant. Sie lebten im Budapester Vorort Pesterzsebet. Heute ist dieser im Süden von Pest gelegene Vorort mit seinen rund 60.000 Einwohnern einer der 23 Bezirke, in die die ungarische Hauptstadt unterteilt ist. Anfangs bewohnte die Familie gemeinsam mit den Großeltern, der Tante und den beiden Cousinen einen Hof mit Hühnern und Kaninchen. Mit den Eltern lebte sie im vorderen Bereich des Hofes.

In der Hauptstraße besaßen die Eltern ein Geschäft für Herrengarderobe. Eva erinnert sich daran, wie sie die anderen Ladenbesitzer in der Straße stets freundlich grüßten. Sie beschreibt ihre frühe Kindheit als glücklich, liebevoll und unbeschwert. Viele Freundschaften bestimmten ihren Alltag. Gemeinsam wurde mit anderen Kindern mit viel Freude und Spaß gespielt. Zum damaligen Zeitpunkt war es noch überhaupt nicht wichtig, ob die anderen Kinder den jüdischen oder christlichen Glauben hatten, so wurden auch Feste wie Chanukka gemeinsam gefeiert. Im Jahr 1936 kam der kleine Bruder Tamás auf die Welt und bereicherte fortan das Familienleben.

Im September 1938 wurde Eva mit sechs Jahren eingeschult. Sie liebte das Lernen und war mit hoher Motivation am Unterricht beteiligt. Sie fand schnell Kontakt zu Kindern mit und ohne jüdischen Glauben. Neben ihr besuchten vier jüdische Mädchen die Schulklasse. Ab

1938 und 1941 traten in Ungarn immer schärfere Rassengesetze in Kraft. Dies bemerkte auch Eva in der Schule und in ihrer Klassengemeinschaft. Sie wurde in die dritte Klasse versetzt und erhielt eine neue Lehrerin. An einem Tag stellte sich die Lehrerin, die sich durch das strenge und raue Verhalten keiner großen Beliebtheit unter den Schülerinnen und Schülern erfreute, mit einer Liste vor die Klasse. Sie las die Namen der fünf jüdischen Kinder vor. Anschließend befahl sie, dass die jüdischen Kinder mit den christlichen Kindern aus der letzten Reihe die Plätze tauschen müssten. Ein jüdisches Mädchen erkundigte sich bei der Lehrerin, warum gerade sie als Kinder mit jüdischem Glauben in die letzte Reihe mussten. Die Antwort der Lehrerin war, dass sie als „freches und stinkendes" Judenkind kein Recht auf eine Erklärung habe. Diese Aussage und diese Situation setzte die Schulklasse unter Schockstarre, denn niemand wusste eine angemessene Reaktion oder Verhaltensweise. Die Eltern der betroffenen Kinder bekamen von den Kindern erzählt, was während der Schulzeit vorgefallen war. Gemeinsam gingen sie zum Direktor und es folgte ein Gespräch mit der Lehrerin. Am nächsten Tag wurde die Klasse von einer neuen Lehrerin geleitet.

Mutter Valeria
mit Tochter Eva auf dem Arm

Evas Bruder Tamás

Eine weitere Situation, die Eva in der Kindheit erleben musste, ereignete sich an einer Wasserpumpe vor dem Haus. Hier verbrachte Eva an den warmen Sommertagen viel Zeit und spielte mit den befreundeten Kindern an der Wasserstelle. Eines Tages schickte der Vater seine Tochter los, um Zigaretten einzukaufen. Sie ging an der Pumpe vorbei, an der zu diesem Zeitpunkt mehrere ihrer Freunde spielten. Sie wollte Blickkontakt zu ihren Freunden herstellen und sich bemerkbar machen und näherte sich der Pumpe. Dann stockte ihr der Atem, denn zwei der Kinder hielten ein rohes, blutendes Stück Fleisch unter den Wasserstrahl. Die anderen Kinder beobachteten, wie das Fleisch gewaschen wurde und das abgewaschene Blut in den Abfluss lief. Eines der Kinder drehte sich um und sagte zu Eva, warum sie als Saujüdin so blöd glotzen würde. Ein weiteres Kind rief, dass ihr Vater bald genauso bluten würde wie das Stück Fleisch. Unter Schock und in Panik rannte Eva weg. Der Weg führte sie in den kleinen Laden, um die Besorgung für den Vater zu erledigen. Im Anschluss ging es zurück nach Hause. Unter Tränen und völlig aufgelöst berichtete Eva dem Vater die Situation. Er entgegnete, dass ihre Freunde gegen sie aufgehetzt wurden und gar nicht wüssten, was sie redeten.

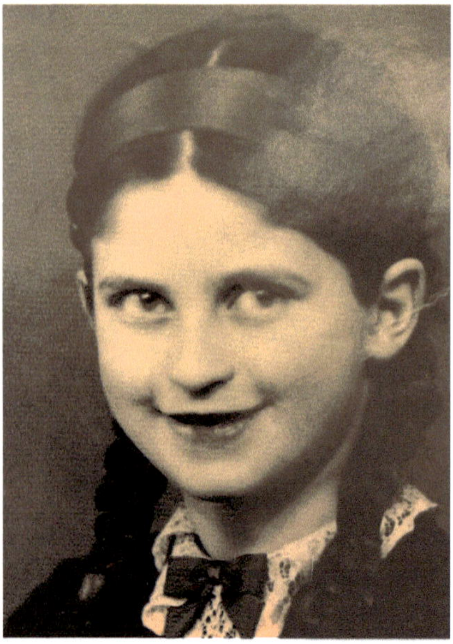

Eva im Jahr 1942

Der Vater wurde im Jahr 1942, als Ungarn am 27. Juni gegen die Sowjetunion in den Krieg zog, zum Dienst einberufen. Er erhielt ein Schreiben mit dem Inhalt, dass er in ein rund 80 Kilometer weit entferntes Städtchen mit dem Namen Nagykata musste. Vor Ort kam er in ein Arbeitslager. Die Familie brachte den Vater zum Bahnhof, verabschiedete ihn und gemeinsam mit vielen anderen Männern, die das gleiche Schicksal teilten, fuhr der Zug los. Die Familie durfte den Vater ein einziges Mal besuchen. Es war eine große Freude, als Eva ihren Vater wieder bei sich hatte, wenn auch nur für kurze Zeit. Alle hatten die Hoffnung, dass sie sich schon bald wieder in den Armen liegen könnten und der Vater den Krieg unverletzt überstehen würde.

Der Kontakt brach ab und die Mutter machte sich große Sorgen, so stellte sie beim Roten Kreuz eine Vermisstenanzeige. Nach dem Krieg erfuhr Eva, dass der Vater nach seiner Zeit im Arbeitslager Nagykata und einer Umlegung in die Sowjetunion im Jahr 1943 als verschollen galt.

Immer wieder bekam Eva mit, wie ihre Mutter mit einer Tante, die Piri hieß, redete. Piri floh vor Angst und Sorge bereits im Jahr 1942 aus der Slowakei nach Ungarn, denn in der Slowakai liefen bereits die ersten Pogrome und Deportationen. Sie kam bei Evas Familie unter und hoffte auf Schutz und Sicherheit. Die Gespräche zwischen den beiden Frauen geschahen stets unter vier Augen und als Eva den Raum betrat, wurde das Gespräch unterbrochen. Das Leben der jüdischen Bevölkerung änderte sich schlagartig, so durften die Juden keine Geschäfte und keinen Handel mehr betreiben. Evas Mutter führte nach dem Weggang des Vaters das Geschäft alleine bis zu dem Tag, als sie es schließen musste. Einige Waren konnte die Mutter in der Waschküche des Wohnhauses unterbringen und heimlich weiterverkaufen. Der Kundenstrom brach aber ab, sodass mit der Zeit keine Geschäfte mehr möglich waren. Die Einschränkungen verschärften sich, so musste die Familie das Radio abgeben. Die Freizeitgestaltung fiel dieser Verschärfung ebenfalls zum Opfer, es gab fortan das Verbot, ins Kino, auf die Eisbahn oder ins Theater zu gehen. Selbst die Bänke in den Parkanlagen durften nicht mehr von den Juden als Sitzplatz benutzt werden. Eva zog sich zurück und verbrachte die meiste Zeit zuhause, im geschützten Umfeld bei der Mutter und dem kleineren Bruder. Am 19. März 1944 besetzte die deutsche Wehrmacht das Land Ungarn. Wenige Wochen später wurde der jüdischen Bevölkerung befohlen ein neues Erkennungszeichen, den „Judenstern", auf die Bekleidung aufzunähen. Es gab keine Erklärungen seitens der Mutter, denn sie wollte der Tochter keine Angst machen. Die Tante wollte zurück in die Slowakei gehen, da sie vermutete, die Lage habe sich vor Ort wieder verbessert. Eva erfuhr nun auch den Inhalt dieser Gespräche zwischen Tante Piri und der Mutter. Beide hatten miteinander abgesprochen, dass Eva mit in die Slowakei geht. Die Mutter organisierte im Vorfeld bereits die Pässe und Papiere. Zudem wurde auch der ganze Ablauf dieser „Reise", die eigentlich eine Flucht war, organisiert. Eva erwähnt, dass die Mutter ihr, vermutlich um Sorgen und Ängste zu ersparen, nie die Wahrheit sagte, was der eigentliche und richtige Grund gewesen war, Tante Piri in die Slowakei zu begleiten. Heutzutage kann sie sich vorstellen, dass die Mutter sie vor der Deportation und den Folgen beschützen wollte.

Der Plan und die erste Etappe der Flucht waren, dass die Tante zusammen mit Eva in einem Zug an die ungarisch-slowakische Grenze fahren würde. Dort angekommen wartete ein junger Mann, um beide abzuholen. Am Tag der Abreise gingen alle gemeinsam zum Bahnhof und es folgte der Abschied von der Mutter und Tamás. Eva erinnert sich, wie die Mutter sie bei der letzten Umarmung fest an sich drückte. Sie bekam kaum mehr Luft. Zudem kullerten der Mutter viele Tränen die Wangen herunter. Eva fragte ihre Mutter, warum sie weinen würde. Die Mutter entgegnete nur, sie verspreche ihr in die Slowakei nachzukommen. Heute vermutet Eva, dass die Mutter wusste, dass es der letzte Augenblick und die letzte Umarmung mit der Tochter gewesen war. Die Worte der Mutter nahm sie sich sehr zu Herzen und hatte fortan jeden Tag die Hoffnung, dass die Mutter mit Tamás bald nachkommen würde. Zudem sagte die Mutter zu Eva, dass sie kein Wort erzählen und sich taubstumm stellen solle, daran hielt sie sich auch. Der Zug fuhr los und gemeinsam waren sie drei bis vier Stunden unterwegs. Nach dem Aussteigen gingen alle drei vor Ort zu der Mutter des jungen Mannes. Eva wurde gesagt, dass sie schnell ins Bett gehen müsse, da die Nacht sehr kurz wird. Nach wenigen Stunden Schlafenszeit wurde sie gegen ein Uhr in der Nacht geweckt. Gemeinsam mit der Tante kleidete man sie in alte Bauernkleider ein. Der junge Mann nahm die mitgebrachten Koffer an sich. Zum Abschied entgegnete die Mutter des Mannes, dass der liebe Gott beide Frauen auf dem weiteren Weg schützen solle. Sie drückte Eva und gab ihr einen Apfel als Proviant mit. Ein langer Fußmarsch von zehn bis elf Stunden folgte und führte in der Dunkelheit durch dichte Wälder. Unterwegs wollte Eva die Tante fragen, wann die Mutter nachkommen würde. Leider kam sie nicht dazu, da der junge Mann sie böse anschaute. Nach Ankunft in der Slowakei kamen die Tante und Eva in einem Krankenhaus unter. Der junge Mann stellte das Gepäck ab und die Tante gab ihm die Pässe und Papiere zurück. Eva vermutet, dass der Mann im Anschluss die Papiere und Pässe an die Mutter zurückschickte, damit sie wusste, dass beide am „Ziel" angekommen waren. Im ersten Stock des Krankenhauses erwarteten sie mehrere Krankenschwestern. Gezeichnet von Müdigkeit und Kraftlosigkeit, schlief Eva in einem zugeteilten Bett sofort ein. Nach einigen Stunden weckte sie die Tante und sagte, dass sie etwas essen und danach mit einer Dame mitgehen müsse. Diese Dame brachte sie nach dem Abschied von der Tante zu einem Bahnhof und gemeinsam fuhren sie mit einem Zug in eine andere Stadt. Dort angekommen, ging die Dame mit ihr zu einem Rabbiner. Er sprach auch die ungarische Sprache, sodass eine Verständigung möglich war. Er erzählte Eva gleich am ersten Abend, dass sie nur für drei Tage bei ihm bleiben würde und der Weg dann weitergeht. Sie wurde in diesen Tagen mit Essen und Trinken versorgt und kam wieder zu Kräften. Am dritten Tag kam sie morgens in der Früh zu einer anderen Familie. Der Rabbiner erwähnte, dass Eva sich dort wie zuhause fühlen würde, da sie bereits ein Mädchen, mit dem Namen Marika, in ihrem Alter hatten. Eva wurde herzlichst von der Familie empfangen und der Rabbiner verabschiedete sich. Zu Marika hatte Eva einen harmonischen Kontakt, es wurde zusammen gespielt und gelacht. Alles, was die Eltern von Marika für die eigene Tochter kauften, wie beispielsweise Sandalen, erhielt auch Eva. Gemeinsam gingen sie oft in die Stadt zum Eisessen oder ins Kino. Eva lebte ungefähr fünf Monate bei dieser Familie. Am Ende bekamen die Eltern ihrer Gastfamilie große Angst, dem Krieg selbst zum Opfer zu fallen, und sie entschieden sich für eine Flucht. Da die Gefahr zu groß war, auf eine weitere Person während der Flucht zu achten, konnte Eva nicht mitkommen. Dies wurde Eva während eines Frühstücks mitgeteilt. Sie suchten eine andere Familie, in der Eva unterkommen könnte, und fanden zwei ältere Damen.

Eines Nachmittags fuhren alle gemeinsam für ein Kennenlernen zu diesen Damen. Eva empfand die beiden Damen als sehr streng und kalt. Sie fing bitterlich an zu weinen, sodass die Familie vorerst den Besuch abbrach und zurückfuhr. Am Ende kam sie bei zwei anderen Damen, Zwillingen, in Obhut. Marika besuchte Eva noch dreimal und brachte auch Geschenke wie Himbeersirup, Puppen oder Bücher mit. Schlussendlich endete der Kontakt abrupt nach diesen

Besuchen, eine richtige Verabschiedung gab es nicht. Eva fühlte sich bei den Zwillingen sehr wohl, sie half im Alltag mit und erlernte auch viele Dinge wie das Stopfen von Socken. Damit sie die Sorgen und Ängste für kurze Zeit vergessen konnte, bekam sie häufig Märchen vorgelesen. Insgesamt verblieb Eva nur wenige Wochen in dem neuen Zuhause, denn in einer Nacht sollte sich ihr Leben verändern. Es klopfte und klingelte an der Tür des Hauses. Eva lag in ihrem Bett und hörte an den Stimmen, dass Männer in das Haus eintraten. Es waren Soldaten, die lautstark fragten, wer noch in den anderen Zimmern des Hauses sei. Eva zog sich die Decke über den Kopf und wollte die lauten Schreie nicht mehr hören. Eine der beiden Damen kam in ihr Zimmer, rüttelte an ihrer Schulter und sagte, dass alle drei mit den Männern mitgehen müssten. Es wurden hektisch noch einige Beutel oder Koffer gepackt. Als Eva vor der Zimmertür stand, fiel ihr auf, dass sie ihre Lieblingspuppe Erika vergessen hatte. Sie fragte die Soldaten, ob sie nochmal in das Zimmer dürfte. Die Soldaten verneinten. Die drei mussten in einen alten Bus einsteigen, in dem schon andere Juden saßen. Sie wurden in ein Altenheim gebracht. Diese Einrichtung diente dazu, slowakische Juden für einen Weitertransport beziehungsweise die Deportation in die Konzentrations- und Vernichtungslager zu zentrieren.

Nach der Ankunft vergingen nur drei Tage, bis die ersten Deportationen organisiert und durchgeführt wurden. Es wurden täglich Listen mit Namen verlesen, Namen, die für die am selben Tag abgehenden Transporte zugeteilt wurden. An diesem dritten Tag fielen die Namen der beiden Damen, bei denen Eva untergekommen war. Sie rannte weinend zu ihnen und wollte mit, doch trennten sich fortan ihre Wege. Sie wurden über einen Zwischenstopp im westslowakisch gelegenen Arbeits- und Konzentrationslager Sereď in das Konzentrations- und Vernichtungslager Auschwitz gebracht. Eva sollte das gleiche Schicksal mit dem letzten Zug, der nach Sereď abfuhr, ereilen. Einige Soldaten brachten die für den letzten Transport zugeteilten Juden zum Bahnhof und dort stand ein Viehwaggon für die Weiterfahrt bereit. Eva konnte erst gar nicht glauben, dass sie dort einsteigen musste, vermutete einen großen Irrtum. Leider führte der Weg in einen dieser Waggons. Kurz vor der Abfahrt ereignete sich eine für

Eva sehr schockierende Situation. Eine Frau, Stella, zu der Eva während der kurzen Zeit in Sereď den einzigen Kontakt pflegte, wurde nachträglich kurz vor der Abfahrt noch in ihren Waggon gebracht. Sie hatte ihr Kind in einem Keller versteckt, wurde verraten, und die Soldaten erschossen ihr Kind. Dies geschah vor ihren Augen. Nach der Abfahrt hielten beide stetigen Augenkontakt und wurden so aufeinander aufmerksam.

In Sereď angekommen, mussten alle Menschen, die in den Viehwaggons waren, diese sofort verlassen. Stella nahm ihre Hand und so schafften sie es, beide in der gleichen Baracke und nebeneinander auf einer Holzpritsche unterzukommen. Eva zog sich aus dem Tagesgeschehen zurück, sprach sonst mit niemandem und wartete voller Angst und Sorge ab, wie es weitergehen würde. Der Aufenthalt in Sereď war nur von kurzer Dauer.

Der weitere Weg führte sie in einen nächsten Viehwaggon und auf eine längere Zugfahrt in das Konzentrations- und Vernichtungslager Auschwitz-Birkenau. Eva erinnert sich daran, wie einige Menschen während der Fahrt voller Angst und Sorge weinten und beteten. Die Eimer waren voll mit der Notdurft der Menschen und es roch streng. Keiner in dem Waggon wusste, wie lange die Fahrt ging und welches Ziel die Zugfahrt hatte. Eine Versorgung mit Nahrung gab es nicht. Plötzlich endete die Zugfahrt und die Schiebetüren des Waggons wurden aufgeschoben. Eva bekam einen ersten Eindruck von dem Zielort. Es herrschte eine eisige Kälte mit Schnee und Wind. Deutsche Soldaten der SS, gekleidet in Uniform und Stiefeln, begleitet von aggressiv bellenden Schäferhunden, erwarteten die Juden. Mit lautstarkem Gebrüll wurden die ankommenden Menschen, so auch Eva, aufgefordert, die Viehwaggons über die sogenannte „Judenrampe“ zu verlassen. Den Juden wurde befohlen, alles an Gepäck und Habseligkeiten in den Waggons zurückzulassen. Plötzlich schnappte jemand nach ihrer Hand, es war Stella. Beide blieben fortan in dem neuen Lager zusammen. Die Menschen aus diesem Transport hatten großes Glück, denn an diesem Abend des 3. November 1944 fand keine Selektion durch die SS-Ärzte auf der Rampe statt. Sie wurden auf direktem Wege in das Arbeitslager auf der rechten Seite des Lagers Auschwitz-Birkenau getrieben. In dem Lagerabschnitt angekommen führte der weitere Weg in eine Baracke, die den Namen „Sauna“ trug. In dieser Baracke mussten sich alle neuen Häftlinge nackt ausziehen. Eva zögerte und hörte nicht auf den Befehl, denn sie hatte eine Strickjacke der Mutter an. Diese Strickjacke diente als letzte Erinnerung an die Mutter. Eine Aufseherin schrie sie wütend mit einer erneuten Aufforderung zum Ausziehen an. Eva zog die Jacke daraufhin aus und legte sie sorgfältig zusammengefaltet hinter sich hin. Die Aufseherin marschierte auf Eva zu und schleuderte die Jacke mit dem Fuß davon. Eva kämpfe mit den Tränen, doch konnte sie die Situation nicht ändern.

Es ging nun in den Duschraum. Da an diesem Abend keine Selektion stattfand, hatten die Menschen aus dem Transport nicht den direkten Weg in die Gaskammern gehen müssen. Nach dem Duschen ging es in einen weiteren Raum, hier wurden die Haare abgeschnitten. Eva verlor ihre geliebten Zöpfe, die auf einen großen Haufen mit anderen Zöpfen geworfen wurden. Der nächste Schritt war, dass Eva komplett kahl geschoren wurde. In diesem für Eva sehr schrecklichen Moment dachte sie an die Mutter und daran, dass sie sich fortan wohl alleine zurechtfinden müsse. An diesem Abend wurden sie nach dem Abschneiden der Haare in Häftlingskleidung eingekleidet, die aus einer gestreiften Hose und einem mantelartigen Oberteil bestand. Zudem gab es Holzpantoffeln, die sie ohne Socken bei dem eisigen Wetter tragen mussten. Anschließend wurden sie in eine Holzbaracke gebracht. Stella fand in der mittleren Pritsche neben Eva einen Schlafplatz. Sieben bis acht Menschen mussten auf einer Pritsche schlafen und drehte sich eine Person um, mussten sich alle Personen ebenfalls umdrehen, daran erinnert sich Eva heute noch ganz genau. Es gab an diesem Abend noch eine Suppe aus einem großen Kessel. Völlig entkräftet und mit starker Müdigkeit schlief Eva danach auf ihrer Pritsche ein.

Am nächsten Morgen wurden sie gegen fünf Uhr mit den lauten Tönen einer Trillerpfeife geweckt. Lautstark mit Gebrüll der SS wurden sie aus der Baracke herausgetrieben. An diesem Morgen wurde die Registrierung der Häftlinge durchgeführt. Auf einem Platz mussten sich alle Häftlinge in langen Reihen aufstellen. Am Ende dieser Reihen standen jeweils ein Tisch und ein Stuhl. Eva hatte überhaupt keine Ahnung, was mit ihr nun geschehen würde. Eine Aufseherin tauchte plötzlich neben ihr in der Reihe auf und begutachtete sie von oben bis unten. Sie beugte sich zu Eva und flüsterte ihr in einem bestimmenden Tonfall ins Ohr, dass sie fortan in Auschwitz 16 Jahre alt sein würde und sich nicht jünger stellen sollte. Die Worte dieser Frau konnte Eva überhaupt nicht verstehen, denn was war der Grund, das Alter falsch anzugeben? Nach einiger Zeit stand Eva vor einem dieser Tische und wurde von einer dort sitzenden Person gefragt, welchen Namen sie hat. Sie sagte: Eva Diamant. Die nächste Frage galt ihrem Alter. Eva brachte keinen Ton heraus und erst nach einem zweiten Nachfragen sagte sie völlig automatisch, dass sie 16 Jahre alt sei. Diese Angaben wurden auf einem Formblatt eingetragen. Eva wurde anschließend zu einer anderen Frau weitergeschickt. Es folgte das Eintätowieren einer Häftlingsnummer auf den linken Arm. Eva erinnert sich daran, welche höllischen und brennenden Schmerzen dieser Prozess bei ihr auslöste. Sie erhielt die Nummer „A-26877". Wie sie heute beschreibt, war sie von diesem Zeitpunkt an kein Mensch mehr, sondern nur noch eine Nummer.

An jedem Morgen und Abend gab es einen Zählappell. Die Häftlinge mussten sich in Reihen aufstellen und es wurde durchgezählt. Verzählte sich einer der Häftlinge, begann das Zählen von vorne. So konnte dieser Prozess unter den eisigen Temperaturen stundenlang andauern. Evas Finger erfroren bei einem dieser Zählappelle, sodass sie bis zum heutigen Tag Probleme mit den Fingern und generell den Händen hat. Erst wurden die Hände weiß, dann knallrot und später platzte die Haut auf. Einige Häftlinge fielen auch völlig entkräftet und erfroren aus den Reihen um. Eva bekam eine für sie sehr schockierende Situation bei einem dieser Appelle mit, denn ein Mann warf sich voller Verzweiflung in den Elektrozaun und fiel tot um. Den Erfrierungen wollte Eva nach dem Appell mit Wasser aus dem Waschraum entgegenwirken, doch bei diesem Versuch wurde sie Opfer von einer der ständigen Misshandlungen, welche die SS an den Häftlingen verübte. Sie wurde mit den Worten, was ihr bloß einfallen würde, den Waschraum außerhalb der festen Zeit zu betreten, zusammengeschlagen. Wankend und völlig unter Schock führte der Weg in die Baracke zurück.

Eva erhielt in den kommenden Tagen einige Arbeiten zugeteilt. Sie säuberte entweder Munitions- oder Waffenteile in einer Baracke, sammelte Steine oder musste Ziegelsteine schleppen. Und das waren noch die „leichteren" Aufgaben. Andere Häftlinge erhielten unmenschliche Arbeitsaufträge. Stella verrichtete ihre Arbeit unter großem Drill und lautstarkem Geschrei des SS-Personals. Tagsüber waren sie voneinander getrennt. Heute erzählt Eva, dass sie ohne Stella und die tägliche gegenseitige Unterstützung in jeglicher Form die Zeit in Auschwitz nicht überlebt hätte.

Eva litt jeden Tag unter großem Hunger und mit den Tagen schwanden ihre Kräfte. Sie beschreibt die Versorgung mit Nahrung in Auschwitz als katastrophal und schlimm. Es gab nur Brot und eine Art „Suppe". Diese „Suppe" beschreibt Eva als Wassersuppe, in der mit großem Glück mal ein Stück Kartoffel oder Rübe schwamm. Untereinander wurden die Brotrationen auch geklaut, auch wenn man sie in der Baracke versteckte, denn jedes Versteck wurde gefunden.

Die hygienischen Zustände in dem Lager beschreibt Eva als menschenunwürdig. In Auschwitz brachen neben Typhus weitere schlimme Krankheiten oder Epidemien aus. Es gab feste Tageszeiten, in denen sie die sanitären Baracken, etwa die Toiletten, benutzen durften.

Das Konzentrations- und Vernichtungslager Auschwitz wurde am 27. Januar 1945 von der Roten Armee befreit. In den Tagen vor der Befreiung wurde Eva durch die Unterversorgung und die eisigen Temperaturen immer schwächer und war kurz vor der Bewusstlosigkeit. Stella hielt ihr auf der Holzpritsche in der Baracke stets die Hand und versuchte sie wach zu halten. An einem der darauffolgenden Tage kam eine SS-Aufseherin in die Baracke und schrie, dass alle die Baracke sofort verlassen sollen. Die Rote Armee hatte das Lager bereits aus der Ferne umzingelt und die SS wollte die letzten Spuren ihrer Taten verwischen, so wurden auch die Gaskammern von Auschwitz-Birkenau gesprengt. Einige der Menschen, so auch Stella, kamen auf die sogenannten „Todesmärsche", die in andere Konzentrationslager führten. Die schwächelnden Häftlinge, die in der marschierenden Gruppe zurückfielen, wurden erschossen und am

Wegesrand liegend zurückgelassen. Auf den Straßen lagen die Toten wie Müll herum. Eva blieb zwischen anderen entkräfteten Häftlingen oder, wie sie es beschreibt, „Toten“ und „Halbtoten“ in der Baracke zurück. Die SS hatte sie bereits für tot gehalten. Eva war aber eine der 400 befreiten und überlebenden Kinder und Jugendlichen des Lagers Auschwitz.

Plötzlich tauchte über Evas Gesicht ein russischer Soldat auf. Er trug eine Pelzkappe, auf der ein roter Stern aufgenäht war. Er lächelte sie an und fütterte sie mit etwas Schnee, damit ihr Fieber etwas sank. In den kommenden Tagen wurde sie durch das Rote Kreuz und von polnischen Ärzten in einer neu errichteten Krankenstation mit zahlreichen Spritzen versorgt. Sie erhielt langsam immer mehr Nahrung und kam wieder zu Kräften. Die Sehnsucht, die Familie wiederzusehen, wurde mit der Zeit immer größer.

Ende Februar 1945 wurde sie in einem Zug, der richtige Abteile mit Sitzmöglichkeiten besaß, in ein Sammellager nach Kattowitz gebracht. Eva war über jeden Kilometer glücklich, den sie sich mit dem Zug von Auschwitz entfernte. In diesem Lager verbrachte sie einige Tage, bis die Fahrt weiterging. Sie kam in ein weiteres, ähnliches Lager, das in Czernowitz lag. In beiden Lagern wurde sie nach der Ankunft auf einer Liste registriert. Während dieser Zeit gab es eine gute Versorgung mit Nahrungsmitteln und Kleidung. Ebenfalls sind Eva die kulturellen Angebote in den Lagern sehr positiv in Erinnerung geblieben. Gemeinsam mit anderen Kindern studierte sie ein Theaterstück, Lieder und Tänze ein. Diese wurden im Anschluss, meistens vor Delegationen internationaler Organisationen, aufgeführt. Voller Begeisterung nahm sie auch an den Vorstellungen des Marionettentheaters und an dem musikalischen Programm teil.

Am 8. Mai 1945 erfuhren die Menschen in dem Lager, dass Deutschland kapituliert hatte und der Krieg endgültig vorbei war. Die Stimmung in dem Lager veränderte sich von einem auf den anderen Tag. Leider sickerten auch die ersten Nachrichten über die von den Nationalsozialisten verübten Grausamkeiten durch. So wurden Zahlen von Ermordeten und auch erste Informationen über die Konzentrations- und Vernichtungslager bekannt gegeben.

Es kam der Tag, an dem das Sammellager aufgelöst wurde. Eine Organisation wählte für Eva Züge und Busse aus, die von Czernowitz nach Budapest fuhren. Am späten Nachmittag des 18. September 1945 kam Eva mit dem Zug in Budapest an. Vor dem Bahnhofseingang warteten mehrere Busse, welche die rückkehrenden Menschen zum Sitz der jüdischen Gemeinde fuhren. Vor Ort trat sie in das Gebäude ein und wurde ein letztes Mal in einer Liste registriert. Zudem erhielt sie ein Paket mit Proviant. Anschließend wurden alle Angehörigen der Rückkehrer in den Raum gelassen. Es war ein großes Gedränge und alle suchten nach bekannten Gesichtern. Eva beobachtete die Menschen und wie vielen von ihnen die Tränen, die entweder aus Freude oder aus Trauer kullerten, die Wangen herunterliefen. Sie konnte aber leider keinen ihrer Angehörigen ausfindig machen. Verzweifelt suchte Eva nach ihrer Mutter oder ihrem kleinen Bruder. Die Suche war vergeblich. Den Einzigen, den sie zum Glück entdeckte, war Onkel Imre, der Bruder des Vaters. Voller Freude begrüßten sich beide und die Tränen konnten nicht mehr zurückgehalten werden.

Onkel Imre und Tante Olga im Jahr 1948

Onkel Imre versuchte Eva mit der Aussage zu beruhigen, dass jeden Tag viele Transporte ankamen und die Mutter und der Bruder bestimmt bald nachkommen würden. Sie solle noch etwas warten, sagte Onkel Imre, was Eva am Ende bedauerlicherweise über 70 Jahre lang tat, um endlich eine Antwort zu erhalten. Der Onkel hatte sich im Vorfeld immer wieder bei der jüdischen Gemeinde erkundigt, ob Eva noch am Leben sei. Da sie bei den beiden vorherigen Lagern registriert wurde, wusste er, dass sie überlebt hatte und bestimmt wieder zurückkam. Onkel Imre nahm Eva mit zu sich nach Hause nach Budapest. Beide betraten das Haus und Eva hatte die Hoffnung, dass sie dort doch auf ihre Mutter und auf ihren kleinen Bruder treffen würde. Sie sprang aus dem Auto, rannte die Treppen hoch und begegnete als Erstes der Frau des Onkels, die gleichzeitig ihre Tante war. Sie trug den Namen Olga. Einen Tag später schrieb Olga Eva bei einer Schule ein. Fortan besuchte sie diese Schule und puderte sich die tätowierte Nummer aus Auschwitz ab, damit niemand der Mitschülerinnen und Mitschüler erahnen konnte, was für eine Bedeutung diese Nummer hatte. Das Thema des Nationalsozialismus oder Holocaust war in der Schulzeit nach dem Krieg kein Thema mehr, denn niemand stellte Fragen oder sprach darüber.

Tante Ethel, die Schwester von Onkel Imre, wohnte auch in der Wohnung. Sie schaffte den Heimweg aus dem Konzentrationslager Ravensbrück. Den Mann und die eigenen Kinder verlor sie im vorherigen Konzentrationslager Auschwitz. Eva wunderte sich, wo die Cousinen und ihr Mann geblieben waren, die einzige Antwort, die sie von der Schwester des Onkels erhielt, war, dass sie fortan ihre Tochter sei. Heute vermutet Eva, dass sie wusste, dass auch ihre Mutter und der kleinere Bruder in Auschwitz umgekommen waren. Es gab nach dem Krieg nie ein Gespräch mit dem Onkel, der Tante oder der Schwester darüber, was mit der Mutter und dem Bruder passiert war. Alle wollten das Geschehene als Tabuthema verdrängen und ein neues Leben beginnen.

Eva wurde mit der Zeit wieder ein Teil der Gesellschaft und nahm am kulturellen Zusammenleben teil. Sie tanzte Volkstänze und entdeckte das Singen für sich. Nachdem die Schule mit der Mittleren Reife abgeschlossen war, meldeten sie Olga in einem Nähsalon an, damit sie den Beruf der Näherin erlernen konnte. Die Probezeit samt Ausbildung schloss Eva erfolgreich ab. Während dieser Zeit lernte sie ihren Mann Andor Szepesi kennen. Eines Tages lieferte Eva einige Kleider aus, die in dem Salon genäht worden waren. Diese Kleider wurden von der bekannten Schauspielerin Berta Türk bestellt. Den Weg fuhr Eva mit der Straßenbahn und wie es der Zufall möchte, stand ein junger Mann in der Bahn hinter ihr, es war Andor. Er fragte Eva, warum sie all die Kleider nicht an die Griffstange in der Bahn hängte.

Eva entgegnete, dass sie die viel zu hoch montierte Griffstange mit ihrer Körpergröße nicht erreichen könne. Andor hängte die Kleider amüsiert auf. Beide stiegen an der gleichen Haltestelle aus. Er trug ihr die Kleider bis kurz vor die Haustür von Berta Türk. Dann blieb er stehen, wartete, bis Eva die Kleider abgegeben hatte, und schlug im Anschluss vor, einen Spaziergang durch die Stadt zu machen. Eva nahm den Vorschlag bejahend an und so wurden die ersten intensiven Gespräche miteinander geführt. Andor und Eva verliebten sich und wurden ein Paar. Eva hatte das große Bedürfnis, endlich wieder Liebe, Zweisamkeit und Geborgenheit zu spüren. Zudem hatte sie den Wunsch, Kinder zu bekommen. Im Jahr 1951 heiratete das Paar und sie zogen gemeinsam mit der Mutter von Andor in die eigene erste Wohnung.

Am 27. Juni 1952 kam die erste Tochter, Judith, auf die Welt. Es ereignete sich an einem Tag die folgende Situation. Eva war auf dem Weg zur Arbeit und stand bei der Ankunft plötzlich vor der verschlossenen Tür des Nähsalons. Gemeinsam mit der Polizei verschaffte sie sich gewaltsam Zutritt zu den Räumlichkeiten. Als sie sich einen Überblick machen konnten, sahen sie auf dem Schreibtisch einen

Andor und Eva Szepesi zusammen mit den Kindern Judith und Anita

Brief liegen. In dem Brief stand geschrieben, dass Frau Werner, ihre Chefin, sich ins Ausland, genauer gesagt in den Westen, abgesetzt hatte. Sie hinterließ einen großen Schuldenberg und die angestellten Mitarbeiter erhielten den erarbeiteten Lohn nicht mehr. Eva musste sich einen neuen Beruf suchen und arbeitete fortan in einer Fabrik für Kinderbekleidung.

Andor hingegen arbeitete in einer Fabrik für Rohleder und wurde eines Tages von einem Mitarbeiter der Außenhandelsvertretung in das Ministerium einberufen. Dort legte ihm der Mitarbeiter einen Zeitungsbericht der „Neuen Zürcher Zeitung" auf den Tisch und bat ihn, den Artikel in die ungarische Sprache zu übersetzen. Da Andor keinerlei Deutschkenntnisse besaß, konnte er diesem Auftrag nicht nachkommen. Der Mitarbeiter sagte zu Andor, wie er dann seine neuen Aufgaben in der ungarischen Handelsvertretung in Frankfurt am Main erledigen wolle. Diese Antwort überraschte Andor sehr, denn von einer Beförderung oder einer beruflichen Versetzung nach Deutschland hatte er nichts gewusst. Noch am selben Abend wurde ihm die Anordnung gegeben, die deutsche Sprache in einem Intensivkurs zu erlernen. Ein paar Tage später wurde Andor bereits mitgeteilt, dass er ab dem 2. Januar 1954 seine neue Arbeitsstelle bei der ungarischen Handlungsvertretung in Frankfurt am Main beginnen würde. Die Arbeit in der Fabrik musste für die Versetzung monatelang ruhen, so lange, bis seine Deutschkenntnisse hervorragend waren.

Andor erzählte seiner Frau nichts über die Anordnung des Ministeriums und seine berufliche Versetzung nach Deutschland. Es kam aber der Abend, an dem Andor seine Verschwiegenheit gegenüber Eva brach, da auch sie bemerkt hatte, dass etwas mit ihrem Mann nicht stimme. Er erzählte Eva von der Beförderung ins Ausland, ohne dabei auf das neue Land, Deutschland, einzugehen, da es für Eva immer noch das Land der Täter war. Zudem erwähnte er, dass sich sein Gehalt erhöhen würde. Der Plan wäre, dass er zuerst alleine nach Frankfurt gehen und einige Zeit später Eva mit der Tochter nachkommen würde. Eva fragte immer wieder aufgeregt, in welches Land der Umzug gehen würde, doch Andor schaffte es eine ganze Nacht lang, sein Geheimnis zu hüten. Am kommenden Tag erzählte er Eva dann doch, dass es nach Deutschland ginge. Eva war entsetzt und geschockt. Sie wollte von den neuen Plänen nichts hören, da sie kein Interesse hatte, in das Land der „Täter" zu gehen. Andererseits wollte sie nicht die Karriere ihres Mannes behindern. Andor kam eines Abends nach Hause und hatte einen großen Vorschuss an Geld bekommen. Es war so eine hohe Summe, wie sie sie beide noch nie in Händen gehalten hatten. In den nächsten Tagen kauften sie alles ein, was Andor für seinen Start und die ersten Monate in Deutschland benötigte. Anfang Januar 1954 verabschiedete Eva ihren Mann. Einige Zeit lang hielten beide den Kontakt über Briefverkehr aufrecht. Als der Tag des Nachkommens gekommen war, zog Eva mit der Tochter Judith ohne deutsche Sprachkenntnisse nach Frankfurt. Beide fuhren mit dem Zug in einer rund zehnstündigen Fahrt in die Metropole am Main. Andor holte beide vom Frankfurter Hauptbahnhof ab. Gemeinsam fuhren sie in die neue kleine Wohnung in der Hügelstraße 83. Im Jahr 1956 bezog die dreiköpfige Familie eine neue und größere Wohnung am Westendplatz 29.

Ein weiteres Kind sollte die Familie am 5. Mai 1964 bereichern, denn die Tochter Anita erblickte das Licht der Welt. Die Familie lebte fortan ein glückliches und zufriedenes Leben.

Am 18. März 1993 verstarb Evas geliebter Ehemann Andor nach langer und schwerer Krankheit.

Es vergingen rund 50 Jahre, bevor Eva über ihre Zeit im Holocaust, genauer gesagt über die Zeit in Auschwitz, anfing zu berichten. Dies hatte einen besonderen Grund und Anlass. Steven Spielberg veröffentlichte im Jahr 1993 den Spielfilm *„Schindlers Liste"* und gründete im folgenden Jahr eine gemeinnützige Organisation, die den Namen „Shoah Foundation" trägt. Die Organisation machte es sich zur Aufgabe, von einer Vielzahl an Überlebenden des Holocaust jeweils mehrere Stunden langes Videomaterial aufzuzeichnen. Ziel dieser Aufzeichnungen sollte es sein, dieses Material als Unterrichtsmaterial an den Schulen auf der ganzen Welt nutzen zu können. Die erste Idee für diese Organisation hatten mehrere Überlebende des Holocaust während der Dreharbeiten zu *„Schindlers Liste"* gehabt und trugen dies an Steven Spielberg heran. Die Aufzeichnungen der

„Shoah Foundation" waren der Grund und Anlass, dass Eva ihr langes Schweigen brach. Sie wurde im Jahr 1995 zu einer Interviewaufzeichnung eingeladen.

Es verging nur eine kurze Zeit, bis Eva auch an den Ort, an dem ihr jegliche menschliche Würde und die Kindheit geraubt wurde, zurückkehrte. Anlass hierfür war der 50. Jahrestag der Errichtung (1940) des Konzentrations- und Vernichtungslagers Auschwitz. Ihre Töchter Anita und Judith überredeten sie, an dieser Gedenkfeier teilzunehmen. Gemeinsam reisten sie mit der Mutter nach Auschwitz. Vor Ort erzählte Eva ihre Geschichte auch das erste Mal einer Gruppe von jüdischen Jugendlichen, die aus verschiedenen deutschen Städten kamen. Eva bemerkte, dass die Schülerinnen und Schüler von ihren Erlebnissen und Berichten berührt waren und jedes Wort, was über ihre Lippen kam, interessiert aufsogen. Diese erste Erfahrung, als Zeitzeugin zu berichten, gab Eva viel Kraft und Inspiration. Sie besuchte einen Deutschkurs, um ihre Kenntnisse zu verbessern. Nachdem dieser Kurs abgeschlossen war, machte es sich Eva zur Lebensaufgabe, ihre Geschichte an die häufig jungen Menschen als Mahnung und geschichtliches Zeugnis der Vergangenheit weiterzutragen. Ihr ist es wichtig, die Botschaft zu vermitteln, dass auch in der heutigen Zeit wieder die Gefahr eines starken Rechtsrucks besteht.

Im Jahr 2011 veröffentlichte Eva ihre Autobiografie *„Ein Mädchen allein auf der Flucht"* im Verlag „Metropol".

Wie bereits im Verlauf dieses Kapitels angedeutet, vergingen einige Jahrzehnte, bevor Eva erfuhr, was ihrer Mutter und dem kleineren Bruder geschehen ist. Bei einem ihrer Gedenkbesuche in Auschwitz sah sie auf einer Namensliste, dass beide vor ihrer eigenen Ankunft und Zeit in Auschwitz-Birkenau in der Gaskammer ermordet wurden.

Zwei besondere Auszeichnungen würdigten bis zum heutigen Tag das Engagement von Eva, als Zeitzeugin in der gesamten Bundesrepublik unterwegs zu sein. Im April 2017 erhielt Eva die Ehrenplakette der Stadt Frankfurt am Main. Im selben Jahr wurde sie auch mit dem Bundesverdienstkreuz am Bande ausgezeichnet.

An dieser Stelle schließe ich das Kapitel über die Familien- und Lebensgeschichte von Eva Szepesi mit dankenden Worten ab. Ich bedanke mich bei Eva für die Möglichkeit, dieses wertvolle und bedeutsame Gespräch zu führen.

Jetzt sind Sie am Ende dieses Kapitels angelangt. Sie haben nun die Möglichkeit, über den QR-Code und/oder den abgedruckten Link, über die Kamera oder das Internet, einen vertieften und noch detailreicheren Einblick in die Lebens- und Familiengeschichte von Eva Szepesi zu erhalten. Das verfilmte Interview gibt weitere exklusive und detailreiche Einblicke.

https://youtu.be/YnY6tY1_vtk

▪▪▪ Den Judenstern aus der damaligen Zeit hat Edith heute in ihrer persönlichen Sammlung aufbewahrt. Vor kurzem war er Teil einer Ausstellung ▪▪▪

Edith Erbrich

Auf meiner Suche nach den letzten Überlebenden des Holocaust bin ich auf die sehr engagierte Edith Erbrich aus Langen in Hessen aufmerksam geworden. Einige Berichte und Pressebilder gaben mir im Vorfeld den Eindruck, dass sie ihre Lebensgeschichte stets vor Schulklassen und auch generell auf Veranstaltungen mit vollem Engagement vorträgt und zudem auch noch an Gedenkstättenfahrten teilnimmt. Mir fiel aber noch etwas auf. Auf einem Großteil der Bilder, die von Edith Erbrich bei den unzähligen Veranstaltungen von der Presse geknipst wurden, hatte sie stets ein Lächeln im Gesicht. Ein Lächeln, welches auch nach den erlebten Grausamkeiten der Nationalsozialisten nicht verschwand. Ihr eigenes Buch, das den Titel *„Ich hab' das Lachen nicht verlernt"* trägt, machte mich auch sehr auf ihre Persönlichkeit neugierig.

Nachdem ich mich mit der Lebensgeschichte von Edith Erbrich noch vor einem möglichen Kontaktaufbau intensiv auseinandergesetzt hatte und mir mehrere Male die Tränen in den Augen gestanden waren, wagte ich einen Versuch. Ich bemühte mich, eine Kontaktperson im Internet ausfindig zu machen, und entdeckte, dass der erste Stadtrat von Langen, Stefan Löbig, einen sehr engen und freundschaftlichen Kontakt zu Edith Erbrich pflegte und beide eine jahrelange Freundschaft verbindet. Mein Anliegen schrieb ich in einer längeren und sehr persönlichen E-Mail nieder und hatte die große Hoffnung, dass er einen Kontakt herstellen könnte. Es dauerte mehrere Wochen, bis ich eine Antwort erhielt. Es war eine Zusage mit der Bitte, dass ich mich telefonisch oder via E-Mail bei Edith Erbrich melden könnte. Dies tat ich auf direktem Wege und rief sie an. Wir führten ein erstes längeres Telefongespräch und vereinbarten einen Termin. An dieser Stelle möchte ich mich bei Stefan Löbig recht herzlich für die Unterstützung bedanken.

Wenige Tage später und nach intensiver Vorbereitung führte mich mein Weg dann mit dem Zug ins schöne Hessenland, genauer gesagt nach Langen. Eine Stadt, die vor den Toren der Metropole Frankfurt am Main liegt. Ein kleiner Fußmarsch vom Bahnhof in eine Wohnsiedlung gab mir einen Eindruck von der Stadt. Edith Erbrich lebt in einem mehrstöckigen Wohnhaus. Ich klingelte an der Tür und es öffnete mir eine Frau, die herzlich war. Beim Betreten des Hauses lächelte sie mich freundlich an und wieder hatte ich den Titel ihres Buches im Kopf. Wir begrüßten uns, anschließend baute ich die Technik auf und nach einem kurzen Vorgespräch begann das Interview, in dem Edith mir einen detailreichen Einblick in ihre nun in diesem Buchkapitel folgende Lebensgeschichte gab.

Edith Erbrich wurde am 28. Oktober 1937 in einem jüdischen Krankenhaus in Frankfurt am Main geboren. Ihre Eltern waren Norbert und Susanna Bär. Der Vater hatte jüdische Wurzeln und die Mutter war eine Katholikin. Edith hat eine Schwester mit dem Namen Hella und einen Bruder, der Norbert heißt.

Aufgrund des jüdischen Vaters und der katholischen Mutter wurde Edith nach dem Nürnberger Rasse- und dem Reichsbürgergesetz als „Jüdischer Mischling" angesehen und eingruppiert. Diese Gesetze traten 1935 in Kraft und sahen nach der Machtergreifung der Nationalsozialisten im Jahr 1933 vor, dass die Unterschiede zwischen „Ariern" und „Nicht-Ariern" rechtlich im vollen Umfang definiert werden. Diese Beschlüsse wurden auf einem Reichsparteitag in Nürnberg beschlossen und waren Teil der nationalsozialistischen Rassenlehre. Bedeutsame Punkte dieser Beschlüsse waren u. a., dass zwischen „Ariern" und „Nicht-Ariern" der Geschlechtsverkehr und auch eine Eheschließung verboten wurde. Ein Verstoß gegen diese Regeln führte zu harten Bestrafungen. Zudem wurden die Menschen in folgende Gruppierungen eingeordnet: Reichsbürger, Staatsangehörige und Staatsangehörige nicht deutschen oder artverwandten Blutes. Die jüdische Bevölkerung und die Menschen mit „jüdischem Blut" traf es besonders hart, denn sie wurden nochmals separat eingeordnet als „Mischlinge" ersten und zweiten Grades oder als „Volljuden".

Die Stadt am Main, die heute rund 750.000 Einwohner zählt und bekannt ist für die Bedeutsamkeit in der Finanzwelt und in der berühmte Persönlichkeiten wie Johann Wolfgang von Goethe geboren wurden, ist bis zum heutigen Tag die Heimat von Edith. Damals zog sie mehrere Male mit den Eltern im Stadtgebiet um, lebte in der Ostendstraße, im Hermesweg und in der Uhlandstraße.

Die Großmutter
mit Hella und Edith

In der frühen Kindheit hatte Edith einen engen und sehr harmonischen Kontakt zu ihren Großeltern. Diese schenkten ihr Wärme und Geborgenheit, und die Kochkünste der Oma schätzte Edith sehr. Später erlebte sie, wie beide von einem auf den anderen Tag plötzlich verschwunden waren. Sie wurden am 15. September 1942 in das Konzentrationslager und Ghetto Theresienstadt deportiert. Dass Edith und ein Teil der Familie das gleiche Schicksal ereilen würde, das ahnte zu diesem Zeitpunkt noch niemand. Der Vater erklärte den beiden Kindern lediglich, dass Oma und Opa auf einer „Reise" seien. Für Edith war es ein großer emotionaler und seelischer Schmerz, dass beide nicht mehr da waren, doch sie musste es ertragen, was blieb ihr anderes übrig. Die Großeltern lebten in Theresienstadt in einem „Siechenheim". Dieses Heim war vorgesehen für alte und kranke Menschen und für die Unterbringung musste ein Vertrag auf Lebenszeit unterzeichnet werden. Zudem wurden sämtliche Reichtümer und Besitzgüter durch die Nationalsozialisten eingezogen. Nach dem Krieg erfuhr Edith, dass der Großvater nach drei Tagen in Theresienstadt verstarb und die

Der Großvater

Großmutter überlebte und am 8. Mai 1945 durch die Rote Armee befreit wurde. Hella vermutete, dass der Opa an gebrochenem Herzen verstorben war, Edith hingegen ist sich sicher, dass er ermordet wurde, denn sie hatte im späteren Lebensverlauf die Sterbeurkunde des Opas gesehen. In den drei Tagen, die der Großvater noch in Theresienstadt verlebte, hatte er laut den SS-Ärzten eine Vielzahl an Erkrankungen zur gleichen Zeit, u. a. Lungen- und Herzprobleme.

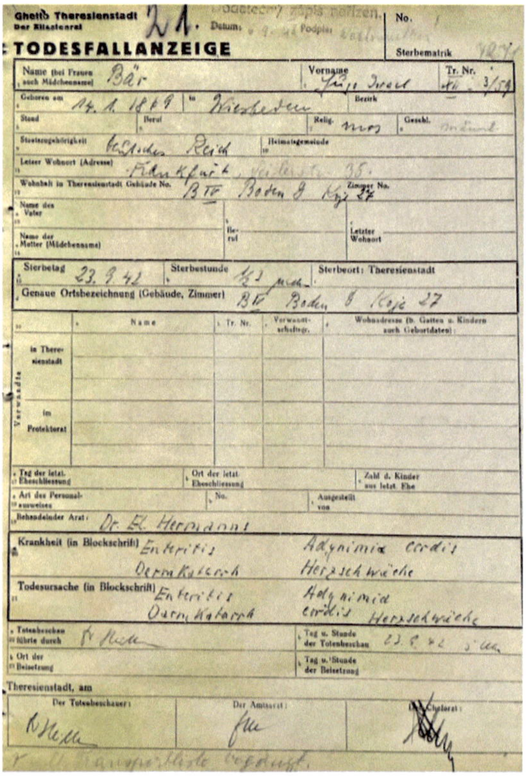
Ghetto Theresienstadt
Der Ältestenrat
21.
Datum:
Podpis:
No.
TODESFALLANZEIGE
Sterbematrik
Name (bei Frauen auch Mädchenname) Bär
Vorname
Tr. Nr.
Geboren am 14. 1. 1869 in Wiesbaden
Bezirk
Stand
Beruf
Relig. mos
Geschl.
Staatszugehörigkeit Deutsches Reich
Heimatsgemeinde
Letzter Wohnort (Adresse) Frankfurt
Wohnhaft in Theresienstadt Gebäude No. B IV Boden 9 Koje 27
Zimmer No.
Name des Vaters
Beruf
Letzter Wohnort
Name der Mutter (Mädchenname)
Sterbetag 23. 9. 42
Sterbestunde
Sterbeort: Theresienstadt
Genaue Ortsbezeichnung (Gebäude, Zimmer) B IV Boden 9 Koje 27
Verwandte
Name
Tr. Nr.
Verwandtschaftsgr.
Wohnadresse (b. Gatten u. Kindern auch Geburtsdaten):
in Theresienstadt
im Protektorat
Tag der letzt. Eheschliessung
Ort der letzt. Eheschliessung
Zahl d. Kinder aus letzt. Ehe
Art des Personalausweises
No.
Ausgestellt von
Behandelnder Arzt: Dr. El. Hermann
Krankheit (in Blockschrift) Enteritis Darmkatarrh Adynamia cordis Herzschwäche
Todesursache (in Blockschrift) Enteritis Darmkatarrh Adynamia cordis Herzschwäche
Totenbeschau führte durch
Tag u. Stunde der Totenbeschau 23. 9. 42
Ort der Beisetzung
Tag u. Stunde der Beisetzung
Theresienstadt, am
Der Totenbeschauer:
Der Amtsarzt:
Der Chefarzt:

Todesfallanzeige des Großvaters

Die Todesfallanzeige zeigte Edith einem Professor und sie stellte die einfache Frage, ob ein Mensch in drei Tagen so viele Krankheiten haben kann. Das Einzige, was der Professor ihr entgegnete, war, ob sie es denn selbst glauben würde. Edith verneinte diese Frage und bekam zu hören, dass ihre Vermutung genau richtig war. Im Juni 1945 wurde die Großmutter durch das „Deutsche Rote Kreuz" zurück nach Frankfurt am Main gebracht. Sie lebte bis zu ihrem Tod in einem jüdischen Altenheim. Auf diese Rückkehr gehe ich ebenfalls im späteren Verlauf dieses Buchkapitels nochmal ein.

In Ediths Kindheit ereignete sich eine ganz besondere Situation. Ein Zirkus gastierte auf einer Festwiese in der Ostendstraße. Voller Begeisterung und mit leuchtenden Kinderaugen schaute sie auf die bunten Plakate, auf denen auch kleine Menschen, Liliputaner, abgebildet waren. Diese Menschen faszinierten sie, war sie damals doch genauso groß. Sie war ein sehr aufgewecktes, neugieriges und willensstarkes Kind. Sobald sie eine Idee und ein Ziel im Kopf hatte, wurde versucht es umzusetzen. So hatte Edith das Ziel, mit dem Zirkus mitzuziehen. Diese sorgenfreie, bunte und heile Welt des Wandervolkes beeindruckte sie, denn in ihrem Leben wurden die Sorgen und Ängste immer größer. Sie lief zu dem Zirkus und fragte, ob sie mitziehen dürfe. Diese Frage wurde aber leider verneint, Edith war sehr enttäuscht. Stattdessen durfte sie sich dort umschauen und sogar einen Wohnwagen besichtigen. Der Vater erwischte Edith, weil die Schwester den Ausflug verpetzte. Er verpasste ihr die einzige Ohrfeige, die sie in ihrem ganzen Leben von dem Vater erhalten würde, denn ohne Papiere wäre sie sofort, bei Erwischen durch die SS, „weg“ gewesen. Auch nach dem Krieg sollte die Zirkuswelt ein großes Thema für Edith bleiben, so besuchte sie einige in der Stadt gastierende Zirkusse.

Ediths Judenstern
und Außenansicht der Kennkarte

Edith, Hella und ihre Eltern waren zu diesem Zeitpunkt noch verschont geblieben von den Folgen der neuen Gesetze und der neuen Regierung. Der Vater verdiente und versorgte die Familie durch gelegentliche Arbeitsaufträge, die er von Freunden erhielt, und die Mutter ging für ein weiteres „Zubrot“ putzen. Doch mit der Zeit hatten es die Eltern durch die stärker werdenden Ausgrenzungen immer schwerer,

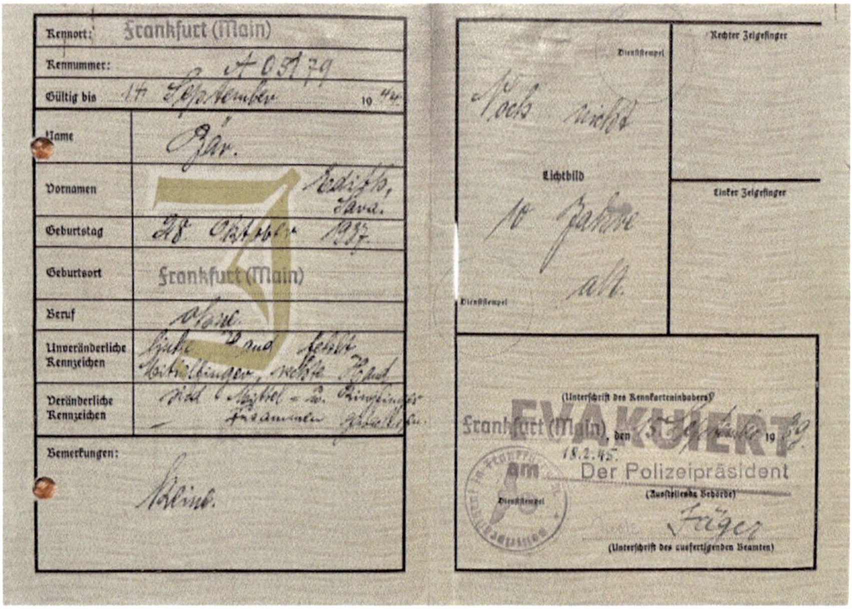

Kennort: Frankfurt (Main)
Kennummer: A 05179
Gültig bis 14 September 1944
Name: Bär
Vornamen: Edith, Sara
Geburtstag: 28 Oktober 1937
Geburtsort: Frankfurt (Main)
Beruf: ohne
Unveränderliche Kennzeichen
Veränderliche Kennzeichen
Bemerkungen: Keine

Dienststempel
Rechter Zeigefinger
Lichtbild
Noch nicht 10 Jahre alt.
Linker Zeigefinger
Dienststempel
(Unterschrift des Kennkarteninhabers)
Frankfurt (Main), den
EVAKUIERT am 18.2.45.
Der Polizeipräsident
Dienststempel
(Ausstellende Behörde)
(Unterschrift des ausfertigenden Beamten)

Die Innenseite der Kennkarte

es gab große Versorgungsnot in Bezug auf Kleidung und Nahrungsmittel. Der Mutter verweigerte man eines Tages eine Kleiderkarte, und sie wurde beim Wirtschaftsamt vorstellig. Ihr wurde ins Gesicht gesagt, dass sie als „Arierin“ den jüdischen Ehemann nicht hätte heiraten dürfen und eine Scheidung die sinnvollste Lösung wäre. Diese Worte trafen die Mutter sehr und sie protestierte dagegen. In der eigenen Akte wurde im Nachhinein notiert, dass sie sich bei diesem Amtsbesuch ungebührlich verhalten hatte, da sie der jüdischen Glaubensgemeinschaft angehörig war und ihr dadurch die Kleiderkarte verweigert wurde. Dieser Eintrag hatte die Folge, dass sie in eine dreiwöchige Beugehaft kam. Über diese Zeit redete sie mit Edith in den Nachkriegsjahren nie, denn sie stand hinter der Familie mit voller Liebe und Kraft. Die gesamte Familie musste nach Vorschrift den Judenstern tragen, um sich als Juden kenntlich zu machen. Auch die Mutter traf es, obwohl sie Katholikin war, die Nationalsozialisten entschieden dabei nach dem Motto: „mitgehangen ist mitgefangen“. Es gab eine einzige Situation, in der Edith den Judenstern nicht trug. Ihre Schwester kam eines Tages auf die Idee, eine zwei Straßenbahnhaltestellen entfernte Kohlenhandlung zu besuchen. Der Grund dieser Idee lag auf der Hand, denn die Familie hatte zwar einen kleinen Bollerofen, doch wenig vom teuren Brennmaterial. Der Vater hatte beiden Geschwistern in der vorherigen Zeit einen Holzschlitten aus alten Holzresten gebaut. Mit diesem Schlitten und bepackt mit Säcken und Tüten fuhren beide zur Kohlehandlung. Die Schwester hatte die Hoffnung, dass sie dort etwas Kohle finden würden. In dieser Situation nahmen beide auch den Judenstern ab, eine gefährliche Aktion, die schwere Folgen hätte haben können. Sie stellten sich in den Morgenstunden an die Straße und hofften, dass einer der vorbeifahrenden Lkws einige Kohlen abwarf. Da beide Schwestern die Schule nicht besuchen durften, aber alle anderen Kinder zu dieser Tageszeit in der Schule waren, konnten sich die Fahrer vermutlich denken, dass es jüdische Kinder waren. Einige Kohlen konnten sie ergattern und somit die Wohnung etwas heizen. Den Judenstern aus der damaligen Zeit hat Edith heute in ihrer persönlichen Sammlung aufbewahrt. Vor kurzem war er Teil einer Ausstellung im Historischen Museum in Frankfurt am Main. Ihr wurde mitgeteilt, dass die Resonanz überwältigend gewesen sei und rund 60.000 Menschen die Ausstellung besuchten.

Im März 1944 jaulte in einer Nacht der Fliegeralarm, gemeinsam ging die Familie in den Keller und Edith erinnerte sich an das laute Summen der Flugzeuge. Sie saß voller Angst und Müdigkeit auf dem Schoß der Mutter. Es sollte die Nacht sein, in der die gesamte Ostendstraße von den Bomben zerstört wurde. Diese Straße lag in dem sogenannten „jüdischen Viertel“ von Frankfurt am Main. Das Wohnhaus der Familie wurde ebenfalls zerbombt. Zudem auch das Nachbarhaus einer befreundeten Familie. Die Nachbarn, die unter den Trümmern lagen, hatten aber großes Glück, denn es gab im Vorfeld schon einen Notfallplan. Eine Markierung in der Wand gab die Stelle an, in der ein Durchbruch der Mauer möglich war, so schaffte es die Nachbarsfamilie, ihrem Keller zu entkommen, und war im Luftschutzkeller der Familie Bär gelandet. Nachdem der Bombenhagel vorbei war, ließ Edith die Blicke schweifen und sie war schockiert, denn ein Großteil der Straße bestand nur noch aus Trümmern und stand in Flammen. Es erinnerte nichts mehr an die vorherige Zeit. Sie hat noch in Erinnerung, wie viele Menschen auf der Straße in

Panik herumliefen, um nach Verwandten zu suchen. Einige Menschen waren durch die Verbrennungen stark verletzt. Das Fazit des Bombenangriffs war, dass der Wiedereinzug in die Wohnung unmöglich war, so zog die Familie in einen Keller im Hermesweg um und trennte sich auch von dem bekannten Umfeld sowie Freundschaften. Leider fiel auch Ediths über alles geliebter Teddybär den Bomben zum Opfer, ebenso auch eine „Käthe-Kruse-Puppe“, die Hella und sie von den Großeltern geschenkt bekommen hatten. Zwischenzeitlich wurden die Eltern mit den beiden Töchtern in einem Sammellager untergebracht. An diese Zeit hat Edith keine Erinnerungen und weiß nur von Hella, dass alle vier schwer erkrankt waren. Die Zeit in der neuen „Bleibe“ war sehr kurz, denn befreundete Weggefährten aus der Jugendzeit des Vaters verhalfen der Familie zu zwei kleinen und ausgebauten Dachgeschosswohnungen in der Uhlandstraße 60. Diese Straße lag nur wenige Minuten von der zerbombten Ostendstraße entfernt. Die Familie wohnte so fortan wieder im „jüdischen Viertel“. Edith hat in Erinnerung, wie die Mutter ihr über Nacht ein Bündel mit Kleidung neben das Bett legte, denn wenn der Alarm losjaulte, musste alles ganz schnell gehen. Es gab immer drei Alarmstufen, den Voralarm, die Mittelstufe und die dritte Stufe mit dem schnellsten Alarmsignal, den Hauptalarm.

In der kommenden Zeit konnten auch die Eltern die sich immer verschlechternde Lebenssituation nicht vor den eigenen Kindern schützend zurückhalten. Selbst Edith und Hella merkten, dass sich das Leben verändert hatte. Einige Gesprächsfetzen und Themen, die zwischen den Eltern ausgetauscht wurden, bekam Edith mit, u. a. wurde über die Ungewissheit, wie es den Großeltern wohl gehen würde, geredet. In diesem Zusammenhang fiel das Wort „Arbeitslager“. Auch im Alltag machte sich die verminderte Lebensqualität bemerkbar, so gab es immer weniger zu essen und der Hunger wurde ein stetiger Begleiter. Die Verhaltensregeln verschärften sich, so erklärten die Eltern den beiden Kindern ganz genau, was sie durften und was untersagt war. Zudem mussten die beiden Kinder stets auf das Tragen des Judensterns achten. Hella war vier Jahre älter als Edith und bekam von der Mutter die Aufgabe, auf die jüngere Schwester „aufzupassen“. Edith gefiel nicht, dass Hella die Rolle der „Erzieherin“ einnahm, so gab es häufig Unstimmigkeiten und Streit. Während der Zeit in der Uhlandstraße nahmen die Bombenangriffe und der damit verbundene Fliegeralarm nicht ab. Die Familie zog sich regelmäßig bei den Alarmen in den Luftschutzkeller zurück. Tagsüber arbeiteten beide Elternteile immer mehr, so wurde der Vater eingezogen und erledigte Räumarbeiten der Trümmer oder erhielt Arbeit auf dem jüdischen Friedhof. Die Mutter arbeitete in der Pharmazie. Edith erzählt, dass sie oftmals auch alleine zuhause waren und so die Eltern nicht wussten, ob sie die Kinder am Abend wiedersehen. Umgekehrt hatten die Kinder auch diese stetigen Verlustängste.

Am 8. Februar 1945 ereignete sich eine Situation, die auch den weiteren Lebensweg der Familie beeinflussen würde. Edith sah ihren Vater weinend an einem Tisch sitzen. Die Familie tröstete ihn. Generell war es das erste Mal, dass ihm vor Edith die Tränen kullerten. Der Vater erzählte den Kindern, dass er gemeinsam mit Edith und Hella am 14. Februar um 14 Uhr zur Großmarkthalle am Frankfurter Ostbahnhof gehen musste. Er gab als Grund an, dass er eine Arbeit in der weiten Ferne erhalten hat. Die Mutter sagte, dass sie nicht auf die Reise mitkommen könnte, aber die drei zum Bahnhof begleiten würden. Warum die Mutter nicht mitkam, das verstand Edith zum damaligen Zeitpunkt noch nicht. Jeder von ihnen durfte einen Koffer mit wichtigen Dingen wie Geschirr, festes Schuhwerk, Besteck oder Essen für vier bis fünf Tage mitnehmen. Zudem wurde auch Arbeitskleidung als wichtiges Gepäckstück für die Reise in dem Bescheid aufgelistet, unverständlich, wie Edith meint, denn sie hätte noch nirgendwo Arbeitskleidung für sieben- bis elfjährige Kinder gesehen. Als die Koffer gepackt waren, ging die Familie zu Fuß in Richtung Großmarkthalle. Unterwegs sah Edith viele Menschen, die genau wie sie auch Koffer trugen und die gleiche Wegstrecke vor sich hatten. Andere Menschen betrachteten die Kolonne aus dem Fenster oder am Wegesrand und bespuckten oder beschimpften die Menschen, unter anderem riefen einige „Pöbler", dass sie froh über den Weggang der Familie und der Juden aus der Kolonne seien. Persönlich sehr verletzende Momente, die Edith nie aus ihren Gedanken loswerden wird. Nach einem 15-minütigen Fußmarsch war die Familie vor Ort angekommen. Die Mutter begleitete die drei bis zu einem durch die SS zugeteilten Zug.

Ein großer Trubel, denn überall waren Menschen und SS-Männer. Die Waggons hatten den eigentlichen Zweck, als Viehwaggons für den Transport von Tieren zu dienen. Jetzt wurden sie in einen dieser engen Waggons, in denen bis zu 30 Personen waren, so schätzt es Edith, wie Vieh „verladen". Die Schiebetür des Waggons wurde zugeschoben und draußen blickte die weinende Mutter in das Gesicht von Edith, die nun auch anfing zu weinen. Sie versuchte den SS-Männern vorzuschlagen, dass sie mit in den Waggon einsteigen könne, doch wurde sie plötzlich als „Arierin" angesehen und ihr der Zutritt verweigert. Eine Logik, die für Edith stets unerklärlich ist. Den Abschied von der Mutter beschreibt Edith als einen der schlimmsten Momente in ihrem Leben. Das Gesicht der Mutter prägte sie sich in diesem Moment gut ein, denn egal wohin auch die Reise führen würde und wie lange die Dauer ist, das Gesicht der Mutter wollte sie nicht vergessen. Kurz vor der Abfahrt rief einer der SS-Männer, dass die Tür nochmal aufgeschoben werden soll, damit die Mutter die beiden Töchter noch einmal sehen kann. Der Zug fuhr anschließend los.

Den Bahnhof der Großmarkthalle in Frankfurt am Main nutzten die Nationalsozialisten ab Oktober 1941 als Startbahnhof der Deportationen, denen 11.000 Menschen aus Frankfurt und der Umgebung zugeteilt wurden. Unter diesen Menschen waren, wie auch bei Edith mit ihrer Schwester und dem Vater, jüdische Frauen und Männer mit ihren Kindern. Am Ende überlebten nur 300 von ihnen die Zielorte, die die Züge anfuhren, denn meistens führten die Wege in die Ghettos und Konzentrationslager im Osten. Genaue Zielorte waren u. a. Theresienstadt, Auschwitz oder Litzmannstadt. Insgesamt wurden zehn größere und 18 kleinere Deportationen durch die SS von diesem Bahnhof aus durchgeführt.

Die Fahrt und die Zeit in diesem Waggon beschreibt Edith als sehr dunkel und eng. Sie konnte während der Fahrt durch die Ritzen der Holzbalken am Boden die vorbeirauschenden Schienen und etwas Licht sehen. Es gab nicht mal Stroh oder weichen Unterboden. Lediglich ein kleines Fenster diente als Lichtzufuhr und Ausblick nach draußen. Die Menschen aßen, schliefen und verrichteten ihre Notdurft in der Enge. Edith bekräftigt, dass die SS ihnen durch diese Aktion jegliche letzte Würde nahm. Ein Mann stellte seinen Mantel als Schutz zur Verfügung, denn die Notdurft wurde durch die Schlitze der Holzbalken verrichtet. Plötzlich hielt der Zug für einen Zwischenstopp an und alle mussten aussteigen. Sie wurden auf ein Feld getrieben. Einige der Menschen konnten nicht mehr laufen und wurden herausgetragen, Edith erinnert sich daran, dass sich einige Menschen nicht mehr bewegten, sie waren in den Waggons verstorben. Ediths Blicke bekamen ein schockierendes Schauspiel mit, denn die Verstorbenen wurden einfach auf das Feld geschmissen. Nach dieser Aussonderung wurden alle Menschen wieder zum Einsteigen in die Waggons getrieben und die Fahrt ging weiter. Ihr großer Wunsch war es, dass diese Menschen durch Bewohnerinnen und Bewohner der umliegenden Ortschaften entdeckt und beerdigt werden würden. Ediths Vater hatte ein Bild der Mutter und ungefähr zehn frankierte Postkarten in den Zug „geschmuggelt". So konnte Edith das Gesicht der Mutter stets in die Erinnerung zurückholen. Nach dem Beschreiben der Postkarten durch einen mitgenommenen Stift warf der Vater sie aus dem kleinen Fenster des Waggons. Die Karten wurden mit dem Datum, der Uhrzeit und wenigen Zeilen an Text beschriftet.

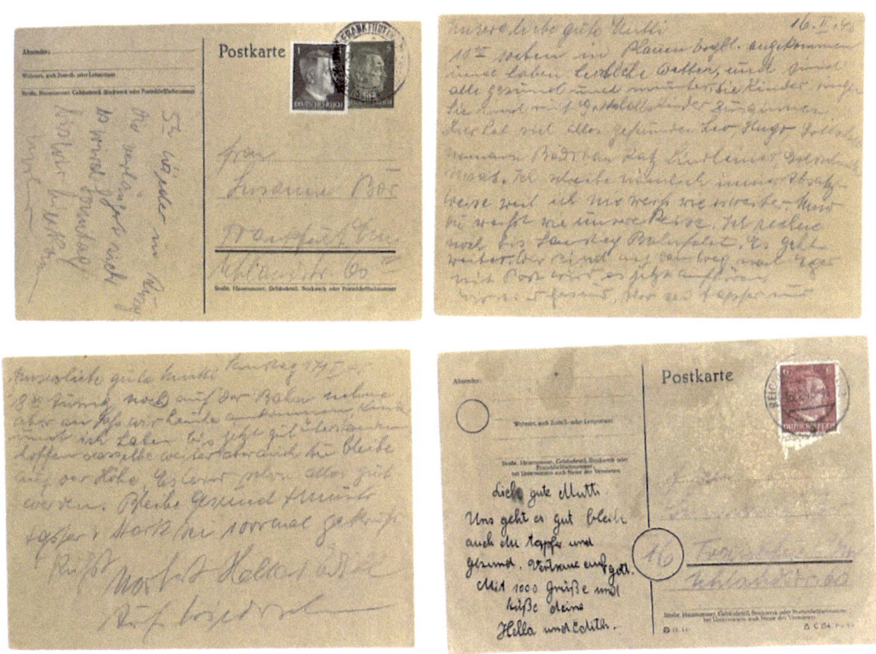

Die Postkarten des Vaters

Edith beschreibt im Nachgang, dass der Text nicht an die grausame Zeit in dem Viehwaggon oder an eine mögliche Reise in ein Ghetto oder Konzentrationslager erinnerte, vielmehr waren es Textzeilen, die an einen Urlaub denken ließen. Der Vater schrieb, dass es den Kindern gut ginge und die Mutter tapfer sein soll, denn gemeinsam würde die Familie alles schaffen. Zudem richtete er tausend Grüße und Küsse aus. Er hatte die Hoffnung, dass die Menschen von außerhalb diese Postkarten aufsammelten und an die angegebene Adresse in der Uhlandstraße 60, in der die Mutter zurückblieb, schickten. Es war wie ein Wunder, denn die Postkarten kamen alle an. Heute hat Edith all diese unversehrten und originalen Postkarten ebenfalls in ihrer persönlichen Sammlung aufbewahrt.

Am 18. Februar 1945 kam der Zug nach einer fünf Tage langen Zugreise ein letztes Mal zum Stehen. Sie waren im Ghetto Theresienstadt angekommen.

Das damalige Theresienstadt *(heute: Terezin)* ist mit der heutigen Bevölkerung von fast dreitausend Menschen eine Garnisonsstadt im Nordwesten Tschechiens. Die Nationalsozialisten errichteten hier im November 1941 ein Ghetto, welches von der SS geleitet wurde. Das Ziel der Errichtung war es, die tschechischen Juden, Juden aus anderen Ländern und Menschen mit „besonderen Leistungen" unterzubringen. Das Ghetto wurde zum Zweck der Propaganda als „Vorzeigeghetto" benannt. Der eigentliche Zweck war aber ein Durchgangslager in andere Konzentrations- oder Vernichtungslager, wie u. a. nach Auschwitz. Bis zu der Befreiung durch die Rote Armee am 8. Mai 1945 durchliefen und bewohnten einhundertfünfundfünfzigtausend Menschen das Ghetto. Über 35.000 Menschen kamen im Ghetto ums Leben und 88.000 Menschen wurden in den direkten Tod zu den Vernichtungslagern in den Osten geschickt.

Die Schiebetür des Waggons öffnete sich, Edith kamen frische Luft und blendendes Licht entgegen. Große Ungewissheit und Angst vor dem, was nun geschehen sollte, machten Edith sehr unruhig. Ein SS-Mann schrie mit lauter Stimme, dass alle Menschen aussteigen sollten, der Vater stieg mit den beiden an ihn gedrängten Kindern und ihrem Koffer aus. Das Erste, was Edith nach dem Aussteigen sehen konnte, waren viele Menschen, die ebenfalls ihr Gepäck trugen. Ein weiterer SS-Mann schrie, dass eine Selektion durchgeführt würde. Getrennt wurde nach Frauen, Männern, Kindern sowie nach Geschlecht und Alter. Edith und Hella klammerten sich vor Angst an den Vater, doch wurden sie von ihm weggerissen. Diese Situation war für Edith ein großer Schock, denn sie wurden von dem Vater getrennt.

Nach der Selektion wurden den Selektierten alle Habseligkeiten weggenommen und der Kopf wurde kahl geschoren. Lediglich die mitgebrachte Kleidung durften sie behalten, auch wenn Edith vermutet, dass sie auch Kleider von ermordeten Kindern in der Ghettozeit anhatte. Im Anschluss führte der weitere Weg zum „Duschen". Sie mussten sich vor den Augen der SS nackt ausziehen. Edith kann sich bis zum heutigen Tag an die „fiesen und miesen" Gesichter der SS-Männer und -Frauen erinnern, die sich über die ungepflegten Menschen lustig machten und sie wie Schweine behandelten. Menschen, die fünf Tage lang unter menschenunwürdigen, katastrophalen und unhygienischen Bedingungen die lange Zugfahrt verbringen mussten.

An der Tür des großen Duschraums sah Edith eine Frau, die ebenfalls eine Gefangene war, doch sie kannte diese Frau aus der Ostendstraße in Frankfurt am Main. Die Frau war dazu verpflichtet, den Duschgang der Neuankömmlinge zu begleiten. Im selben Moment rief sie Edith zum Duschen auf, die aber vor Schock in Ohnmacht fiel. Edith wachte alleine in einem kleinen Raum in der „kleinen Festung" wieder auf. Es war der Block „A". Sofort dachte sie an ihre Schwester Hella und rief lautstark nach ihr. Es dauerte eine Zeit lang, bis man die Schwester ausfindig machen konnte. Das lange Warten war für Edith eine Qual voller Angst und Sorgen. Doch wurde Hella nach einiger Zeit gefunden und zu Edith gebracht. Edith erkannte Hella kaum wieder, da ihre Haare auch abgeschoren wurden. Die Tränen konnte sie nicht mehr zurückhalten, doch Hella bremste sie mit der Begründung, dass sie sonst getrennt werden würden. Edith musste ihre Gefühle in dieser Situation unterdrücken und das Weinen hing ihr in der Kehle fest. Nach der Zusammenkunft wurde der Block mit vielen weiteren jungen Häftlingen belegt. Die Zahl der in diesem Raum untergebrachten Personen schätzt Edith zwischen 20 und 25. Beide Geschwister verbrachten in diesem Block eine Zeit von ungefähr drei Wochen.

Sie wurden einer Gruppe von älteren Mädchen zugeteilt und erhielten einen Ausweis, auf dem eine Nummer aufgedruckt war. Auf Ediths Ausweis stand geschrieben, dass sie in der Hauptstraße 10 wohnhaft war und die Nummer 1-XII/10 trug, die Transportnummer des Zuges.

Den Alltag in Theresienstadt erlebte Edith wie folgt. Einmal in der Woche wurde ein Treffen zum Spazierengehen mit dem Vater genehmigt. Der Vater beruhigte Hella und Edith, dass alles wieder gut werden würde. Edith versprach ihm, alles dafür zu tun, doch bereitete es ihr große Angst, ob sie die Einsperrung noch länger aushielte. Die Versorgung mit Nahrungsmitteln war schlecht, sodass alle unter großem Hunger litten. Sie erhielten Lebensmittelmarken, die alle Häftlinge zu den Ausgabestellen mitnehmen mussten. Die Auswahl war sehr gering, so gab es weder Obst noch Gemüse oder Milchprodukte. Jede Person erhielt nur fünfundzwanzig Gramm Pferdefleisch und dazu im täglichen Wechsel entweder Linsen oder Graupensuppe, die oft aus Pulver bestand. Es gab aber auch mal Kartoffeln mit Sauce und einem kleinen Stück Fleisch dazu. Zweimal in der Woche wurde in dem Ghetto neues Brot verteilt, welches aber sehr streng portioniert wurde. So erhielten die Kinder und Jugendlichen ein Dreiviertel Brot, welches ein Gewicht von bis zu einem Kilo hatte. Ab und zu wurden auch eine kleine Portion Margarine und ein Löffel Marmelade ausgeteilt. Alle zehn Tage wurde an jede Per-

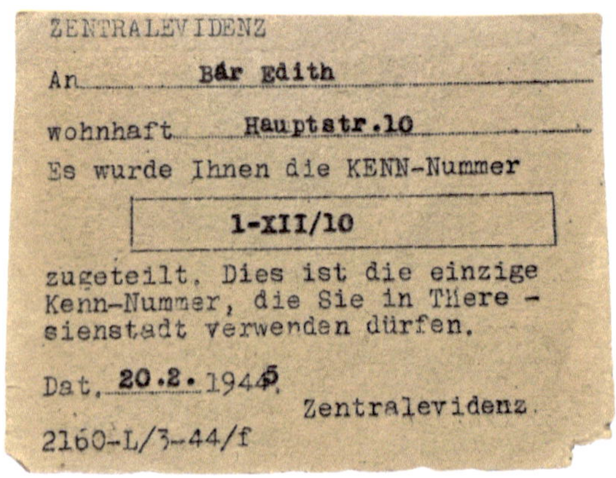

ZENTRALEVIDENZ

An Bär Edith

wohnhaft Hauptstr.10

Es wurde Ihnen die KENN-Nummer

1-XII/10

zugeteilt. Dies ist die einzige Kenn-Nummer, die Sie in There - sienstadt verwenden dürfen.

Dat. 20.2.1945

Zentralevidenz

2160-L/3-44/f

Ediths Kennnummer im Ghetto Theresienstadt

Der Bezugsschein für Lebensmittel

son ein Sack mit Zucker verteilt, der ein Gewicht von einhundert Gramm hatte, diese Portion reichte für ungefähr zwei Teelöffel am Tag. Der Zucker wurde beispielsweise auch in den ausgegebenen Kaffee, der aus gebrannten Gerstenkörnern bestand, gerührt.

Edith erinnert sich an einen Tag, an dem es wieder mal eine Suppe, die häufig nur aus Wasser bestand, und ein süßes Teilchen mit einer Pflaume gab. Hella und sie entdeckten durch das Fenster der Unterkunft ihren Vater. Der Vater kehrte die Straße. Sie kamen auf die Idee, dass sie sich ein Teilchen teilten und das andere zu ihrem Papa bringen würden. Er war inzwischen sehr abgemagert und beide vermuteten, dass das Teilchen ihm eine große Freude sein würde. Diese Idee war auch mit einer großen Gefahr verbunden, denn die Unterkunft durfte nicht verlassen werden. Regelmäßig gab es Kontrollen und wurde man erwischt, dann gab es schlimme Bestrafungen. Hella gab der anwesenden SS-Aufseherin zu verstehen, dass sie auf die Toilette müsste. Sie schaffte es, dem Vater das Teilchen zu bringen, doch Edith hatte große Angst, dass sie aufflog.

Der Vater arbeitete nach seinen Aufgaben im Außengelände in der Küche weiter. Er schaffte es, den beiden Kindern ab und zu etwas zusätzliche Verpflegung mitzubringen. Es war „gute“ Verpflegung,

Die Währung im Ghetto Theresienstadt

die nicht nur aus Wasser, Suppenpulver oder Kartoffeln bestand. Nachdem der Vater nach der Arbeit wieder zurück in seiner Kaserne war, durfte Edith ihn besuchen. Sie erinnert sich daran, wie sie Kartoffelschalen auf dem Fensterbrett der Kaserne liegen sah. Die Männer aus der Kaserne hatten sich die Schalen zum Trocknen auf das Fensterbrett gelegt, um sie danach zu rauchen. Vor lauter Hunger „mopste" Edith die Schalen und aß sie auf.

Den Drill und die Grausamkeiten von dem SS-Personal kann Edith nicht vergessen. Viele Male standen sie stundenlang auf dem Appellplatz, auch bei eisigem Wind und regnerischem Wetter. Das lange Warten war eine harte Bestrafung, so Edith. Die SS-Belegschaft hingegen machte es sich in einem am Appellplatz gelegenen Häuschen gemütlich und amüsierte sich über die in Reih und Glied stehenden Menschen. Einige entkräftete und abgemagerte Häftlinge fielen um. Ein fürchterliches Schauspiel, das Edith mit ansehen musste. Zudem durften die Geschwächten nicht aufgehoben werden.

Bis zu der Deportation nach Theresienstadt hatte Edith nie eine Schule besucht. In Theresienstadt gab es das Verbot, dass die jüdischen Kinder nicht unterrichtet werden durften. Inoffiziell wurde ein Unterricht unter den Häftlingen angeboten. Edith erinnert sich daran, wie sie die Lehrerin als sehr streng empfand, Hella dem aber nicht zustimmen konnte. In der gesamten Gruppe, die den Unterricht besuchte, waren laut Einschätzung von Edith zwischen 20 und 30 Mädchen gewesen. Das Unterrichtsmaterial bestand anfangs aus einem Bleistift und einer Schreibunterlage wie Zeitungspapier, doch würden in der kommenden Zeit auch diese wertvollen Güter wegfallen. Edith lernte damals ein Gedicht von Eduard Mörike auswendig, das den Titel *„Frühling lässt sein blaues Band"* trug. Unzählige Male wurde dieses Gedicht wiederholt, so oft, dass Edith es heute nicht mehr anhören kann. Großes Unglück hatte Edith mit der Aufseherin in der Baracke, denn sie drohte ständig, dass Edith zu den Babys kommen würde, wenn sie nicht zügig lesen und schreiben könnte. Edith vermutet, dass sich die Aufseherin, die selbst eine Gefangene war, nur selbst auf die Schulter klopfen wollte, da sie beides erlernt hatte. Doch wie sollte Edith beides in so einer Eile in der „Schule" in Theresienstadt erlernen, hatte sie doch im Vorfeld nie mit dem Lernen eine Berührung gehabt.

In der freien Zeit, in der kein Unterricht stattfand, waren Hella und Edith im Austausch mit anderen Mädchen der Gruppe. Gemeinsam wurden sämtliche Unterrichtsinhalte auswendig gelernt. Den Zusammenhalt und das gemeinsame Lernen beschreibt Edith als sehr förderlich, denn im späteren Lebenslauf sollte es ihr den Weg in die Berufswelt erleichtern. In der Nacht quälten Edith schlimme Albträume, denn sie hatte Angst vor jedem neuen Schultag und neuem Lernstoff, den sie sich wie auch die vielen anderen Mädchen schwer ins Gedächtnis einprägen konnte.

Im Ghetto Theresienstadt herrschte ein Mangel an Hygiene und so verbreiteten sich Krankheiten und Ungeziefer. Hella und Edith sowie alle anderen Mädchen traf es mit einer Läuseplage. Hella organisierte einen Läusekamm, für Edith immer noch unbegreiflich, woher sie diesen Kamm bekam. Die Mädchen wurden nach einigen Tagen entlaust und die Haut wurde mit einer Flüssigkeit eingerieben, die fürchterlich brannte. Bis zum heutigen Tag stellt sich Edith die Frage, was das für eine Flüssigkeit gewesen war, die solche Schmerzen verursachte.

Im März 1945 trennten sich die Wege von Hella und Edith. Vor dieser Situation hatten beide Mädchen stets große Angst gehabt. Kinder ab zehn Jahren mussten in Theresienstadt arbeiten. Deshalb diente die „kleine Festung" fortan als Unterkunft für die arbeitsfähigen Häftlinge und alle anderen Gruppen wurden im zentralen Ghetto untergebracht. Edith wurde in einem Mädchenheim für neun- bis elfjährige Mädchen untergebracht. Sie war aber noch zu jung für dieses Heim und bewohnte es deshalb nur als Übergangslösung für kurze Zeit. In diesem Zeitraum erlitt sie einen nervlichen und psychischen Zusammenbruch. Der Grund waren die vielen Trennungen und die Erlebnisse im Ghetto Theresienstadt. Sie kam in eine „Krankenstation". Edith beschreibt sich in dieser Zeit als seelisch und moralisch am Ende und dass ihr Körper im vollen Umfang gestreikt hat.

Der Vater und Hella redeten Edith zu, dass sie sich keine Sorgen machen müsste und sie von beiden bald nachgeholt werden würde. Sie schaffte es, die Zeit in der Krankenstation zu überstehen. Hellas neue Aufgabe war die Arbeit an den Außenanlagen. Zu dieser Arbeit gehörten u. a. das Jäten von Unkraut oder die Gruben zu schaufeln. Hella war zu dem damaligen Zeitpunkt gerade einmal elf Jahre alt und musste die schweren und körperlich sehr belastenden Arbeiten für die SS erledigen. Hella gehörte einem Arbeitskommando an, das an einem der Arbeitstage eine Belohnung der Blockführer versprochen bekam, wenn sie eine Grube in großer Schnelligkeit und Gründlichkeit ausheben würde. Diese Blockführer versprachen einen ganzen Waggon voller süßer Leckereien. Hella war schon in den Gedanken vertieft, wie sie Edith einen Teil der Süßigkeiten abgeben könnte. Am nächsten Tag fuhr ein Zug ein, vor dem sich das gesamte weibliche Arbeitskommando stellte. Als der Zug mit mehreren Waggons zum Stehen kam, wurde von den Aufseherinnen die Schiebetür am vierten Waggon aufgeschoben. Den Mädchen kam ein beißender Geruch entgegen, denn statt leckerer Süßigkeiten erwartete die Mädchen ein mit Leichen bestückter Waggon. Edith erzählt, dass ihr die Zeit in Theresienstadt in keiner Weise leichtfiel, doch die Erlebnisse, die die Schwester erlebte, waren für sie nicht nachvollziehbar. Leider blieb es nicht bei dieser einen Aktion des SS-Personals. Eine Delegation des Internationalen Roten Kreuzes besichtigte und begutachtete das

Lager am 6. April 1945. Wie Edith beschreibt, erinnerte sich Hella an diese Inspektion. Das Arbeitskommando wurde mit festlichen und eleganten Kleidungsstücken angezogen und besuchte ein Theaterstück, das den Namen „*Das Glühwürmchen*“ trug. Dieses Stück wurde von Jungen und Mädchen aufgeführt. Hella bekam einen Platz auf einem Stuhl zugewiesen, der an einem ausgiebig in jeglicher Form bestückten Tisch voller süßer und herzhafter Leckereien gedeckt war. Auf die Nachfrage eines Mitgliedes der Delegation musste Hella antworten, dass sie in Theresienstadt den ganzen Tag über so reichlich zu essen bekommen würden, dass sie jetzt keinen Hunger mehr hätten. Als die Delegation ihren Rundgang beendet hatte und auch das Theaterstück vorbei war, wurden den Kindern die guten Kleidungsstücke abgenommen und gegen die alten Kleidungsstücke eingetauscht, welche sie jeden Tag anhatten. Edith stellt sich die Frage, warum keiner der Mitglieder der Delegation bemerkte, dass es sich um eine Lüge handelte. Die Kinder müssten ihrer Meinung nach völlig verstört gewesen sein und der Hunger machte sich an den klapperdürren Körperformen bemerkbar. Sie hat die Vermutung, dass diese Delegation es mit Absicht nicht bemerken wollte. Hella lebte weiter in der „kleinen Festung“ und beide Geschwister sahen sich nur an den Besuchstagen, wenn der Vater seine beiden Kinder abholte. Edith zog während der Zeit in Theresienstadt dreimal um, so war es kaum möglich irgendwelche Kontakte aufrechtzuerhalten. Einer dieser Umzüge war der Erkrankung geschuldet und führte Edith in die soeben beschriebene Krankenstation. Edith sollte aber auch ein wenig Glück haben, denn die Krankenstation lag direkt gegenüber dem Haus, in dem der Vater untergebracht war. Durch ein Fenster konnten sich beide hin und wieder sehen und dieser kleine Augenblick reichte für ein Winken oder Lächeln.

Immer wieder schwirrte Edith der Gedanke durch den Kopf, ob ihre Mutter in Frankfurt am Main noch am Leben sei. Sie hatte stets die Angst, dass sie uns „vergessen“ könnte, und dieser Gedanke führte oftmals zu Albträumen.

Ediths Großmutter wurde von dem Vater in dem Siechenheim entdeckt. Es folgte an einem der Besuchstage ein Wiedersehen. Edith

Die Großmutter links vor und rechts nach der Inhaftierung

erkannte ihre Oma gar nicht mehr wieder, denn aus der großen und stattlichen war eine abgemagerte und geschwächte alte Frau geworden. Ein Lächeln der Freude kam Edith entgegen, als die Oma sie sah. Sie wunderte sich aber, warum der Opa nicht da war, und hakte bei der Oma nach, leider ohne Antwort. Später erfuhr Edith, dass der Opa drei Tage nach der Deportation von Frankfurt am Main nach Theresienstadt gestorben war. Auch im Nachhinein wurde die Zeit im Ghetto in Anwesenheit der Oma bei gemeinsamen Gesprächen nicht mehr thematisiert, denn Edith wollte ihre Oma nicht verletzen und schmerzhafte Erinnerungen aufkommen lassen.

Der Krieg näherte sich langsam dem Ende und die Rote Armee war auf dem Vormarsch. Einen Tag vor der Befreiung von Theresienstadt am 8. Mai 1945 schlief Edith ohne Gedanken an eine Befreiung oder die Rückkehr in die Freiheit ein. Sie hatte nur die Befürchtung, dass der nächste Tag sowieso wieder wie alle anderen Tage in Theresienstadt werden würde. Es sollte anders kommen, denn sie wurde von Schreien und Schüssen geweckt. Eine fremde Frau stand mit einem Mal in der Krankenstube und sagte, dass sie nun befreit waren und alle aus den Betten kommen müssen. Alle blickten zuallererst neugierig durch eines der Fenster und sahen, wie u. a. SS-Männer und Aufseherinnen von den Soldaten der Roten Armee in Lkws abgeführt und abtransportiert wurden. Zwei bekannte Stimmen unterbrachen die schweifenden Blicke aus dem Fenster. Edith drehte sich um und sah ihren Vater mit Hella in der Tür stehen. Sie sagten ebenfalls, dass sie jetzt frei seien. Mit dem Wort „frei" konnte Edith erstmal noch gar nichts anfangen. Der Vater sagte zu Edith, dass sie ihre Sachen packen soll und sie dann später von Hella und ihm abgeholt werden würde. Bis zur Heimreise lebten alle drei in der Unterkunft des Vaters. Edith erinnert sich daran, wie sie die ersten Nächte gemeinsam mit dem Vater eng umschlungen auf seiner Pritsche schliefen. Es vergingen einige Tage, bis der Vater mit den beiden Kindern zum Marktplatz ging, um auf der Kommandantur wichtige Einzelheiten für die Heimreise zu erledigen. Im Nachhinein erfuhr Edith eine Information, die sie sehr schockierte, denn der Vater, Hella und sie waren eigentlich für eine weitere Deportation in das Konzentrationslager Auschwitz notiert worden. Dieses Lager wurde aber bereits am 27. Januar 1945 durch die Rote Armee befreit.

Die Heimreise sollte sich um einige Tage verzögern, denn die Rote Armee verhängte eine Quarantäne nach dem Ausbruch einer Flecktyphus-Epidemie. Nachdem die Quarantäne aufgehoben worden war, organisierte der Vater ohne große finanzielle Möglichkeiten und Papiere die Heimreise. Er traf einen Offizier, der die deutsche Sprache ein wenig beherrschte, dieser gab ihm dann Papiere und etwas Geld. Leider hatte das tschechische Geld kaum mehr Wert. Die Papiere trugen das Datum des 6. Juni 1945. Die drei besuchten ein letztes Mal die Großmutter, denn sie hatte wenig Kraft und versprach in der nächsten Zeit nachzukommen. Der Vater sollte sich ihrer Meinung nach erst um die beiden Kinder kümmern. Dem war auch so, denn die Großmutter wurde von dem „Deutschen Roten Kreuz" einige Tage später nach Hause gebracht. Die kleine Gruppe startete den Weg am 7. Juni 1945 mit einem organisierten Leiterwagen. Sie mussten sich oft nach der genauen Strecke durchfragen. Edith hat nur wenige Erinnerungen an die Rückfahrt, denn durch die Erschöpfung und den stetigen Hunger war sie etwas abwesend. Es wurden mehrere Zwischenstopps eingelegt. Erst landeten sie in einem befreiten Lager, in dem nur Frauen untergebracht waren. Dort gab es eine gute Versorgung und die Möglichkeit sich auszuruhen, trotzdem waren alle voller Tatendrang, schnellstmöglich in Frankfurt anzukommen. Ein weiterer Stopp war in einem Lager der US-Amerikaner, welches in Rentzschmühle lag, einer kleinen Gemeinde mit rund 40 Einwohnern im sächsischen Vogtlandkreis. Hier wurden sie ebenfalls gut versorgt und konnten weiter zu Kräften kommen. Es wurden aber auch noch weitere kleinere Zwischenstopps eingelegt, welche Edith aber nicht mehr in ihren Erinnerungen hat. Sie kamen nach einiger Zeit an einem Bahnhof an, ein Zug brachte sie nach Hanau, einer Stadt, die nur 30 Kilometer von Frankfurt am Main entfernt ist.

In Hanau angekommen sprach der Vater einen Mann an, der gerade auf einen Transporter mehrere Autoreifen auflud. Er fragte den Mann, ob er sie nach Frankfurt mitnehmen könnte. Gleichzeitig erwähnte er aber auch, dass sie kein Geld hätten und aus dem Ghetto Theresienstadt kamen. Er bejahte die Frage. Die entkräfteten Kinder wurden in zwei Autoreifen „gesteckt", damit sie während der Fahrt nicht umfielen. Der Vater nahm Platz im engen Führerhaus des Transporters. Alle waren unwissend, ob das Haus überhaupt noch stand und die Mutter den Krieg überlebt hatte. Der Mann brachte die Familie dann final bis in die Uhlandstraße 60 zurück. Durch einen Zufall stand die Mutter an der Straße und unterhielt sich mit einer Nachbarin. Inzwischen hatte die Mutter am 10. Mai 1945 ihren kleinen Bruder Norbert geboren. Die Freude des Wiedersehens war riesengroß und es flossen viele Freudentränen. Erst stieg Hella mit dem Vater aus dem Transporter. In großer Panik fragte die Mutter im ersten Moment, wo Edith sei, doch da kam sie schon aus dem Reifen hervor und es fiel ihr ein Stein vom Herzen. Das Haus wurde wie durch ein Wunder nicht zerbombt. Der Vater fing kurze Zeit später bei den Stadtwerken an zu arbeiten und war auf der Suche nach einer neuen Wohnung für die Familie. Diese fand er auch im Stadtteil Eschersheim, genauer gesagt in der Hügelstraße. Edith wurde zur Erholung nach Lugano in die Schweiz geschickt. Eins war ihr aber bewusst, erstmal würde sie keine Reisen mehr antreten wollen, denn jetzt war die gemeinsame Zeit mit der Familie das Allerwichtigste.

Familienfoto nach dem Holocaust
(von links: Vater Norbert, Edith, Großmutter, Susanna, Norbert und Hella)

Im April 1946 wurde Edith auf die „Münzbergschule" in Eckenheim eingeschult. Die Klassenlehrerin und die Familie gaben ihr in dieser Zeit Halt und Unterstützung.

Gegen Ende der 1940er-Jahre zog die Familie ein weiteres Mal um. Sie bewohnten fortan eine Wohnung in der Gagernstraße in Bornheim. Edith wechselte auf die Linneschule und dann auf die neu gebaute Wittelsbacher-Schule. Das Krankenhaus, in dem Edith geboren wurde, lag ebenfalls in dieser Straße. Die jüdische Gemeinde baute das Haus zu Wohnungen um. Ehemalige Häftlinge aus den deutschen Konzentrationslagern, die in der Stadt ankamen, konnten hier eine Wohnung in Anspruch nehmen. Auch an die älteren Rückkehrer wurde gedacht, sodass auch Zimmer mit der Benutzung als Alten- und Pflegeheim errichtet wurden. Ediths Großmutter erhielt hier nach der Rückkehr, wie am Anfang des Kapitels angedeutet, bis zu ihrem Tod 1950 eine Unterbringung. Nach ihrem Tod wurde die Großmutter auf dem jüdischen Friedhof an der Eckenheimer Landstraße beerdigt, wo sich auch eine Gedenkschrift für den in Theresienstadt verstorbenen Großvater befindet.

Edith und Hella schlossen die Schule ab und erlernten einen Beruf. Hella entschied sich für den beruflichen Weg als Schneiderin und Edith wurde Industriekauffrau bei der Frankfurter Rundschau. Später schlug der Vater vor, dass sie sich ebenfalls bei den Stadtwerken für eine Arbeit bewerben könnte. Sie wurde angenommen und verblieb dort fast 30 Jahre lang. Ediths eigentlicher Wunsch war es, Kindergärtnerin zu werden, doch die Eltern schlugen etwas anderes als berufliches Ziel vor. Edith lernte in der hauseigenen Kneipe „Posthörnchen" auch ihren Mann Willi kennen, die Hochzeit folgte am 9. Februar 1962. Edith ist seit 1997 Rentnerin.

Hella war die einzige Person in der Nachkriegszeit und auch darüber hinaus gewesen, mit der Edith über die vergangene Zeit und das Erlebte in Theresienstadt sprechen konnte. Sie hatte auch den großen Wunsch, noch einmal an den Ort zurückzukehren, an dem sie den Holocaust überlebt hatte. Beide Schwestern traten diese Reise gemeinsam an.

Bis zum heutigen Tag ist Edith als Zeitzeugin im ganzen Bundesgebiet aktiv und wurde für ihr Engagement am 4. Oktober 2007 mit dem Bundesverdienstkreuz, verliehen durch den damaligen Bundespräsidenten Dr. Horst Köhler, ausgezeichnet. Am selben Tag wäre der Vater 98 Jahre alt geworden.

Am 22. November 2015 wurde an dem historischen Ort, von dem auch Edith deportiert wurde, die Erinnerungsstätte an der Frankfurter Großmarkthalle errichtet. Ihr zu Ehren gibt es dort mit Blick auf die Gleise sowie zur Großmarkthalle den „Edith-Erbrich-Steg".

Ich möchte mich an dieser Stelle für das ausgiebige Gespräch bei Edith von ganzem Herzen bedanken. Ein Gespräch, das nicht wie vorgesehen nur zwei Stunden in Anspruch nahm, sondern am Ende eine Länge von sechs Stunden hatte. Es war eine Zeit voller Emotionen, Gefühle, unzähliger trauriger wie auch schöner „Gänsehautmomente". Große Dankbarkeit empfinde ich für das entgegengebrachte Vertrauen und die Offenheit von Edith, die mir als jungen Menschen einen sehr privaten und persönlichen Einblick in ihre mahnende und berührende Familiengeschichte gab.

Zudem muss ich an dieser Stelle auch erwähnen, dass ich von einer großen Gastfreundschaft überrascht wurde, denn Edith zauberte nach dem Gespräch ein schmackhaftes Abendbrot mit zahlreichen Leckereien. Alles in allem war es ein Besuch, der mir für immer in meinen Gedanken und Erinnerungen verbleiben wird, denn Edith ist für mich ein ganz besonderer Mensch, die, wie es der Titel ihres Buches beschreibt, das Lachen nicht verlernt hat.

Jetzt sind Sie am Ende dieses Kapitels angelangt. Sie haben nun die Möglichkeit, über den QR-Code und/oder den abgedruckten Link, über die Kamera oder das Internet, einen vertieften und noch detailreicheren Einblick in die Lebens- und Familiengeschichte von Edith Erbrich zu erhalten. Das verfilmte Interview gibt weitere exklusive und detailreiche Einblicke.

https://youtu.be/8rlRo_errUY

... An einem Tag kamen bei Nacht und Nebel mehrere Gestapo-Leute in die Siedlung. Sie scheuchten die Menschen mit den Hunden und Revolvern aus den Häusern heraus ...

Christa Rose

Die längste Reise zu einer Überlebenden oder einem Überlebenden des Holocaust führte mich in die österreichische Marktgemeinde Lustenau, die mit rund 24.000 Einwohnern als einwohnerreichste Marktgemeinde in Österreich gilt. Lustenau liegt im Bundesland Vorarlberg. Der Rhein fließt an der Stadt vorbei und trennt den Grenzübergang in die unmittelbar in der Nähe gelegene Schweiz. Meine Entscheidung, diese längere Reise anzutreten, ist leicht erklärt. Christa Rose gehört zu den letzten Überlebenden des Konzentrationslagers Auschwitz-Birkenau aus Vorarlberg. Zudem auch zu den letzten Kindern, welche die Kinderbaracke und die Experimente von SS-Arzt Dr. Mengele in Auschwitz-Birkenau überlebten.

Aufmerksam wurde ich auf Christa Rose durch ihr Engagement als Zeitzeugin sowie durch Artikel in den örtlichen Zeitungen. Durch einen Zufall las ich, dass Christa Rose in einem Verein als Mitglied engagiert ist. Einem Verein, der das Evangelium und die Spiritualität im gesellschaftlichen und gemeinschaftlichen Leben gestalten möchte. Ich wandte mich an den Leiter dieses Vereins und stellte mein Anliegen eines Interviews vor. Die Anfrage wurde direkt an Christa Rose weitergeleitet. Wie ich erfuhr, lebt sie in einem Seniorenhaus. Gemeinsam vereinbarten wir einen Termin.

Doch kam es kurz vor Antritt meiner Reise zu einer Situation, die fast die Absage bedeutet hätte, denn Christa stürzte wenige Tage vorher. Ich drückte beide Daumen und hoffte, dass nichts Schlimmes passiert sei. Ich rief einen Tag vor meiner Abreise die Betreuerin von Christa an, um mich nach ihrem Gesundheitszustand zu erkundigen. Es wurde mir mitgeteilt, dass der Sturz keine schwerwiegenden Folgen hatte und die Ärzte im Krankenhaus, nur als Vorsichtsmaßnahme, einige Untersuchungen durchführten. Voller Erleichterung und Dankbarkeit legte ich den Hörer beiseite, und mit Vorfreude trat ich am nächsten Tag mit dem Zug den Weg nach Lustenau in Österreich an.

Nach Ankunft führte mich der Weg direkt ins Hotel, denn der späte Abend war schon herangebrochen und ich fiel erschöpft ins Bett. Einen Tag später fuhr ich mit dem Taxi in das Seniorenhaus und wurde herzlichst von Christa und den Betreuerinnen und Betreuern der Einrichtung empfangen. Gemeinsam suchten wir uns einen geeigneten Platz, um das Interview und die dazugehörigen Filmaufnahmen durchzuführen.

Christa Rose wurde am 23. April 1937 in Naumburg an der Saale in eine alte Baumeisterfamilie hineingeboren. Naumburg ist eine fast 1000 Jahre alte Stadt mit rund 35.000 Einwohnern, die im Süden des Bundeslandes Sachsen-Anhalt liegt. Bekannt ist die Region sowie

Fotostrecke von Christa

Stadt für das Weinbaugebiet an der Saale-Unstrut und den Dom sowie die vielen weiteren Bauten im Stil der Romanik und Gotik.

Christa Rose kam mit einem sieben Zentimeter verkürzten Fuß auf die Welt und musste die ersten 18 Monate über Nacht in einem Gipsbett mit Streckverband schlafen. Mit der Zeit wuchs der Fuß nach, ein schmerzvoller und unter Protest geführter Prozess, den Christa als Kind erlebte. Oftmals musste sie sich Aufforderungen wie „Watschle nicht, denn du bist doch keine Ente“ anhören. Als Kind beschreibt sich Christa als sehr still, mit einer blühenden Fantasie. Großen Trubel und Lärm mochte sie gar nicht. Eine der ersten Erinnerungen an ihre Kindheit bescherte ihr eine große Treppe, auf der sie von oben bis unten hinunterpurzelte. Mehr als 50 Jahre später sollte sie bei einem Besuch des Hauses wieder vor dieser Treppe stehen und die Szene spielte sich ein zweites Mal vor ihren Augen ab. Aus Nacherzählungen weiß sie, dass sie aus dem wenigen Spielzeug, was ihr zur Verfügung stand, vielseitige Spielsituationen schaffte. Erinnern kann sie sich an eine Puppe und ein Spielzeugauto. Zudem an ein Bilderbuch, das den Namen „*Hänschen im Blaubeerwald*“ trug. Ihre Fantasie sollte aber genügend andere Spielideen erschaffen, so wurde aus Tannenzapfen ein Zug oder aus alten Klorollen ein Tunnel gebaut.

Der Vater mit Christa

Der Vater arbeitete als Hoch- und Tiefbauingenieur und war viel unterwegs. Auch dass Christa in Naumburg an der Saale geboren wurde, hatte den Grund darin, dass der Vater dort einen seiner Bauaufträge erhielt und die Familie stets zu den verschiedenen Orten mitnahm. Insgesamt waren sie eineinhalb Jahre in Naumburg an der Saale. Er arbeitete an Teilstücken von Autobahnen und Viadukten. Durch den Beruf war der Vater selten zuhause bei der Familie, so sah Christa ihn sehr wenig. Doch wenn der Vater nach Hause kam, dann war die Freude dafür umso größer. Im Nachhinein erfuhr Christa, dass im Jahr 1938 an dem Geburtstag von Adolf Hitler ein Buch von Fritz Todt erschien. Fritz Todt war Bauingenieur und SA-Obergruppenführer sowie Mitglied in der NSDAP. Er leitete den Bau der Reichsautobahnen. Dieses Buch widmete sich den Autobahnen und trug den Titel: *„Deutschlands Autobahn – Adolf Hitlers Straßen"*. Auch der eigene Vater wurde für seine Leistungen beim Bau der Autobahnen geehrt.

Eines Tages erhielt der Vater einen Auftrag, den er in Landeshut *(heute: Kamienna Gora)* im heutigen Niederschlesien ausführen würde. Da die Bauzeit wieder eineinhalb Jahre in Anspruch nehmen würde, zog die gesamte Familie von Naumburg an der Saale nach Landeshut. In Landeshut baute der Vater vor dem Umzug ein Einfamilienhaus inmitten einer Siedlung. Christa erinnert sich daran, wie das Haus umgeben war von Wald- und Wiesenflächen. Die Kindheit in Landeshut beschreibt Christa als sorgenfrei und wunderschön, es hat ihr an nichts gefehlt. Oft besuchte sie als kleines Kind das Büro des Vaters und wurde dort vor versammelter Mannschaft auf den Schreibtisch gestellt, um schöne Lieder zu singen, sie erinnert sich an ein gesungenes Lied, das den Namen *„Adieu, mein kleiner Gardeoffizier"* hatte.

Ansicht von Landeshut/Schlesien

Durch den wenigen Kontakt zum Vater wurde der Kontakt zur Mutter umso intensiver. Der Bruder hatte zum Vater überhaupt keinen Bezug, da er den Vater erst kennenlernte, als er sieben Jahre alt war, und es sollte sich auch nach dem Krieg nie eine richtige Bindung aufbauen können. Christa hingegen war immer mit ihrer Mutter zusammen, deshalb hatten beide stets ein harmonisches Verhältnis. Die große Sorge und Befürchtung plagte den Vater, dass er bald in den Krieg eingezogen werden könnte. Am 1. September 1939, einem Freitag, begann mit dem Überfall auf Polen der Zweite Weltkrieg. Der Vater war zu Kriegsbeginn noch zuhause in Landeshut, da er seinen dortigen Bauauftrag beenden musste. Leider sollte sich die große Sorge bewahrheiten, denn alle Männer wurden in den Krieg eingezogen. Christa erinnert sich daran, wie die Männer mit Blumen auf dem Gewehr vorbeimarschierten und schrien, dass sie in sechs Wochen wieder da sein würden. Ein Irrglaube, denn aus den sechs Wochen sollten sechs Jahre werden und viele der Eingezogenen würden den Krieg nicht überleben. Am dritten Geburtstag von Christa traf es auch den Vater, denn er wurde eingezogen. Sie konnte dies nur schwer verkraften und fragte die Mutter jeden Tag, wo denn der Vater sei. Die Mutter antwortete, dass er im Krieg sei. In Gedanken versunken überlegte Christa, was der Krieg überhaupt sei und wo er ist, sie packte ihre Sachen zusammen und lief von zuhause weg. Alle machten sich große Sorgen und suchten nach dem kleinen Mädchen. In der Nacht kam sie aber wieder zurück, leider hatte sie den Krieg nicht gefunden. Ihr Vater sollte aber nach einigen Monaten wieder zurückkommen, denn er hatte den sogenannten einwöchigen Fronturlaub erhalten. Eine große Freude für die ganze Familie, dass er wieder zuhause war. Er brachte den Kindern kleine Geschenke mit. Die Tage vergingen rasend schnell, es waren Tage, in denen der Vater weiter am neuen Haus werkelte. Nachdem der Urlaub beendet war, wurde der Vater

Das Haus in Landeshut/Schlesien

dem Afrika-Korps zugeteilt. Christa erinnert sich, wie sie noch einen letzten Brief vom Vater erhielt, der nun in Tunesien und Ägypten im Krieg war. Die Mutter wurde nach dem Urlaub schwanger und es sollte der kleine Bruder auf die Welt kommen.

Bescherung an Weihnachten

Christa hatte eine Oma in Berlin, an die Besuche bei ihr kann sie sich noch gut erinnern. Mit nur vier Jahren lehrte die Mutter sie die Uhr anhand der Taschenuhr des Vaters, damit sie auf dieser Reise die Zeit im Blick behalten konnte. Sie fuhr mit einem Zug die sechs Stunden lange Strecke nach Berlin. Einige Wochen würde sie nun bei der Oma zu Besuch sein. Den Aufenthalt beschreibt sie als tolle Zeit. Mit der Oma lernte sie viele Gedichte, denn sie kannte viele Gedichte auswendig. Bei einer zweiten Reise besuchte Christa nicht nur die Oma, sondern auch die weiteren Verwandten aus Berlin.

Ein Erlebnis bleibt ihr dabei unvergessen. Überall in der Stadt hingen Plakate, dass Adolf Hitler auf dem Alexanderplatz sprechen würde. Gemeinsam mit der Oma schaute sie sich die Rede an und hatte eine gute Aussicht, denn die Oma hatte einen Platz in der ersten Reihe ergattern können. Sie nahm Christa auf den Arm. Nach der Begrüßung kam Adolf Hitler zu der Absperrung und schüttelte den Menschen die Hände. Christa wurde dabei ganz plötzlich aus Omas Arm hochgehoben und landete auf dem Arm von Adolf Hitler, einige Fotos wurden geschossen. Ein Gefühl des Unwohlseins hatte Christa, als sie auf dem Arm des fremden Mannes, des Führers war. Einige Tage später sah man das Foto von Christa und Adolf Hitler in der Tagesschau und es hing an einigen Litfaßsäulen, so erzählte es ihr eine Tante. Mit den Tagen wurden aber auch die Angriffe durch die Bomber über Berlin immer mehr und der Fliegeralarm jaulte immer öfter. Die Oma setzte Christa in den letzten Zug, der die Stadt verlassen sollte und so fuhr sie zurück nach Landeshut. So war der Plan, doch bei Bautzen endete die Zugfahrt, da der Zug von Tieffliegern beschossen wurde. Einige Menschen wurden verletzt oder getötet, Christa sah alles. Sie selbst wurde ebenfalls verwundet und die Kleidung war völlig zerfetzt.

Sie wachte in einer Villa auf, die zu einem Krankenlazarett umgebaut worden war. Der Arzt sagte, dass sie nach überstandener Operation noch ein paar Tage bleiben und dann wieder entlassen würde. Auf einem Lastwagen ging es dann nach Landeshut zurück. Aber auch in Landeshut machte sich der Krieg mit ersten Anzeichen bemerkbar. So wurden auch hier die Fliegeralarme über den Tag verteilt immer häufiger und da es in der Siedlung nur einen einzigen Bunker gab, zogen sich die Bewohner der Siedlung in den Schutzraum zurück. Zweimal ging Christa mit der Mutter und dem Bruder in den Bunker, doch dann nicht mehr, denn die Mutter hielt die schreienden und weinenden Menschen nicht mehr aus. Die Familie blieb fortan im Haus, welches sie abdunkelten, und verbarrikadierten sich dort. Es kam aber auch vor, dass sie sich bei Tieffliegern in den Straßengraben legten und mit Laub zudeckten. Tatsächlich hatte die Familie großes Glück und blieb bei den Angriffen unverletzt. Doch den Bunker traf es und der Treffer durch Tiefflieger hatte mehrere Tote zur Folge. Das eigentliche Ziel der Bomber war aber die Kohle- und Industrieregion, welche in Oberschlesien angesiedelt war.

Christa im Garten in Landeshut

Der Alltag ging trotz der Angriffe weiter. Christa besuchte jetzt die Schule und erinnert sich noch an den langen Schulweg, den sie aber gerne ging. Oftmals überraschte sie aber auch hier der Fliegeralarm und sie legte sich in den Straßengraben und deckte sich mit Zweigen, Ästen und Blättern zu. Vor Unterrichtsbeginn versammelten sich die Schülerinnen und Schüler und mussten den „Hitlergruß“ zeigen und dazu ein Lied von Horst Wessel singen. Horst Wessel war ein Sturmführer der SA in der NSDAP. Christa erinnert sich noch heute daran. Das von den Kindern gesungene Lied hatte den folgenden Text:

> Die Fahne hoch!
> Die Reihen fest *(dicht/sind)* geschlossen! SA marschiert
> Mit ruhig *(mutig)* festem Schritt
> Kam'raden, die Rotfront und Reaktion erschossen,
> Marschier'n im Geist
> In unser'n Reihen mit
>
> Die Straße frei
> Den braunen Bataillonen
> Die Straße frei
> Dem Sturmabteilungsmann! Es schau'n aufs Hakenkreuz
> voll Hoffnung schon Millionen
> Der Tag für *(der)* Freiheit
> Und für Brot bricht an
>
> Zum letzten Mal
> Wird Sturmalarm *(/-appell)* geblasen! Zum Kampfe steh'n
> Wir alle schon bereit!
>
> Schon *(bald)* flattern Hitlerfahnen über allen Straßen
> *(über Barrikaden)* Die Knechtschaft dauert
> Nur noch kurze Zeit!

Christa erinnert sich daran, wie in der Nähe der Siedlung ein großes Feld mit hohem Stacheldraht eingezäunt wurde. Es wurden Baracken und Wellblechhütten aufgestellt. Plötzlich waren viele Frauen in dem Lager, sie erfuhr später von der Mutter, dass es ein Frauenarbeitslager gewesen ist. Die Mutter warnte sie davor, sich dem Lager anzunähern, denn die Wachleute hätten aggressive Hunde und würden auch zur Waffe greifen. Die Hunde machten Christa aber neugierig und deshalb wollte sie sich dem Lager nähern. Dies tat sie dann auch, doch alles, was sie sah, waren nur abgemagerte und entkräftete Frauen. Sie rannte schnell wieder ins Wohnhaus und stopfte sich die Taschen voll mit Äpfeln. Anschließend rannte sie zurück und suchte ein Loch im Zaun, welches sie auch fand. Die Äpfel kullerten dann auf den Lagerplatz und die Frauen waren erfreut. Diese Aktion wiederholte Christa noch einige Male und so versorgte sie einige Frauen mit zusätzlicher Nahrung. Die Frauen hatten unter der ständigen Bewachung die Aufgabe, Sperren für die Panzer auszuheben. Auch Christas Mutter und die anderen Frauen aus der kleinen Siedlung mussten diese Arbeiten verrichten.

Im ersten Haus der Siedlung lebte eine Familie, die ebenfalls den Namen Rose trug. Die beiden Töchter mit dem Namen Sara und Rut gingen in die Schulklasse von Christa. Christa wunderte sich, warum die beiden Mädchen fortan einen großen gelben Stern auf ihren Mänteln trugen. Die Lehrerin erklärte, dass Sara und Rut Juden waren und somit den sogenannten „Judenstern" tragen mussten.

Christa und ihre Mutter ereilte ein schlimmes Schicksal. Der Vater war immer noch in Afrika im Krieg und hatte bedauerlicherweise den „Ariernachweis" in einem Schrank verschlossen. Den Schlüssel nahm er mit, sodass die Mutter mit den beiden Kindern keinen Zugriff auf den Schrank hatte. Sie waren „arische Deutsche", doch konnten sie es nicht nachweisen. So musste Christa in der Schule auch den Judenstern tragen. Sie beendete mit einem guten Zeugnis das erste Schuljahr und wurde in die zweite Klasse, im Jahr 1944, versetzt.

Der verschlossene „Ariernachweis" sollte aber noch weitaus schlimmere Folgen mit sich bringen. Christa erinnert sich: „An einem Tag kamen bei Nacht und Nebel mehrere Gestapo-Leute in die Siedlung. Sie scheuchten die Menschen mit den Hunden und Revolvern aus den Häusern heraus. Dieser Aktion fielen mehrere jüdische Familien zum Opfer, die allesamt nur das Nötigste in einem Koffer mitnehmen durften. Wenn sich jemand weigerte, hagelte es sofort Prügelstrafen. An unsere Haustür hämmerte die Gestapo mit Gewehrkolben und da meine Familie den Nachweis nicht vorzeigen konnte, wurden wir wie die jüdischen Familien auf die Straße getrieben. Im letzten Augenblick konnte ich meine Puppe ergreifen und wollte diese in all der

Hektik mitnehmen. Einer der SS-Leute riss mir die Puppe aus der Hand, schmiss sie auf den dreckigen Straßenboden und trat mehrere Male auf die Puppe ein. Ein Erlebnis, welches mir bis zum heutigen Tag als großer Schock im Gedächtnis verblieben ist. Einige Schäferhunde wurden von der Gestapo an der Leine gehalten. Ich hatte bisher nie Angst vor Hunden gehabt und wie ich einen der Hunde sah und mich daran erinnerte, wie der Gestapo-Mann meine Puppe zertrat, lief ich mit lautstarkem Geschrei auf den Hund als Rache zu. Ich schlüpfte dabei durch die Beine des Mannes und stand direkt vor dem Hund. Alle Anwesenden vermuteten, dass der Hund mich totbeißen würde, doch kam es anders. Der Hund leckte mir durchs Gesicht und wedelte vergnügt mit dem Schwanz. Das gefiel dem Halter gar nicht und er erschoss den Hund vor meinen Augen, denn er hatte seine Aufgabe nicht erfüllt."

Die Menschenmenge wurde in mehrere Transporter verladen und dann zum nächstgelegenen Bahnhof gefahren. Am Bahnhof angekommen, warteten mehrere Viehwaggons, in denen auch die Familie von Christa einsteigen musste. Die Waggons waren sehr eng und wurden bis zum letzten freien Platz besetzt. Christa schätzt, dass um die 40 Menschen am Ende in ihrem Waggon waren. Es herrschte Platznot, sodass man die Arme hochheben musste, damit mehr Menschen durch die Gestapo in die Waggons hineingepfercht werden konnten. Die Menschen standen so eng aneinander, dass ein Umfallen oder Erfrieren nicht möglich war. Zudem konnte auch niemand mehr sitzen oder liegen. Der Waggon hatte keine Toilette und während der Fahrt gab es keine Versorgung mit Essen und Trinken. Als der Zug losfuhr, ahnte niemand, dass der Zug eine zweitägige Fahrt vor sich haben würde. In der ersten Nacht starben zwei Menschen durch Erschöpfung oder an Herzinfarkten, so vermutet Christa. Es wurde auch ein Kind während der Fahrt geboren, welches aber nur wenige Stunden überlebte. Welches Ziel die Zugfahrt hatte, das wusste niemand aus dem Viehwaggon.

Die Ankunft des Zuges war am helllichten Tage, so hat Christa es in Erinnerung behalten: „Der Zug fuhr durch ein großes Tor und hielt an einem Bahnsteig, der ‚Rampe', an. Wir waren im Konzentrationslager Auschwitz-Birkenau angekommen. Plötzlich öffnete man die

Schiebetür der Waggons und die Menschen wurden mit lauten Rufen herausgetrieben. Auf der Rampe standen zwei SS-Männer, die mit dem Daumen nach oben und unten zeigten. Im Nachhinein erfuhr ich, dass der nach oben zeigende Daumen einen Arbeitseinsatz und der nach unten zeigende Daumen den sicheren Weg in die Gaskammern bedeutete. Meine Mutter erhielt den Daumen nach oben und wurde sofort weggeführt. Wir beiden Kinder hingegen bekamen keinen dieser Daumen und wurden ausgesucht für die Unterbringung in der Kinderbaracke. Zu diesem Zeitpunkt war ich sieben Jahre und mein kleiner Bruder drei Jahre alt.

Die Kinderbaracke in Auschwitz wurde von dem berühmt-berüchtigten SS-Arzt Dr. Mengele betreut, der an den Kindern seine Untersuchungen, Forschungen und Experimente durchführte. Dr. Mengele selektierte uns beide mit weizenblonden Haaren aus der Schlange heraus. Es interessierte ihn, warum wir als angebliche Juden so einen arischen Eindruck machten. Wir wurden zu der Baracke hingetrieben und der kleine Bruder schrie verbittert nach der Mutter, denn die Wege und der Kontakt zur Mutter hatten sich fortan getrennt. Somit sollte ich die Rolle der Mutter übernehmen und passte auf meinen Bruder auf. Wir waren beide nun sogenannte „Mengele-Kinder". Die ausgesuchten Zwillingskinder in der Baracke durften ihre normalen Kleider behalten und die anderen Kinder bekamen einen gestreiften „Pyjama". In den ersten Nächten schliefen wir auf Pritschen, bis Dr. Mengele sich einschaltete und uns mit auf seine „Station" nahm. Dort führte er u. a. den Versuch durch, die jüdischen Kinder zu Ariern zu machen. Ich erinnere mich daran, wie verschiedene Messungen an meinem Körper durchgeführt wurden. Den Sinn der verschiedenen Maßnahmen habe ich bis heute nie so wirklich verstanden.

Eines Tages kam ich in eine Baracke, wo Dr. Mengele mir verschiedene Spritzen verabreichte. Meinem Bruder sollte das gleiche Schicksal ereilen. Wir litten beide nach den Spritzen unter hohem Fieber. Mein Bruder war in den kommenden Tagen gar nicht mehr richtig ansprechbar. Ich erlitt durch die Injektionen auch schwerwiegende Nachwirkungen. Zusammengefasst muss ich sagen, dass die Visiten, die Maßnahmen und die ganzen Grausamkeiten von Dr. Mengele immer sehr wehgetan haben."

Einige Kinder gaben Widerworte oder beschwerten sich in der aktuell sehr kalten Jahreszeit über die winterlichen Temperaturen. Diesen Kindern brach Dr. Mengele persönlich vor den Augen der anderen Kinder das Genick und warf sie vor die Tür der Baracke, denn quengelnde Kinder hatten für den SS-Arzt keine Brauchbarkeit mehr. Dieses schockierende Erlebnis musste Christa mit eigenen Augen miterleben.

In der Baracke gab es für die Kinder wenig zu essen und zu trinken, sodass ein großer Hunger herrschte. Sie erinnert sich an die täglichen Essensrationen, die aus einer Portion Suppe und etwas Schwarzbrot bestanden. Die Suppe war sehr wässrig, sodass man nur mit Glück auch mal ein Stück Kartoffel erwischte.

Die einzige positive Erinnerung hat Christa an eine deutsche Frau, die sich als „Kindermädchen" um die „Mengele-Kinder" in der Kinderbaracke kümmerte und sie mit voller Aufmerksamkeit und Pflege betreute: „Ihr Name war Inge. Inge betreute uns Kinder hauptsächlich in der Nacht, wenn wir nicht bei Dr. Mengele waren, denn der SS-Arzt wollte vermeiden, dass sie tagsüber mitbekam, was er mit uns Kindern anstellte. Sie hatte mit uns einen sehr lieben Umgang und dieses Verhalten änderte sich nur zu der täglichen Visite durch Dr. Mengele. Inges zugewandtes und freundliches Verhalten änderte sich schlagartig, und sie fing an zu schimpfen und legte eine bösartige Art auf. Am frühen Morgen, gegen sechs Uhr, schallte der Alarm für die Frauen über das Lagergelände, ein Geräusch, das den Arbeitsbeginn im Frauenlager vorgab. Die Frauen versammelten sich auf dem Appellplatz. Inge nahm mich, wenn sie schon wach war, während dieses Alarms auf den Arm und hob mich hoch. Ich bekam so die Möglichkeit, die Blicke auf der Suche nach meiner Mutter, die in dem Frauenlager untergekommen war, aus dem Fenster über das Gelände schweifen zu lassen. Tatsächlich entdeckte ich meine Mutter. Sie konnte aber mich durch den Stacheldraht nicht sehen. Das Verhalten zwischen Inge und mir war eine Besonderheit, denn keines der anderen Kinder hat diese Möglichkeit von Inge erhalten. Ich durfte auch in die Baracke meines jüngeren Bruders, denn Jungen und Mädchen wurden in der Kinderbaracke getrennt. Eines Tages wurde mir die Aufgabe gegeben, meinen Bruder zum Sprechen zu bringen, da er die ganze Zeit nur nach unserer Mutter schrie. Doch konnte ich ihn nicht zum Sprechen bringen.

Der gesamte Tag in der Kinderbaracke war durchgeplant mit Untersuchungen, sodass kaum Freizeit für andere Beschäftigungsmöglichkeiten übrig blieb. Generell gab es aber auch kein Spielzeug und keine Spielgeräte für uns Kinder, sodass die Zeit sehr öde war. Das Einzige, woran ich mich erinnern kann, ist, dass wir vor der Baracke kleine Steine aufsammelten, um verschiedene Figuren in das Holz der Balken einzuritzen. An einem Tag fragte ich Inge, warum es auf dem gesamten Gelände so stinken würde. Inge antwortete, ob ich nicht gehört hätte, wie es in der Nacht laut geknallt hatte. Kurz vor dem Eintreffen der Roten Armee hatte die SS die Gaskammern und Krematorien gesprengt. Aber auch in der vorherigen Zeit bekam ich den Gestank und den Rauch mit, der sich über das gesamte Lager verteilte. Ich selbst wusste aber nie so wirklich, was sich in den Gaskammern und Krematorien abspielte. Das Einzige, was ich durch Erzählungen mitbekam, war, dass die Gaskammern wohl auch von Kindern leer geräumt werden mussten. So kam es auch vor, dass diese Kinder die eigenen Eltern oder Verwandten hinaustrugen. Dadurch, dass mein Bruder und ich aber noch sehr klein und zu jung waren, erhielten wir diese grausame Aufgabe nicht. Aus Gesprächen, die es unter den Kindern, weiß ich auch, dass oftmals Häftlinge versuchten durch den Stacheldraht zu fliehen, doch blieben diese Häftlinge in dem Draht hängen und wurden von den SS-Männern erschossen oder fielen dem Starkstrom zum Opfer. Einige nahmen sich auch aus Verzweiflung durch den starken Strom das Leben. Immer wieder konnte ich Geräusche von Schüssen wahrnehmen, die aus allen Himmelsrichtungen zu hören waren."

Das Alltagsbild in Auschwitz war mit dem Ein- und Ausfahren von etlichen Zügen gestaltet. Dies bekam Christa auch immer wieder zu sehen. Die Züge fuhren durch das Tor, luden die Menschen an der Rampe aus und fuhren dann wieder durch das Tor hinaus.

Kurz vor der Befreiung des Lagers am 27. Januar 1945 und vor der Absetzung und Flucht von Dr. Mengele bekamen die Kinder noch eine Spritze von dem SS-Arzt verabreicht. Diese Spritze sollte alle Kinder mit dem Fleckfieber anstecken. Das Ziel war es, die Kinder vor dem Eintreffen der Roten Armee zu Tode zu bringen. Sie kamen durch das hohe Risiko einer Ansteckung in die sogenannte „Isolationsbaracke“ im Stammlager I. In dieser Baracke wäre der Bruder fast an den Nachwirkungen der Spritze verstorben. In den kommenden Tagen sollte auch bei Christa das Fieber sehr hoch ansteigen. Sie kroch unter die Pritschen und suchte nach Wasserleitungen beziehungsweise einem Rohr, denn sie wusste, da wo Wasser ist, muss auch ein Rohr sein. Die Augen erblickten einen Wasserhahn, der unter einem Haufen aus altem Gerümpel versteckt war. Sie hatten großes Glück, denn der Wasserhahn funktionierte. Ihr Ziel war es, den Bruder und sich selbst mit etwas Flüssigkeit zur Genesung zu verhelfen. Auch den anderen Kindern erzählte sie von der Wasserstelle, doch waren die meist zu entkräftet, um mit eigenen Kräften dorthin zu gelangen. Der Bruder konnte durch die voranschreitende Krankheit nicht mehr laufen, sodass sie ihn auf einer Decke zu der Wasserquelle schob, so hatte er die Möglichkeit zu trinken.

Ohne die Versorgung mit Wasser wäre ihr Bruder verstorben, die Überzeugung hat Christa bis heute. Generell erhielten die in der Isolationsbaracke untergebrachten Kinder aber keine Nahrung und waren nur zum Sterben hier. An jedem Morgen holte man die über Nacht verstorbenen Kinder aus der Baracke heraus. Christa versuchte einige Decken der Toten einzusammeln, damit der Bruder eingewickelt werden konnte.

Sie bekam noch mit, wie kurz vor der Befreiung größere Gruppen von Häftlingen das Lager verließen. Diese Häftlinge wurden auf die „Todesmärsche“ in andere Konzentrationslager geschickt. Da sie aber bereits völlig entkräftet waren und meistens in der dünnen Häftlingskleidung und schlechtem Schuhwerk diese Märsche antraten, starben viele der Häftlinge oder erfroren durch die eisigen Temperaturen. Die SS erschoss auf diesen Märschen häufig in der Gruppe zurückgefallene Häftlinge und ließ diese am Wegesrand liegen. Im Nachhinein erfuhr Christa nach einem kurzen Gespräch mit der Mutter, dass eine dieser Gruppen in das Konzentrationslager Groß-Rosen losgeschickt wurde.

Am 27. Januar 1945 sollten die Russen das Lager in Auschwitz erreichen und befreien. Es herrschte eine Eiseskälte und die Temperatur sank auf minus 36 Grad, so erzählt Christa. Bis zum heutigen Tag ertönt in ihren Ohren der Schrei, den einer der Russen absetzte, als er sah, dass noch zwei Kinder in der Baracke am Leben waren. Diese beiden Kinder waren ihr Bruder und sie selbst. Leider hat Christa keinerlei weitere Erinnerungen an diesen Tag, dafür viel mehr an die Zeit danach. Dieser Tag sollte die Freiheit bedeuten, doch wusste weder die Mutter, ob ihre beiden Kinder noch am Leben waren, und umgekehrt wussten die beiden Kinder nicht, ob die Mutter noch am Leben war.

Die Soldaten der Roten Armee hatte sie als sehr kinderlieb und nett empfunden. Es wurden warme Bekleidung und Decken verteilt. Generell waren die Soldaten sehr bemüht, sich um die befreiten Häftlinge zu kümmern. Eine Gulaschkanone wurde angeworfen und versorgte die Menschen mit warmem Essen. Christa erlebte, wie trotz der Befreiung viele der Menschen verstarben, da sie sich von der Entkräftung nicht erholten. Zudem waren viele stark abgemagert und hatten schwere Krankheiten.

Die folgende Situation geht Christa bis heute nicht aus den Erinnerungen: „Einer der Soldaten nahm mich auf den Planwagen mit und sagte mir, dass ich zum Einsammeln der Leichen mitkommen würde. Er wickelte mich in warme Decken ein. Ich kam zwar mit, blieb aber auf dem Wagen und sah nur bei der Arbeit zu. Die Pferde zogen den Wagen in das Lager Auschwitz III mit dem Namen ‚Monowitz'. Der Soldat türmte auf der Ladefläche die Leichen übereinander, stieg dann wieder auf und sagte zu mir, dass wir nun das Vaterunser beten würden. Dieses Gebet hatte ich jedoch nie in russischer Sprache erlernt, sodass ich es nicht mitsprechen konnte. Er übte mit mir so lange auf dem Planwagen das Gebet, bis ich es dann doch auf Russisch mitsprechen konnte. Anschließend ging die Fahrt zurück nach Auschwitz-Birkenau, und die Toten wurden abgeladen."

Der Bruder verlor nach oder in der Zeit in Auschwitz das Langzeitgedächtnis und kann sich bis zum heutigen Tag an die Zeit in dem Lager nicht mehr erinnern. Christa beschreibt in eigenen Worten, dass sich der Körper wohl wehren wollte, damit der Bruder von diesen Erinnerungen verschont blieb.

Die Soldaten halfen den beiden Geschwistern dabei, auf die Suche nach der Mutter zu gehen. So fanden alle drei wieder zusammen. Die Mutter erzählte aber nach der Zusammenkunft bis zu ihrem Tod keine ausführlichen Details von ihrer Zeit in Auschwitz, es war für sie ein absolutes Tabuthema. Zwar fragte Christa im erwachsenen Alter immer wieder nach, aber auch das Nachfragen führte nicht zu einem ausführlichen Gespräch.

Jeder der befreiten und wieder zu Kräften gekommenen Häftlinge hatte in den kommenden Tagen, als auch die Temperaturen wieder anstiegen, das Ziel, das ehemalige Lager zu verlassen. Die Wege sollten in alle Himmelsrichtungen führen. Christa berichtet, dass sich in dieser Zeit einige Freundschaften bildeten. Die Mutter entschied, dass sie der Weg nach Berlin führen sollte, denn dort lebten viele Verwandte der großen Familie. Sie hatte die Hoffnung, dass die Verwandten den Krieg ebenfalls überlebt hatten. Zwar wusste sie nicht, wie lange der Weg dauern würde, doch war es für sie die beste Entscheidung. Einige Frauen schlossen sich dem Ziel und Weg an. Es wurde unterwegs ein kleiner Wagen auf einem Bauernhof gefunden, in den der kleine Bruder gelegt wurde. Die kleine Gruppe hatte nichts zu essen oder zu trinken, sodass unterwegs Kühe in den leeren und durch den Krieg zerstörten Dörfern gemolken wurden. Es wurde jede Möglichkeit genutzt, um bei Kräften zu bleiben. Die Gruppe nahm sich aber auch von den Feldern oder aus den Scheunen etwas mit. Die Mutter schaffte es auch, aus den gefundenen Dingen etwas zu kochen. Als die Temperaturen wieder sanken, führte der Weg auch in die Häuser, wo sie sich warme Schlafplätze einrichteten.

Auf dem Weg ereignete sich eine gefährliche Situation. Auf einer Bergkuppe standen noch aneinandergereiht mehrere Panzer. Sie waren an der Frontlinie angekommen. Die Mutter sagte den Kindern, dass, wenn die Soldaten sie sähen, es Schüsse geben würde. Christa band sich den kleinen Bruder unter den Bauch und gemeinsam robbten sie einen Kilometer lang in 45 Minuten auf allen vieren durch das Feld.

Am Ende dauerte der gesamte Weg etwa sechs Wochen. Christa erinnert sich daran, wie sie in Brandenburg ankamen und die Menschen mit lautem Geschrei und Jubel verkündeten, dass der Krieg endlich aus sei. Somit datiert sie auch das zeitliche Ende des langen Weges auf Anfang Mai 1945. In Berlin angekommen, erkannten sie nichts mehr wieder, denn die Stadt war größtenteils zerbombt und zerstört. Sie schliefen in den ersten Tagen nach der Ankunft in zerschossenen Bahnwärterhäusern oder Ruinen, in denen man noch halbwegs kurze Zeit leben konnte. Sie sollten in den kommenden Tagen in Berlin-Köpenick ankommen. In diesem Stadtteil fanden sie die einzigen Verwandten wieder, die sie nach dem Krieg finden konnten. Alle halfen sie dabei mit, verschüttete Menschen, besonders Kinder, in den Ruinen zu suchen.

Die Mutter mit den beiden Kindern

Die Familie schaute sich ein Haus als neue Unterkunft an, welches nicht komplett zerstört wurde. Christa erinnert sich an die Küche, aus der es fürchterlich nach vergammeltem Fleisch stank. Im Haus wimmelte es nur so von Ratten und Wanzen, die zu Scharen die Böden und Mauern hochkrabbelten. Die Kinder versuchten über eine Treppe, an der nur noch das halbe Geländer hing, hinauf in die erste Etage zu kommen. Tatsächlich sollte der Zustand in der ersten Etage deutlich besser sein, es gab keine Zerstörungen, Licht brannte und die Versorgung mit Wasser funktionierte auch noch. Aber die Mutter entschied sich anfangs gegen den Einzug in das Haus. Die Familie sollte erst noch bei einer Tante unterkommen, dort hatten sie nur ein einziges kleines Zimmer. Im späteren Verlauf zogen sie doch noch in das Haus und richteten es aus Trümmern und zusammengesuchtem Mobiliar aus anderen Ruinen wieder her. Sie lernte einen Jungen der Nachbarn kennen, er hieß Erich. Gemeinsam mit ihm spielte sie an einem Tag im Innenhof des Hauses. Beide entdeckten im Sand eine Metallkapsel. Erich fing an, diese Kapsel zu untersuchen und warf sie gegen die Steine. Der Zünder war noch scharf und es folgte eine starke Explosion. Vor Christas Augen starb Erich und auch sie wurde durch Splitter getroffen und musste ärztlich behandelt werden. Im Nachhinein wurde festgestellt, dass es die Sprengkapsel einer Panzerfaust gewesen war.

Der Vater, der lange Zeit in Afrika gewesen war, war zwischenzeitlich in amerikanische Gefangenschaft geraten. Er erkundigte sich nach der Gefangenschaft über das „Deutsche Rote Kreuz", wo die Kinder und seine Frau geblieben waren. Es dauerte eine Zeit lang, bis der Vater die Familie in Berlin ausfindig machen und sich die gesamte Familie gemeinsam in die Arme schließen konnte. Der Vater fand durch seinen Beruf als Hoch- und Tiefbauingenieur in der Nachkriegszeit schnell wieder zu einer Arbeitsstelle, denn gerade im zerbombten Berlin wurden jede Menge neue Arbeitskräfte gesucht. Zwar fand er eine Arbeitsstelle, doch zeigten auch die Russen großes Interesse an dem Vater und an seinem Beruf und wollten ihn nach Sibirien bringen. Er flüchtete nur mit einem Rucksack bepackt in den Westen Deutschlands, da er nicht für die Russen arbeiten wollte. Er hatte großes Glück, denn in der Nacht der Flucht kamen auch die

Russen und wollten ihn abholen. Die Familie trennte sich fortan wieder. Die Firma AEG in Berlin sollte in der kommenden Zeit in den Westen verlegt werden, die Familie kannte jemanden, der in dieser Firma arbeitete. Gemeinsam wurde ein Fluchtplan besprochen, der gegen Mitternacht umgesetzt wurde. Die Familie traf sich an einem Bahnhof, dort stand ein Güterzug, der kurz vor Abfahrt in den Westen war. Sie wurden in einem Waggon mit kleineren Materialien, wie Schrauben oder Nägel, versteckt. Alle waren guter Dinge, dass die Zugfahrt nur ein paar Stunden dauern und es keine Komplikationen geben würde.

Leider kam es anders, denn die Familie wurde sieben Tage lang quer durchs Land gefahren. Als Nahrung hatten sie sich nur ein Brot, etwas Zucker und Wasser eingepackt. An einigen Tagen regnete es so stark, dass das Wasser durch die Rillen im Dach tropfte, und der eisige Wind pfiff durch die Luftschlitze des Waggons. Das Ziel der Fahrt war der Bahnhof in Helmstedt-Marienborn, wo man die Geflüchteten schon erwartete. Sie kamen drei Tage lang in einem Flüchtlingslager unter. Der Vater war inzwischen in Stadtlohn wohnhaft geworden, einer Stadt, die mit fast 20.000 Einwohnern im westlichen Münsterland in Nordrhein-Westfalen liegt. Er holte seine Kinder und die Frau zu sich nach Stadtlohn. Auch hier wurde das Stadtgebiet im Krieg zu rund 90 % zerstört. Durch seinen Beruf nahm der Vater die Stelle als Stadtbaumeister an und stellte den gesamten Ort mit den öffentlichen Gebäuden oder auch den Brücken wieder her.

Beide Kinder besuchten in Stadtlohn wieder die Schule. Christa hatte in der Schule ihre Stärken im Rechnen, Schreiben und Zeichnen gefunden. Die Familie bewohnte eine neue Wohnung, die vom Vater beschafft wurde. Sie erlernte in den kommenden Jahren den Beruf der Kindergärtnerin und war als Au-pair-Mädchen in England. Beruflich bildete sie sich als Kinderkrankenschwester weiter. Mit einem kurzen beruflichen Zwischenstopp in der österreichischen Marktgemeinde Lustenau ging Christa nach Wien. In Wien vertiefte sie die Berufung und entschied sich für die Ausbildung der Intensivkrankenpflege am „AKH", dem „Allgemeinen Krankenhaus der Stadt Wien", dem Universitätsklinikum. Sie war sich immer bewusst, dass sie im späteren

Lebensverlauf irgendwas mit Kindern arbeiten möchte, denn durch die Zeit im Konzentrationslager Auschwitz-Birkenau hatte sie immer das ganze Elend der Kinder im Kopf. In Wien übernahm sie die „Leukämiestation“ und erinnert sich daran, wie fast alle Kinder starben, da es noch kein Heilmittel gegen den Blutkrebs gab.

Der berufliche Weg verschlug Christa für zwei Jahre nach Israel, dort lebte sie in dem israelischen Kibbuz „En Gev“. Ihre Arbeit war der Einsatz in der Küche. Der Kibbuz liegt mit seinen fast siebenhundert Einwohnern ungefähr 60 Kilometer östlich von Haifa am Ostufer des Sees Genezareth. Während der dortigen Zeit traf sie eine Frau wieder, die gemeinsam mit der Mutter im Frauenlager in Auschwitz gewesen war. Christa erinnert sich daran, wie die Frau zu ihr sagte, dass sie das gleiche Aussehen hätte wie ihre Mutter.

In den ganzen Jahren, in denen sie sich ihr berufliches Leben für die Zukunft aufbaute, hatte Christa stets den Gedanken, dass sie ihr Leben selbst in die Hand nehmen möchte. Ein Verbleiben in der Opfer- oder Täterrolle war für sie undenkbar. Viele Jahre nach der eigenen Zeit in Auschwitz sollte der Weg sie nochmal für 14 Tage in das Konzentrationslager auf einer „Friedensreise“ führen. Vor Ort schaute sie sich alles bis ins kleinste Detail an. In den Brandöfen des Krematoriums entzündete sie eine Kerze. Ein Erlebnis bliebt ihr dabei besonders in Erinnerung, denn sie fand auch die Zeichnungen wieder, die sie damals in der Kinderbaracke von Dr. Mengele in das Holz eingeritzt hatte. Dr. Mengele sollte nach dem Krieg immer wieder ein Thema in ihren Vorträgen und Gesprächen sein. Sie wurde zudem von einem Studierenden kontaktiert, der eine Doktorarbeit über Dr. Mengele schreiben wollte. Dieser fragte sie prompt, ob sie auch ein Foto gemeinsam mit dem SS-Arzt habe. Ihre völlig fassungslose Antwort war, dass sie so ein Foto nun wirklich nicht gebrauchen kann. Aber sie sagte auch, dass wenn er ihr ein Stück Kreide geben würde, sie das Gesicht noch ganz genau zu jeder Zeit auf ein Blatt Papier aufzeichnen könnte. Dieses Gesicht hat sich durch die Zeit in Auschwitz und die an ihr verübten Grausamkeiten in das Gedächtnis eingebrannt.

Mit den Jahren sollte Christa wieder zurück nach Lustenau kommen, denn ihr hatte der Ort sehr gut gefallen. Hier nahm sie die Stelle als Leiterin des Entbindungsheimes an und baute sich ihr Leben auf. Mit der Zeit setzte sie sich intensiv mit der eigenen Lebensgeschichte auseinander und verarbeitete all die Geschehnisse in einem Buch. Dieses Buch schrieb sie innerhalb von drei Monaten und es trägt den Titel *„Vergiss nicht, dass du Flügel hast"*. Trotzdem leidet sie immer wieder unter Panikattacken und starken Depressionen. Sie beschreibt, dass es Nächte gibt, in denen sich die scheußlichsten Erlebnisse aus Auschwitz in den Träumen wieder vor ihren Augen abspielen.

Bis zum heutigen Tag ist sie in mehreren Vereinen ein aktives Mitglied, setzt sich als Zeitzeugin ein und berichtet in Schulen über das Erlebte.

Den Bruder sollte es mit der Zeit ins Ruhrgebiet verschlagen. Bis zum heutigen Tag pflegt Christa zu ihrem Bruder immer noch einen harmonischen Kontakt. Er lebt heute in Bochum. Beide telefonieren mindestens einmal in der Woche und halten den Kontakt gegenseitig aufrecht. Im Jahr 2015 absolvierten beide nach dem Tod der Eltern in mehreren Etappen, die drei Mal sieben Wochen in Anspruch nahmen, eine Weltreise. Dadurch, dass der Bruder sein Langzeitgedächtnis verloren hatte, klärte ihn Christa über alles, was in Auschwitz geschehen war, auf, dafür nutzte sie auch das eigene Buch. Der Bruder leidet trotzdem unter Nachwehen aus der Zeit in Auschwitz, denn er hat fünf Herzinfarkte überstanden, obwohl der Arzt jedes Mal sagte, dass es der letzte Infarkt sei. Christa vermutet, dass es immer noch die Nachwirkungen der Spritzen von Dr. Mengele sind.

An dieser Stelle schließe ich das Kapitel über die Familien- und Lebensgeschichte von Christa Rose mit dankenden Worten ab. Ich bedanke mich bei Christa für die Möglichkeit, dieses wertvolle und bedeutsame Gespräch geführt haben zu dürfen.

Jetzt sind Sie am Ende dieses Kapitels angelangt.
Sie haben nun die Möglichkeit, über den QR-Code und/oder den abgedruckten Link, über die Kamera oder das Internet, einen vertieften und noch detailreicheren Einblick in die Lebens- und Familiengeschichte von Christa Rosa zu erhalten. Das verfilmte Interview gibt weitere exklusive und detailreiche Einblicke.

https://youtu.be/8a9BOqZ5aMQ

▪▪▪ Der Blick auf die tote und abgemagerte Mutter,
die auf dem Stroh lag, geht mir bis heute
nicht aus dem Kopf ▪▪▪

Sonja Strauß

Meine Recherchen führten mich in eine kleine mittelhessische Gemeinde unweit der Universitätsstadt Marburg an der Lahn. Sonja Strauß überlebte das „Zigeunerlager" in Auschwitz. Sie war eine Sintessa und wurde in eine Schaustellerfamilie hineingeboren. Die Nationalsozialisten sahen neben den Juden auch die Sinti und Roma als minderwertiges Menschenvolk und minderwertige Menschenrasse an. Sonja Strauß hat nie öffentlich über ihr Leben Auskunft gegeben. Erst mit der Initiative von Hans Junker, einem pensionierten Lehrer, der sich um die Erinnerungskultur seiner Großgemeinde durch Stolpersteine-Verlegungen und das Anbringen von Erinnerungstafeln verdient gemacht hatte, wurde ihre Vergangenheit im Nationalsozialismus in der lokalen Presse und auf der Homepage ihrer Gemeinde bekannt.

Ich schrieb an die E-Mail-Adresse der Gemeinde eine Anfrage, mit Sonja Strauß ein Interview führen zu wollen. Es vergingen keine drei Tage und ich erhielt an einem Montagabend einen Anruf von Hans Junker. Am Telefon gab er mir einen Einblick in sein jahrelanges Engagement in Sachen Erinnerungskultur und wir merkten recht schnell, dass gewisse Parallelen vorhanden waren. Wir waren beide unter anderem schon über viele Male in der Gedenkstätte in Auschwitz gewesen. Zudem erzählte mir Hans Junker, dass er Sonja Strauß als guter Freund und Ratgeber im Alltag beiseitesteht und ihr eine helfende Hand ist. Er versprach mir, dass er direkt einen Tag später mit ihr reden würde, ob sie für ein Interview zur Verfügung stehen würde. Ich erhielt noch an diesem Dienstagabend einen Anruf. Hans Junker hatte wohl ein gutes Wort für mich bei Sonja Strauß eingelegt und stieß bei ihr auf eine sofortige Zusage und Interesse, das Interview mit mir für mein Projekt zu führen.

An einem sehr verregneten Donnerstag in der Früh machte ich mich auf den Weg nach Mittelhessen. Irgendwie hatte ich schon an diesem Morgen das Gefühl, dass dieser Tag ein sehr trauriger und emotionaler Tag für mich werden könnte, denn der Himmel weinte große Krokodilstränen und es sollte auch den ganzen Tag über kein einziger Sonnenstrahl in Sicht sein. Es war sehr kalt, nass und windig. Das Gespräch passte mit seinen packenden, mahnenden und unfassbaren Inhalten zu der düsteren Wetterlage an diesem Morgen.

Das Leben von Sonja Strauß begann sehr harmonisch wie aus dem Bilderbuch. Der Vater von Sonja, Max Friedrich, wurde am 20. Oktober 1909 in eine Sinti-Familie hineingeboren. Diese Volksgruppe hatte auch zu der damaligen Zeit und noch bis zum heutigen Tage stets mit Vorurteilen und Diskriminierungen zu kämpfen. Die Familie von Sonjas Vater *(Weidemann und Emma Friedrich)* waren Schausteller, die mit ihrem Kettenkarussell, einer Schießbude und Schiffsschaukel von Ort zu Ort zogen, genauso wie auch Sonjas späterer Ehemann Adam Strauß. Die Familie Friedrich lebte in einem Wohnwagen, welcher mit Pferdekraft gezogen wurde.

Die Sinti haben ihre eigene Sprache. Namentlich heißt sie „Romanes", die mit Sanskrit und anderen indischen Sprachen verwandt ist. Denn die Sinti und Roma kamen im 14. Jahrhundert aus Indien nach Eu-

Das Kettenkarussell der Familie

ropa. Weltweit sprechen rund sechs Millionen Menschen diese Sprachen und davon viereinhalb Millionen in Europa. In Deutschland ist Romanes eine anerkannte Minderheitssprache und gehört sogar zum UNESCO-Kulturerbe. Zudem gibt es jedes Jahr am 5. November einen Welttag der Sprache. Sonja kann diese Sprache nicht fließend sprechen, dafür aber vieles gut verstehen. Da die Sprache immer weniger in den nachkommenden Generationen weitergetragen wird, schwinden auch die Sprachkenntnisse und Verbreitung.

Die Eltern von Sonja hießen Max und Grete Friedrich. Sonja erblickte im Jahr 1931 in Berlin das Licht der Welt. Mit ihren Eltern lebte Sonja in der Stadt Bernau *(Brandenburg)* zur Miete. Geschwister hatte Sonja auch, die die folgenden Namen trugen: Agate, Eva, Alfred und Waltraud. Die Familienmitglieder hatten alle gute Berufe und besaßen zudem auch zum Teil Häuser. Das Leben schien sorgenfrei. Sonjas Familie war auch stets musikalisch geprägt, denn ihr Vater war in den kalten Wintermonaten des Jahres aktiv in seinem Beruf des Geigenbauers. Er hatte eine eigene Werkstatt, baute oder reparierte dort mit Fingerfertigkeit und Geschick die verschiedens-

Grete und Max Friedrich

ten Geigen. Neben dieser Leidenschaft beherrschte er das Instrument auch meisterlich. Sonja und ihre Geschwister unterstützten ihn oft in der Werkstatt. Das Jahr 1940 sollte die Familiengeschichte der Friedrichs von Grund auf verändern, denn Max Friedrich wurde am 7. Mai 1940 in die deutsche Wehrmacht eingezogen. Aus den Erzählungen von Sonja ist aber bekannt, dass er wiederum Ende 1940 als „wehrunwürdig" erklärt wurde, dennoch bis 1943 in der deutschen Wehrmacht diente.

Am 16. Dezember 1942 ordnete Heinrich Himmler, Reichsführer der SS, an, dass die Deportationen der Sinti und Roma familienweise stattfinden sollten. Ziel dieser Anordnung war das Konzentrationslager sowie Vernichtungslager Auschwitz-Birkenau. Dieser Befehl schloss nicht nur die Familien auf den deutschen besetzten und bestehenden Gebieten ein, sondern auch das Elsass, die Niederlande oder Belgien.

Sonja, Eva und Agate Friedrich

Der Monat, an dem die meisten Sinti und Roma *(überwiegend aus den eben beschriebenen Gebieten des Deutschen Reichs)* nach Auschwitz-Birkenau deportiert wurden, war der Februar 1943. Über 20.000 Sinti und Roma gingen durch das Tor der „Todesfabrik". Die Zugfahrten dauerten meistens mehrere Tage und die Menschen mussten diese qualvolle Fahrt in völlig überfüllten Viehwaggons antreten. Einige Menschen starben schon dort. Angekommen im Lager wurden die Menschen in den Häftlingsbüchern registriert. Es wurde ihnen ein „Z" und dazu eine Nummer auf dem Arm eintätowiert. Bei sehr kleinen Kindern nutzte man für die Tätowierung häufig auch den Oberschenkel. Die gesamten Habseligkeiten und Reichtümer der Sinti und Roma wurden eingezogen und kamen in die Staatskasse des Deutschen Reichs. Für die Nationalsozialisten waren die Sinti eine Gruppierung der „Asozialen".

Am 3. März 1943 wurde Max Friedrich mit der gesamten Familie in das Berliner Gefängnis „Moabit" gebracht. Sonja wurde mit ihrer Familie von dem Gefängnis aus am 14. März 1943 in einem engen und mit Menschen vollgestopften Viehwaggon in das Konzentrations- und Vernichtungslager Auschwitz-Birkenau deportiert. Max Friedrich trug bei der Deportation bis zur Ankunft im Lager noch seine Uniform der deutschen Wehrmacht. Direkt nach der Ankunft wurde die Familie im Häftlingsbuch registriert. Alle erhielten ihre Tätowierungen. Max Friedrich erhielt die Nummer „Z-2894" auf seinen Arm und Sonja die Nummer „3246". Einige Häftlinge erhielten das „Z", da es „Zigeuner" bedeutete und diese Menschen als solche kennzeichnen sollte. Die Nummern der Kinder wurden aber nicht mit dem zusätzlichen „Z" eingraviert. Sonja erinnert sich noch daran, wie sie damals versuchte, die eintätowierte „Vier" mit Spucke wegzuwischen. Aber alleine dieser Versuch wurde sofort mit Gewalt bestraft. Heutzutage ist die Zahl auf ihrer Haut tatsächlich etwas verwischt und die gesamte Nummer ist groß erkennbar, da auch Sonja mit den Jahren gewachsen ist.

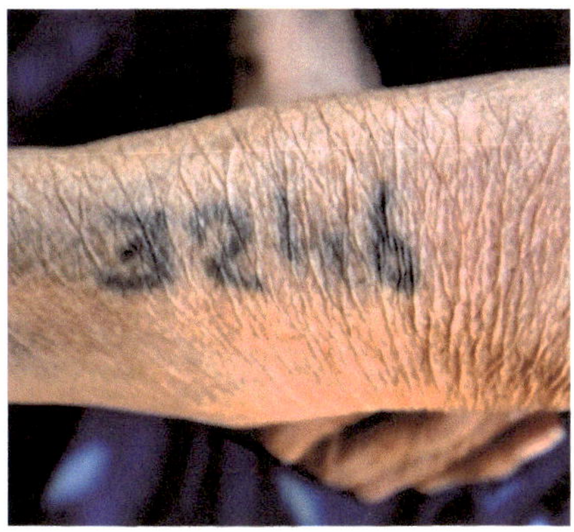

Häftlingsnummer „3246" von Sonja

Die gesamten Wertgegenstände, Eigentum oder sonstige Vermögensrücklagen wurden von den Nationalsozialisten eingezogen. Allen anderen etwas wohlhabenderen Sinti erging es selbstverständlich auch so und dies wurde am 5. Mai 1943 namentlich anhand einer Auflistung im Reichsanzeiger bekannt gegeben. Das Mitteilungsblatt erschien täglich, außer an Sonn- und Feiertagen. Der enorme Verlust an Vermögensrücklagen und Wertgegenständen wurde nach dem Krieg *(ab 1945)* nie entschädigt. Nach den Tätowierungen der einzelnen Familienmitglieder brachte man die Familie in das sogenannte „Zigeunerlager" im Lagerabschnitt „B IIe". Die erste Unterkunft war der „Block 7". Ein Block, in dem ehemalige Wehrmachtsangehörige mit ihren Familien untergebracht waren. Da Max Friedrich nach Auschwitz-Birkenau in der vollen Montur seiner Uniform deportiert wurde, konnte man die Zugehörigkeit zur Wehrmacht nicht leugnen. Ein Privileg des „Block 7" war, dass die Männer bessere Arbeiten zugeteilt bekamen, dazu zählten: Arbeit in der Küche, im Kanal- und Gleisbau, im Effektenlager oder in der Bekleidungskammer. Die beiden letztgenannten nannten die Häftlinge auch „Kanada", ein Lagerabschnitt, welcher rund 35 Baracken umfasste. In den Baracken wurden die unterschiedlichsten Wertgegenstände gesammelt, welche den Ankommenden bei der Selektion weggenommen wurden.

Nachdem die Rote Armee das Konzentrationslager und Vernichtungslager Auschwitz-Birkenau am 27. Januar 1945 befreite, wurde festgestellt, dass die SS rund 30 der Baracken in Brand gesetzt hatte, um die Beweise zu vertuschen. Dies entsprach auch der absoluten Wahrheit, denn die SS setzte diese Baracken wenige Tage vor der Befreiung am 23. Januar 1945 in Brand. Ich vermute, dass man es auch wohl nicht mehr geschafft hatte, die gesammelten Wertgegenstände rechtzeitig abzutransportieren. Was die Russen trotzdem zu Gesicht bekamen, war ein schockierender Anblick. Die folgenden Zahlen schreibe ich aus, damit die Dimensionen klar werden. In den verbliebenen Baracken wurden die folgenden Dinge gefunden und gezählt: 1.185.345 vollständige Herrenanzüge und Damenkleider, 43.255 Paar Herren- und Damenschuhe, 13.694 Teppiche und zudem weitere enorme Bestände an Bürsten, Rasierpinseln und weiteren Dingen, die im Alltag Verwendung gefunden hatten.

Sonjas Vater wurde für die Arbeit im Kanal- und Gleisbau im Lager eingesetzt.

Mehrere Verwandte der Familie Friedrich wurden ebenfalls nach Auschwitz-Birkenau deportiert. Oskar Schopper *(der Bruder von Sonjas Mutter Grete)* und Max Schopper *(Cousin)* wurden bei einer sogenannten „sportlichen Übung" des Führers des „Zigeunerlagers" Hoffmann ermordet. Die bestialische Übung sah wie folgt aus: Die beiden Männer mussten abwechselnd „im Entenmarsch" gehen und robben. Während dieser Übungen wurde auf die Männer gesprungen. Zudem wurden sie getreten und mit Ochsenziemern geschlagen. Dieser grausame Prozess ging so lange, bis beide nicht mehr aufstehen konnten. Wer diese Übungen überstanden hatte, „durfte wieder gehen" – so zynisch drückte es die SS aus. Oskar und Max Schopper hatten nicht überlebt. Diese Geschichte hat Sonja bis heute nicht vergessen, wie sie mir im Interview mitteilte.

Oskar Schopper

Eine weitere grausame Geschichte, welche Sonja bis zum heutigen Tag nicht aus ihrem Kopf und den Gedanken bekommt, handelt von dem frühen und grausamen Tod ihrer Schwester Waltraud: „Nachdem wir in Auschwitz-Birkenau angekommen waren, erkrankte Waltraud an Typhus und starb. Leider bahnte sich nach Waltrauds Tod das folgende Horrorszenario an: Mein Bruder Alfred wickelte Waltraud in ein Tuch ein und trug sie aus der Baracke nach draußen. Dort riss ihm ein SS-Mann das Bündel aus den Armen, holte den kleinen Körper aus der Decke und trat ihn mit dem Fuß auf den Leichenhaufen, den man vor der Baracke aufgestapelt hatte. Alfred musste von einem Onkel zurückgehalten werden, auf den SS-Soldaten loszugehen. Er war danach völlig verzweifelt. Leider erkrankte auch meine Mutter Grete ebenfalls an Typhus, im Herbst 1943. Infolgedessen kam sie wegen eines erschwerten Verlaufs in den Krankenblock. Meine Mutter hatte das verseuchte Wasser aus dem Hahn getrunken.

Ich erinnere mich daran, wie die gesamte Familie meine Mutter in diesem Block besuchte. Meine Mutter machte durch die Krankheit einen sehr elendigen und abgemagerten Eindruck, völlig entkräftet und angeschlagen. Leider verschlimmerte sich dieser Zustand und Mutter verstarb einen Tag später am 28. Oktober 1943. Der Blick auf die tote und abgemagerte Mutter, die auf dem Stroh lag, geht mir bis heute nicht aus dem Kopf."

Generell hatte das gesamte Lager sowie auch viele weitere Lagerabschnitte mit weiteren schlimmen Seuchen und Krankheiten zu tun. Es brachen auch Krätze, Masern oder Fleckfieber aus. Auch die kleinen Kinder traf es hart, denn sie erlitten oft die „Noma-Krankheit". Diese Krankheit ist eine äußerst schwere bakterielle Erkrankung, welche sich auf der Mundschleimhaut entwickelt und sich dann durch verschiedene Weichteile oder Knochenbereiche des Gesichts frisst. Kinder, die an einer solchen Krankheit litten, waren entstellt und litten unter großen Schmerzen. In den Krankenbaracken des „Zigeunerlagers" herrschte stets Hochbetrieb. Mit bis zu 600 Kranken waren sie ausgelastet. Um diesen enormen Krankenstand behandeln zu können, wurden ab April 1943 Häftlingsärzte und Häftlingspfleger bestimmt und eingesetzt. Da es meistens an Medikamenten und medizinischen Gerätschaften fehlte, war auch eine hygienische und ausreichende Versorgung nicht gegeben. Wenn einer der Kranken keine Heilungschancen mehr hatte oder der Prozess der Heilung zu lange andauern würde, wurden sie erschossen.

Der für seine perversen und grausamen Versuche berüchtigte Arzt von Auschwitz, Dr. Mengele *(promovierte in Medizin und Anthropologie)* übernahm ab dem 24. Mai 1943 erst die Funktion des Lagerarztes im „Zigeunerlager" und später stieg er sogar zum leitenden Lagerarzt auf. Eine Aufgabe von Dr. Mengele war es, die Kranken jeden Tag zu selektieren, denn wie eben bereits beschrieben, wurden Häftlinge, die nicht mehr auf schnelle Heilung hoffen konnten oder todkrank waren, von den Heilenden selektiert und erschossen. Das Todesurteil richtete sich meistens danach, ob der oder die Kranke innerhalb von drei Wochen wieder gesund werden würde.

Als die in den vorherigen Zeilen aufgelistete Seuche des Fleckfiebers im Lagerabschnitt ausbrach, ließ Dr. Mengele eine gesamte Baracke räumen. Sonja erinnert sich: „Das Schlimme an dieser Aktion war, dass die dort lebenden Häftlinge *(an die 1000 Menschen)* direkt in den Gastod geschickt wurden, damit Dr. Mengele in dieser Baracke die an Fleckfieber erkrankten Häftlinge unterbringen konnte." Bevor die Kranken in diese Baracke einzogen, wurde diese desinfiziert. Dr. Mengele war zudem auch bei den Selektionen an der Rampe zuständig und entschied mit seinem polierten Stock, den er mit weißen Handschuhen trug, nachdem Frauen und deren Kinder von den Männern in zwei Reihen getrennt wurden, wer auf die linke oder rechte Seite ging. Die linke Seite bedeutete oftmals den sofortigen Gastod und die rechte Seite ließ die Überlebenschancen im Arbeitslager steigen. Überlebende berichteten mir oft, dass er bei den Selektionen oftmals ein Lächeln im Gesicht hatte und dazu verschiedene Lieder aus Opern zwischen seiner Zahnlücke pfiff. Nach dem Krieg floh Mengele über seine Heimatregion um Günzburg über Innsbruck bis nach Genua, um schlussendlich in Brasilien zu landen. Mengele lebte nun unter dem neuen Namen „Wolfgang Gerhard“ und ertrank am Ende als unter den Häftlingen bekannter „Todesengel“, ohne für seine Machenschaften zur Rechenschaft gezogen zu werden, in dem brasilianischen Badeort Bertioga beim Schwimmen. Der Todestag war der 7. Februar 1979 und Todesursache war ein Schlaganfall beim Schwimmen. Der Familie gelang es, den Tod erst geheim zu halten. Der Leichnam von Mengele wurde im brasilianischen Embu begraben. Tausende andere Kriegsverbrecher und deren Familien flüchteten u. a. nach Südamerika, als der Krieg verloren war, zum größten Teil auf der „Rattenlinie“ mit Unterstützung des Vatikans.

Das „Zigeunerlager“ hatte auch noch einen weiteren sehr schrecklichen Nachteil: Es lag direkt neben der Rampe, an der die Menschen aus den Zügen aussteigen und sich den Selektionen stellen mussten. Entweder ging es ins Lager oder auf direktem Wege ins Gas. Somit wurden die Sinti und Roma unmittelbar Zeugen von der Ermordung der Juden, welche sich direkt vor ihrem Lager abspielte. Sonja erinnert sich noch daran, wie jeden Tag die Züge nach Auschwitz kamen. Meistens wurden die Frauen und Kinder sofort aussortiert und nur sehr wenige wurden der Arbeit und somit dem „Überleben der Selektion“ zugeteilt. Die meisten Menschen aus den völlig überfüllten Zügen gingen als geschlossene Gruppe ins Gas. Sie verschwanden im Untergeschoss der Gaskammern und wurden niemals wieder gesehen.

Sonja erlebte es auch immer wieder, dass Mithäftlinge wegen der Schikanen, durch erlebte Grausamkeiten oder die Todesangst am Durch-

Lageplan „Zigeunerlager“

drehen waren oder aus der Verzweiflung heraus ihrem Leben ein Ende setzen wollten: „Viele waren gebrochene Seelen mit leerem Blick und psychisch stark angeschlagen. Einige Häftlinge stürzten sich an den Lagerzaun, welcher mit 6000 Volt unter Hochspannung stand. Das Bild, welches sich dabei ergab, geht mir bis heute nicht aus dem Kopf! Ich sah bei einem dieser ‚Zaungänger‘, wie die Funken aus dem Körper herauskamen und sogar auch aus dem Mund loderten.“

Im weiteren Verlauf wurde die Familie auch in „Block 23“ und „Block 27“ verlegt. Eine Besonderheit hatte das „Zigeunerlager“ auch vorzuweisen, denn hier durften die Angehörigen einer Familie zusammenbleiben. Häftlinge, die vormals Wehrmachtsangehörige waren, bekamen meist nur Arbeiten auf dem Lagergelände zugeteilt, zum Beispiel beim Ausbau der Rampe. Sie wurden keinem der Außenkommandos zugeteilt. Sonjas Vater wurde für den Kanal- und Gleisbau eingeteilt. Kinder mussten ebenfalls mithelfen und so kam es, dass beispielsweise die Straße des Lagerabschnitts von Kinderhand *(„Kinder schleppten die schweren Steine“)* gebaut wurde.

Die Häftlinge aus dem „Zigeunerlager“ erhielten täglich etwas Brot und Wasser und zudem eine Suppe. Die Suppe bestand hauptsächlich aus Wasser und wenn man ganz viel Glück hatte, schwamm auch noch ein Stück Kohlrabi, Steckrüben oder Kartoffeln in diesem Wasser. Jeder Häftling erhielt davon nur 250 ml, so sagt es Sonja. Großer Hunger und die Suche nach etwas Essbarem waren an der Tagesordnung.

Ein Erlebnis bleibt Sonja ebenfalls stets in Erinnerung, etwas, was fast täglich in dem Lager geschehen ist: „Manchmal suchten sich die SS-Aufseher eine von den vielen schönen Sinti-Frauen aus und vergewaltigten diese im Geheimen. Sie durften sich nicht dabei erwischen lassen, denn darauf stand ‚Rassenschande'. Es wurde aber von manchen SS-Offizieren geduldet."

Wenn man die Häftlinge des „Zigeunerlagers" den Herkunftsländern zuordnet, dann kamen rund 62,75 % der Häftlinge aus Deutschland oder Österreich, 4,46 % Häftlinge hatten keine staatliche Zugehörigkeit *(waren vermutlich aber Deutsche),* und aus dem Protektorat Böhmen und Mähren stammten 22 % der Häftlinge. Hinzu kamen noch rund 6 % an polnischen Häftlingen. Ich möchte nochmal kurz auf die Begrifflichkeit „Protektorat" zu den beiden Regionen eingehen und diese der Leserin oder dem Leser erklären. Das Protektorat in Böhmen und Mähren *(heute gehört es zu den Territorien Tschechiens und der Slowakei)* war eine formale und autonome Einheit, welche unter der Schirmherrschaft und Verwaltung der Nationalsozialisten stand. Somit war es zugehörig zum Deutschen Reich. Bestanden hatte das Protektorat vom 16. März 1939 bis zum 13. Mai 1945. Rund 7,5 Millionen Menschen lebten auf diesem Gebiet, welches eine Gesamtfläche von rund 940.000 Quadratkilometer besaß. Es lebten in diesem Gebiet schon rund 250.000 Menschen. Reichsprotektor, sozusagen der Verwalter, war am Ende des Krieges Konstantin Freiherr von Neurath.

So wie Sonjas Vater, Max Friedrich, waren noch mehr als 100 reichsdeutsche „Zigeuner" in dem Lagerabschnitt inhaftiert, die vor der Deportation bei der deutschen Wehrmacht ihren Kriegsdienst geleistet hatten. Zudem fiel auch Sonjas späterer Ehemann, Adam Strauß, in diese Gruppe. Viele von diesen Menschen wurden direkt von der Front in das Konzentrationslager und Vernichtungslager Auschwitz-

Birkenau deportiert und hatten so wie Max Friedrich noch ihre Uniformen an. Es kam auch vor, dass „Zigeunerinnen" mit ihren Kindern im Lager lebten, die mit „arischen" Deutschen verheiratet waren, die noch Kriegsdienst leisteten.

Am 16. Mai 1944 wollten die Nationalsozialisten das „Zigeunerlager" auflösen. Sonja und ihre restliche noch verbliebene Familie waren noch in dem Lager und wären dieser Auflösung wahrscheinlich zum Opfer gefallen. Gegen Abend, so auf 19 Uhr, verkündete die SS eine Lagersperre im „Zigeunerlager" im Lagerabschnitt „B IIe". Diese Lagersperre sollte den „Zigeunern" verbieten für einen gewissen Zeitraum die Baracken/Blöcke zu verlassen. Vor dem großen Lagerabschnitt fuhren mehrere Wagen mit mehreren SS-Männern vor, die mit Maschinengewehren bewaffnet waren. Sie sprangen zügig aus den Wagen heraus. Der gesamte Lagerabschnitt wurde von den SS-Männern umstellt. Der Leiter, der diesen Vorgang beziehungsweise die Maßnahme organisiert hatte, gab den „Zigeunern" den Befehl, die Baracken und Blöcke jetzt zu verlassen. Da die „Zigeuner" aber vorgewarnt wurden, von wem auch immer, hatten sie sich vorbereitet und verließen mit Messern, Brecheisen, Spaten und Steinen die Unterkünfte und stellten sich zur Gegenwehr. Die SS war über diese Gegenwehr sehr überrascht und versammelte sich abrupt in der Blockführerstube. In diesem Gespräch wurde beraten, wie die Aktion nun gehandhabt werden sollte. Nach einer Beratung riefen die sich beratenden SS-Männer ihre Kollegen, die das Lager immer noch umkreisten, zurück. Der erste gescheiterte Versuch, das „Zigeunerlager" aufzulösen, hatte an diesem Tag vielen Menschen vermutlich das Leben gerettet. Die SS änderte daraufhin ihre Strategie. Die Arbeitsfähigen wurden nach und nach in andere Lager deportiert. Der Rest – zumeist Alte und Kranke – verblieb in Auschwitz.

Sonja erinnert sich noch daran, wie an diesem Tag dafür ein anderes Schauspiel an Grausamkeit in der „Todesfabrik Auschwitz" seinen Höhepunkt fand: „An diesem Tag traf nämlich auch der erste Transport ungarischer Juden ein. Da der Großteil aller ungarischen Juden in genau dieser Nacht fast komplett vergast wurde, rauchten die Schornsteine ohne Ende, der Himmel verfärbte sich rötlich wegen

Aufbau einer Gaskammer

der Flammen der Leichenverbrennungen in den Krematorien und ein süßlicher, aber trotzdem ekelhafter Gestank machte sich über Birkenau breit. Die genaue Bezeichnung dieser Aktion war ‚Massenvernichtung'."

Am 17. Mai 1944 lebten in dem „Zigeunerlager" noch 2830 Männer und Jungen. An diesem Tag registrierte die SS, wer von ihnen in der deutschen Wehrmacht gedient und vielleicht auch militärische Auszeichnungen erhalten hatte. Dieser Prozess nahm mehrere Tag in Anspruch.

Innerhalb von etwas über einer Woche notierte die Widerstandsgruppe des „Zigeunerlagers", dass bereits 100.000 Juden aus Ungarn vergast worden waren. All dies bekamen die Menschen in diesem Lagerabschnitt vor ihren Augen, mit Blick auf die Gaskammern und die Rampe, mit. Sonja erinnert sich an diese schlimmen Tage, denn die Schornsteine rauchten den ganzen Tag und die ganze Nacht hindurch.

Sonja entging zweimal den Schlangen vor den Gaskammern von Auschwitz: „Beide Male wurde ich mit meiner Familie bei der Liquidierung des Zigeunerlagers aus der Schlange herausgeholt, weil mein Vater als Wehrmachtssoldat aktiv war. Die gesamte restliche Schlange wurde jeweils in den sicheren Gastod geschickt."

Auch eine weitere Grausamkeit hat Sonja bis heute nicht vergessen: „Die SS brachte in einer Grube, die neben das Krematorium gegraben wurde, eine große Menge Teer zum Brennen, um vergaste Leichen zu verbrennen, da die Öfen mit dem Verbrennen der Leichen nicht nachkamen. Dabei wurden auch noch lebende Menschen in diese Grube geworfen. Es muss ein qualvoller Tod gewesen sein!“

Die gesamte Auflösung des „Zigeunerlagers“, fachlich auch „Liquidierung“ genannt, erfolgte am 2. und 3. August 1944. Von den Häftlingen, die bis zu dem Tag der Auflösung den Gaskammern entkommen waren, wurde am frühen Morgen des 2. August ein kleiner Teil Arbeitsfähiger in andere Konzentrationslager deportiert. Es gingen Züge in die Konzentrationslager nach Buchenwald oder Ravensbrück. In diese Gruppe gelangte auch die verbliebene Familie Friedrich und Adam Strauß, Sonjas späterer Ehemann. Familie Friedrich wurde in den Zug in das Konzentrationslager Ravensbrück verbracht, das als Frauenlager gebaut worden war. Dieses Konzentrationslager lag vor den Toren der brandenburgischen Stadt Fürstenberg an der Havel. Das Konzentrationslager Buchenwald lag hingegen nahe der thüringischen Stadt Weimar auf dem Ettersberg. Max und sein Sohn Alfred kamen – wie Adam Strauß – vor Ort in das „Männerlager“ und die Frauen und Mädchen, darunter Sonja mit ihren überlebenden weiblichen Geschwistern Eva und Agate, in das „Frauenlager“. 1408 Häftlinge wurden bei dieser Aktion mit Güterzügen in die beiden beschriebenen Konzentrationslager verlegt.

Eine traurige, schockierende und unvorstellbare Bedingung wurde für das „Überleben“ der Häftlinge von Auschwitz-Birkenau gestellt: Man versprach ihnen das Leben, wenn sie sich sterilisieren lassen würden. So wurden sie unter Zwang und ohne Kompromisse nach Ankunft im Konzentrationslager Ravensbrück sterilisiert. Die Nationalsozialisten wollten diesen Schritt durchführen, damit sich diese „minderwertige und asoziale Menschenrasse“ nicht weiter fortpflanzen konnte. Diese schmerzhafte und ohne Narkose durchgeführte Operation wurde von SS-Ärzten vorgenommen. Sonja, ihr Vater Max, Bruder Alfred und Adam Strauß wurden auch diesem Eingriff unterzogen. Niemand Geringeres als Dr. Josef Mengele aus Auschwitz und der ebenfalls berüchtigte Arzt Dr. Carl Clauberg führten an ihnen die Zwangssterilisierung in einem Raum, gefesselt auf einer Liege, durch. Die jüngeren Geschwister, Eva und Agate, waren nach Meinung beider Ärzte noch zu jung für diesen schmerzhaften Eingriff. Mit einer klebrigen und ätzenden Chemikalie wurden durch die Scheide die Eileiter verklebt. Die Eileiter entzündeten sich nach diesem barbarischen Eingriff, bei dem es auch zu starken Blutungen kam. Viele Frauen, die diesen Eingriff erleben mussten, sind danach qualvoll verblutet. Auch Sonja hatte sehr starke Nachblutungen und ihre Tanten bangten mit Entsetzen um ihr Leben. Sie hatte aber Glück und überlebte wie durch ein Wunder. Ich vermute, es muss für die Familie ein großer Schock gewesen sein, als sie besonders Dr. Mengele nach der Zeit in Auschwitz und seinen Gräueltaten sowie Experimenten wiedersehen mussten.

KZ-Arzt Carl Clauberg

In einer Aussage, die Sonja vor einigen Jahren geäußert hatte, sagte sie, dass den Menschen, die sterilisiert worden waren, erzählt wurde, dass sie durch diesen Eingriff die Zeit in dem Konzentrationslager überleben würden, da sie keine weiteren Kinder mehr auf die Welt bringen könnten. Ihr großer Wunsch, später auch einmal Kinder zu bekommen, wurde dadurch gnadenlos zunichtegemacht. Dr. Carl Clauberg, der bei Sonja die Zwangssterilisation durchführte, war auch für seine eigenen Experimente und Versuche im Konzentrationslager Auschwitz bekannt und berüchtigt. In den Jahren von 1942 bis 1944 wurden 498 Häftlinge für seine Sterilisationsversuche zur Verfügung gestellt. Für die brutale Sterilisation der Frauen musste Clauberg an die Lagerleitung eine obligatorische Summe von einer Reichsmark pro Eingriff zahlen. Seine grausamen Versuche gingen so weit, dass man die Schreie von den Frauen quer durchs Lager hörte.

Nachdem das Lager Auschwitz aufgrund des Vorrückens der Roten Armee befreit wurde, verlegte Clauberg seine „Untersuchungen“ in das Konzentrationslager Ravensbrück. Dort mussten sich am Ende 35 Frauen diesem Eingriff unterziehen. Wenn man eine Gesamtzahl der Sterilisierungen von Clauberg nennen müsste, dann wären es ungefähr 550 bis 700 sterilisierte Häftlingsfrauen. Eine davon war die damals dreizehnjährige Sonja.

An einem der Tage in Ravensbrück hielten sich im Frauenlager die Sinti-Frauen mit ihren Kindern am Lagerzaun zum Männerlager auf, um ihren Männern und Söhnen zuzuwinken. Ein SS-Soldat, der dies bemerkte, hob sein Gewehr und war im Begriff abzudrücken, als Max Friedrich ihm in den Arm fiel und den Lauf des Gewehres nach unten riss. Er schaute dem SS-Soldaten ins Gesicht und rief aufgebracht: „Sie wollen doch nicht etwa auf Kinder schießen?“ Dies machte den SS-Mann so wütend, dass er mit dem Gewehrkolben dem Vater so heftig ins Gesicht schlug, dass eine Reihe von Zähnen ausfiel. Max konnte den Kindern nur noch zurufen, zu verschwinden, was sie auch sofort mit den Frauen taten. Sicherlich hat er durch diese Verzweiflungstat Menschenleben gerettet. Es war großes Glück, dass er nicht totgeschlagen wurde.

Anfang 1945 wurde Sonja mit ihren Tanten und Schwestern in das österreichische Konzentrationslager Mauthausen deportiert. Das Lager lag ungefähr 20 Kilometer südlich von Linz. Bis zum Kriegsende 1945 starben durch die unmenschlichen Zustände in dem Lager und das brutale Vorgehen der SS rund 100.000 Häftlinge. Das Prinzip, das dort herrschte, hieß – wie in allen Arbeitslagern: Tod durch Arbeit. Dies geschah vor allem in einem am Lager gelegenen Steinbruch. In Mauthausen lebten die Häftlinge wieder in Holzbaracken. Sonja hatte in Mauthausen noch ein schlimmes Erlebnis: „Eines Tages schaute ich aus den Spalten der Baracke und sah nackte Leiber auf der Lagerstraße liegen. Eine Tante sagte dann zu mir, das seien Schweine. Ich glaubte ihr aber nicht, denn ich sah das Gesicht einer toten Frau mit weit aufgerissenen Augen herausschauen.“ Bis zum heutigen Tag hat Sonja diesen Anblick nicht vergessen. Die Frauen hatten Glück, denn in diesem Lager mussten sie nicht arbeiten und wurden nach

Baracke im Konzentrationslager Mauthausen

kurzer Zeit in das Konzentrationslager Bergen-Belsen im Süden der Lüneburger Heide deportiert.

Als sie nach zwei Tagen Zugfahrt in Bergen-Belsen ankamen, gab es dort ein Massensterben. Seuchen wie Typhus und andere Krankheiten waren ausgebrochen und überall lagen Berge von Leichen, über die die Häftlinge auch steigen mussten. Die unzähligen Ratten in dem Lager nagten schon an den Leichen und ernährten sich von ihnen. Man könnte vereinfachter sagen, dass die Menschen wie Fliegen starben.

Konzentrationslager Bergen-Belsen

Sonja und ihre Familie schliefen im Freien ohne Decken. Sonja erinnert sich daran, wie sie mit ihren Schwestern Grasbüschel ausriss, um sich ein Polster als Kopfkissen zu schaffen. In Bergen-Belsen gab es zudem ganze drei Wochen lang an jedem Tag nur Steckrüben zum Essen und nicht mal ein einziges Stück Brot.

Es gibt eine traurige Aktion, die von den Nationalsozialisten kurz vor der englischen Befreiung des Konzentrationslagers Bergen-Belsen durchgeführt wurde. Zwischen dem 6. und 11. April 1945 wurden noch drei Züge losgeschickt, die mit insgesamt 6800 Häftlingen zum Konzentrationslager Theresienstadt im Protektorat Böhmen und Mähren deportiert wurden. Die ersten beiden Züge erreichten ihr Ziel. Der letzte Zug mit 2400 Häftlingen von Bergen-Belsen nach Theresienstadt fand aber auf einer Irrfahrt nicht den Weg in das Protektorat und blieb in der Nähe der brandenburgischen Gemeinde Tröbitz *(gelegen zwischen Torgau und Lauchhammer)* stehen. Die SS-Bewacher machten sich aus dem Staub. Am 24. April 1945 wurde der Zug von der Roten Armee gefunden und die überlebenden Häftlinge aus den Waggons befreit. Bei diesem „verlorenen Zug"" am Ende des Krieges kamen rund 200 Menschen ums Leben und 320 völlig erschöpfte und abgemagerte Menschen starben in den kommenden Tagen an den Folgen des Transports und einer in den Waggons ausgebrochenen Typhus-Epidemie sowie Tuberkulose. Am 15. April 1945 wurde das Lager von englischen Truppen befreit. Die Befreier meinten es gut mit den Häftlingen und gaben ihnen zügig etwas zu essen, doch da einige zu hastig das meist fettreiche Essen verschlangen und tagelang davor nicht gegessen hatten, starben sie.

Zwei Tage später, am 17. April 1945, kam eine Sanitätseinheit im Lager an. Am selben Tag wurde das SS-Lagerpersonal, was teilweise noch im Lager war, verhaftet und auf dem Gelände in Zelten untergebracht. Viele der Leichen wurden mir Raupenschleppern in die Gruben befördert. Die bestehenden und verseuchten Baracken wurden noch bis Mitte Mai stehen gelassen und dann abgebrannt.

Sonja und ihre Familie waren nun in Freiheit. Gemeinsam gingen sie zu Fuß von Bergen-Belsen zurück nach Rattelsdorf *(bei Bamberg)*.

Richtig! Sie haben sich keineswegs verlesen, denn Sonja wanderte mit ihrer Familie ganze 475 Kilometer zu Fuß! Eine unglaublich lange Strecke. Ihr weniges Hab und Gut hatten sie auf einem Kinderwagen. Unterwegs erbettelten sie sich Schuhe, schliefen in einfachen Unterkünften wie Scheunen oder erhielten ihre Nahrung von der Landbevölkerung der vielen kleinen Ortschaften, die sie durchquerten. Täglich legten sie bei ihren Märschen 15 bis 20 Kilometer zurück. Als die Familie in Rattelsdorf angekommen war, waren auch schon die ersten Verwandten angekommen, die überlebt hatten.

Max Friedrich

Was passierte in der Zwischenzeit mit Sonjas Vater Max, ihrem Bruder Alfred sowie Adam Strauß? Sie wurden alle nach ihrer Zwangssterilisation Anfang 1945 von Ravensbrück in das Konzentrationslager Sachsenhausen deportiert. Ein Konzentrationslager, das auf der Fläche der Stadt Oranienburg nördlich von Berlin errichtet wurde. Max und Adam wurde dort Ende März ein grausames Angebot gemacht. Ihnen wurde das Überleben garantiert, wenn sie sich freiwillig der SS-Division Dirlewanger anschlossen. Ausgerechnet der SS! Diese SS-Division Dirlewanger war für ihre bösartigen und unmenschlichen Gräueltaten an der zivilen Bevölkerung im Osten berüchtigt. Diese Sondereinheit wurde benannt nach Oskar Dirlewanger, einem Offizier der Waffen-SS. Im Jahr 1944, im kalten Dezember, kämpfte die Einheit in der Umgebung von Budapest gegen die immer weiter vorrückende Rote Armee. Durch diesen Vormarsch der Roten Armee und die sich abzeichnende Niederlage Deutschlands wurden bereits Ende 1944 viele Häftlinge aus den Konzentrationslagern zur Unterstützung der Wehrmacht an die Front geschickt. Max Friedrich und Adam Strauß war klar, dass sie in einem „Himmelfahrtskommando" gelandet waren. Aber was blieb ihnen anderes übrig? Sie mussten ihr nacktes Leben retten, egal wie! Bei späteren Kämpfen im östlichen Teil von Berlin wurde Max durch die Wucht der Explosion einer Mine in einen nahestehenden Baum geschleudert. Unzählige Splitter landeten zudem verteilt auf den ganzen Körper, mit denen er dann auch in ein Berliner Lazarett geschickt wurde. Am Ende hatte man ihm mehr als 20 Splitter operativ entfernt. Adam Strauß wurde bei einem Tieffliegerangriff von Schüssen im Oberschenkel- und Beckenbereich getroffen. Die Kugel, welche im Beckenknochen landete, blieb bis zum Tod von Adam im Jahr 2003 in seinem Körper, da eine Operation zu viele Komplikationen mit sich gebracht hätte. Sonjas Bruder Alfred gelang eine riskante Flucht während eines Marsches auf dem Weg zum Konzentrationslager Sachsenhausen. Es gelang ihm und einem anderen Sinti-Jungen zu fliehen! Beide schlugen sich nach Berlin durch, denn dort hatten die Großeltern in einer Gartenkolonie eine Gartenlaube. Dort versteckten sie sich. Nach dem Ende des Zweiten Weltkrieges trafen sich die Überlebenden der Familie Friedrich an dieser Gartenlaube der Großeltern im Berliner Stadtteil Pankow wieder. Von den gesamten Habseligkeiten der Familie war am Ende des Krieges kaum etwas übrig geblieben. Eine gerechte Entschädigung der durch den Krieg entstandenen Verluste sollte es einige Zeit nach dem Krieg erst einmal nicht geben. Erst mit der Gründung und dem dazugehörigen starken Engagement des „Zentralrates deutscher Sinti und Roma" im Jahr 1982 wurden mit der Zeit gültige Entschädigungsleistungen für die Überlebenden dieser Gruppe ausgehandelt und festgelegt.

Die überlebenden Mitglieder der Familie Friedrich und der Familie Strauß wollten und konnten nach dem Krieg ein neues Leben beginnen. Sonjas Vater baute nach dem Krieg wieder sein Schaustellergewerbe auf. Anschließend war er ab den 50er-Jahren gemeinsam mit Adam Strauß in einer eigenen Kapelle unterwegs, die den Namen „La Romanderie" trug. Diese Gruppe tourte durch die gesamte Bundesrepublik und erlangte einen hohen Bekanntheitsgrad. Wie Sonja berichtet, waren sie sehr gefragt. Das Haus im Ort Rattelsdorf bei Bamberg besaß die Familie Friedrich bis zum Jahr 1957. Nach dem Tod der Großeltern wurde das Haus verkauft und von dem Erlös ein eigenes Haus in Heidingsfeld, einem südlich von Würzburg gelegenen Stadtteil, gekauft.

„La Romanderie“ (Adam Strauß spielt den Bass, Max Friedrich die Geige)

Im Jahr 1964 nahm Max Friedrich die Rolle als Zeuge am Auschwitz-Prozess teil. Dieser Prozess wurde gegen die SS-Besatzung geführt, die in dem Konzentrationslager Auschwitz aktiv war und sich aktiv am schlimmsten Verbrechen, das in deutschem Namen begangen wurde, beteiligt hatte. Max Friedrich war der Erste aus der Gruppe der Sinti und Roma, der in diesem Prozess mit seinen Schilderungen und Erlebnissen Rede und Antwort stand. Eine der Aussagen von Max Friedrich in dem Prozess: „Wir sind nach Ravensbrück gebracht worden. Mit dem Versprechen, später entlassen zu werden, wurden wir sterilisiert, nicht wahr! Meine Geschwister und die Anverwandten sind in Auschwitz geblieben. Dann haben sie uns erzählt, wir sollen uns freiwillig bei der Wehrmacht wieder melden. Wer den Krieg überlebt, werde in die Heimat entlassen. Und so sind wir zur Wehrmacht gekommen, 1945 noch einmal. Die andern von unserer Familie haben sie alle vergast.“

Sonja Strauß heiratete 1955 Adam Strauß. Beide zogen nach Cölbe, einem kleinen Dorf bei Marburg. Da Sonja und Adam Strauß durch die Zwangssterilisationen der KZ-Ärzte keine eigenen Kinder bekommen konnten, adoptierten sie den Enkel von Sonjas jüngerer Schwester Agate. Seine beiden Söhne leben in der Kreisstadt Gelnhausen im Südosten von Hessen. Sonja ist sehr stolz auf ihre Enkel und auf den 2019 geborenen Urenkelsohn.

Immer wenn Sonja von ihm erzählt, hat sie ein Lächeln auf den Lippen, berichtet voller Freude, wie sich beide stets aufeinander freuen, und vergisst für einen Moment die Vergangenheit. Sonja lebte gemeinsam mit ihrer Familie erst in einer Cölber Mietwohnung und anschließend in einem kleinen Bungalow, einem umgebauten großen Wohnwagen, in dem sie auch heute noch wohnt. Dort verkaufte Sonja viele Jahre Korbwaren, die sie aus dem fränkischen Lichtenfels – nicht weit von Rattelsdorf – bezog. Adam Strauß verstarb nach schweren Nierenkomplikationen im Jahr 2003.

Jetzt sind Sie am Ende dieses Kapitels angelangt.
Sie haben nun die Möglichkeit, über den QR-Code und/oder den abgedruckten Link, über die Kamera oder das Internet, einen vertieften und noch detailreicheren Einblick in die Zeit, besonders die Zeit im „Zigeunerlager" im Konzentrationslager Auschwitz und in weiteren Lagern von Sonja Strauß, zu erhalten.

https://youtu.be/sXGRh2WjPG8

... Liebe Tante und Onkel, mir geht es gut.
Ich komme nicht wieder. Das war alles gelogen.
Grüße bitte alle und an Mutti tausend Küsse ...

Ingeburg Geißler

Durch meine Recherchen wurde ich über einen Presseberich auf die Holocaust-Überlebende Ingeburg Geißler aufmerksam. Ich entdeckte, dass Ingeburg Geißler sich in einer Stiftung als Zeitzeugin engagiert. Die Stiftung trägt den Namen „Stiftung Denkmal für die ermordeten Juden Europas". Zügig verfasste ich eine E-Mail mit meiner Interviewanfrage und richtete sie an das Büro der Presse- und Öffentlichkeitsarbeit. Wenige Tage später erhielt ich eine schriftliche Antwort, dass nach Rücksprache mit Ingeburg Geißler ein Interview möglich sei. Zudem erhielt ich ihre Telefonnummer, um einen Termin zu vereinbaren. An dieser Stelle möchte ich mich für die Unterstützung seitens der Stiftung recht herzlich bedanken. Mein Weg führte mich nach Berlin.

Ingeburg Geißler, geborene Frank, wurde am 8. Juli 1932 in der thüringischen Landeshauptstadt Erfurt geboren. Ihr Vater war Jude, ihre Mutter evangelisch. Ingeburg selbst überlebte das Ghetto Theresienstadt. Als Zeitzeugin berichtet sie heute noch darüber, wie sie diese Zeit erlebt hat, und ist engagiert bezüglich der Gedenkarbeit.

Ingeburgs Vater ist in Nürnberg aufgewachsen und ging im Alter von 14 Jahren als junger Mann an die israelitische Gartenbauschule in Ahlem in der Nähe von Hannover. Dort absolvierte er die Ausbildung zum Landschaftsgärtner. Danach zog er in die Blumenstadt Erfurt. Dort arbeitete er in der Gärtnerei „Benary", welche von Ernst Benary geführt wurde.

Ingeburgs Mutter wurde in der Hansestadt Hamburg geboren, zog aber bereits als Kind mit ihren Eltern nach Marbach – einem kleinen Dorf, welches zwei Kilometer von Erfurt entfernt liegt. Später begann sie in Erfurt als Bürokraft zu arbeiten und war ebenfalls in der Gärtnerei „Benary" angestellt. Dort lernte sie Ingeburgs Vater kennen. Bei Ingeburgs Geburt im Jahr 1932 waren ihre Mutter 22 und ihr Vater 20 Jahre alt.

Ingeburg mit ihren Eltern 1933

Im Jahr 1933 entschieden sich ihre Eltern dazu, Deutschland zu verlassen, und wanderten nach Palästina aus. Als Grund dafür nennt Ingeburg, dass in der Gartenbauschule, in der ihr Vater seine Ausbildung gemacht hat, junge Juden ausgebildet wurden, um sich später im damaligen Palästina ein neues Leben aufbauen zu können. Dies war ausschlaggebend für ihren Vater, mit seiner Familie zusammen nach Palästina auswandern zu wollen. Wie der Umzug in die neue Heimat im Detail ablief, kann Ingeburg jedoch nicht mehr genau sagen. Mit dem Schiff fuhr die Familie bis nach Jaffa, einem Hafen in Palästina. Ingeburg selbst war zu dem Zeitpunkt erst etwa ein gutes Jahr alt.

Ihr Vater fing innerhalb kürzester Zeit in einer großen Gärtnerei in der Stadt an zu arbeiten. Die Arbeits- und Lebensbedingungen waren für ihre Eltern allerdings außerordentlich kompliziert. Sie lebten in einer kleinen, alten Laube auf dem Gelände der Gärtnerei, die quasi nur aus einem Raum bestand. Es gab weder fließend Wasser noch Strom. Dennoch versuchten sie, das Beste aus der Situation zu machen.

Ingeburg schildert, wie ihre Mutter damals davon erzählte, wie Geckos an der Decke entlangliefen, sobald man die Laube betrat. Für ein Kleinkind waren solche Lebensbedingungen deutlich zu schlecht, da waren sich die Eltern mit der Zeit einig. Ingeburg verkraftete die Umsiedlung nur schlecht und sie wurde sehr krank. Unter anderem das Klima und die Ernährung vor Ort trugen dazu bei, da es andere Lebensbedingungen waren, als es Ingeburg aus Deutschland gewohnt war. Andererseits gab es aber auch keine neuen Bedingungen, die diese Umstände erleichtert hätten. Ingeburgs Gesundheit zuliebe beschlossen ihre Eltern noch im selben Jahr, wieder zurück nach Deutschland zu kehren. Zu diesem Zeitpunkt hatte Hitler jedoch schon seine politischen Auffassungen/Ideen in die Tat umgesetzt und auch sein Buch *„Mein Kampf"* gab es schon. Bekannt war zu der Zeit somit auch, dass er die Absicht hatte, alle Juden auszurotten. Laut Ingeburg waren ihre Eltern jedoch zu jung und politisch zu unwissend, um die von den Nationalsozialisten ausgehende Gefahr erkennen zu können.

Zunächst ging es für die Familie zurück in das kleine Dorf Marbach in der Nähe von Erfurt, da sie noch keine andere Bleibe gefunden hatten. Dort konnten sie in einem Haus unterkommen, in dem bereits eine Tante und ein Onkel ihrer Mutter sowie auch Ingeburgs Großvater wohnten. Die Tante war die Schwester der bereits verstorbenen Großmutter mütterlicherseits. Sie suchten sich etwas später eine Wohnung in Erfurt. Ihre Mutter fing wieder an zu arbeiten und ihr Vater war oft arbeitslos, was wohl im Zusammenhang mit seiner Religion stand. Wenn Ingeburgs Eltern beide arbeiten waren, wurde sie oft zu ihrer Tante nach Marbach gebracht, welche später auch zu einer engen Bezugsperson für sie wurde. Ihre Tante hatte selbst keine Kinder, weshalb Ingeburg dort wie ihr eigenes Kind aufgezogen und

Postkarte aus Erfurt-Marbach

behandelt wurde. Auch wenn sie es erst relativ spät erkannt hat, ist Ingeburg auch heute immer noch dankbar dafür, denn ihre Tante hat sie damals vor vielen Dingen beschützt und vieles auf sich genommen.

Darüber hinaus erwähnt Ingeburg, dass sich ihre Mutter und sie selbst jüdisch taufen ließen, bevor ihre Eltern nach Palästina auswanderten. Mit der Rückkehr nach Deutschland nahm ihre Mutter jedoch wieder ihren evangelischen Glauben an. Allerdings versäumte sie, dies rechtzeitig auch für Ingeburg zu machen, wodurch sie ab dem Jahr 1935 unter den „Nürnberger Rassegesetzen" litt. Sie wurde als „Geltungsjüdin" bezeichnet. Als ihre Eltern dies bemerkten und den Übergang in die evangelische Kirche in die Wege leiten wollten, wurde dies jedoch nicht mehr offiziell anerkannt, da der Übergang erst nach dem Stichtag stattgefunden hätte. Somit galt Ingeburg weiterhin als Geltungsjüdin, was ihr Leben in den folgenden Jahren voll und ganz bestimmte.

Ingeburg mit ihrem Onkel 1938

Ab dem Jahr 1938 nahmen die Anfeindungen und Einschränkungen gegenüber Juden zu. Trotzdem konnte Ingeburg 1938 in Marbach noch ganz normal in der Dorfschule eingeschult werden.

Das Jahr 1938 bezeichnet Ingeburg als ein einschneidendes Jahr für ihr Leben: Ihre Eltern entschieden damals, dass ihr Vater unbedingt Deutschland verlassen müsse und dass ihre Mutter sowie Ingeburg ihm folgen würden, sobald später genug Geld dafür vorhanden sei. Ihr Vater entschloss sich nach China zu ziehen. Zuvor hatte er in Berlin beim chinesischen Konsulat eine Einwanderungsgenehmigung beantragt. Er hatte sich genau zum richtigen Zeitpunkt dafür entschieden, denn nach der sogenannten Reichskristallnacht wurde er in Schutzhaft genommen und in das Konzentrationslager Buchenwald bei Weimar gebracht. Aufgrund seiner bereits eingeleiteten Migration wurde er wieder entlassen mit der Auflage, Deutschland auf dem schnellsten Wege zeitnah zu verlassen. Gegen Jahresende 1938 emigrierte ihr Vater endgültig nach China. Bis heute besitzt Ingeburg den Abschiedsbrief, den ihr der Vater geschrieben hatte, denn ein persönlicher Abschied zwischen Vater und Tochter hatte damals nie stattgefunden. Ihre Eltern haben sich damals scheiden lassen. Der Grund dafür war, dass ihre Mutter dachte, dass Ingeburg dadurch einen gewissen Schutz genießen könne, bis beide dem Vater ins Ausland folgen würden. Wegen des Zweiten Weltkrieges konnten Ingeburg und ihre Mutter dies jedoch nie in die Tat umsetzen und mussten weiterhin in Deutschland bleiben. Bis heute hat Ingeburg alle Briefe aufgehoben, die ihr Vater ihr geschrieben hatte. All diese Briefe kamen per Postweg über Sibirien. Den letzten Brief von ihrem Vater erhielt Ingeburg im Dezember 1939. Durch den Zweiten Weltkrieg wurde die Kontaktkette zu ihrem Vater unterbrochen.

Bild des Vaters aus Shanghai 1939

Nach der Trennung ihrer Eltern blieb Ingeburg bei ihrer Tante und ihrem Onkel in Marbach. Ihre Mutter ging im Jahr 1939 nach Magdeburg, weil ihre Schwester in der Stadt lebte und sie hoffte, dort anonym leben zu können. Ihrer Mutter dürfte es wohl nicht leicht gefallen sein, die Tochter in Marbach zurückzulassen.

Allerdings sagt Ingeburg dazu, dass ihre Tante und ihr Onkel schon fast eine Art „Elternersatz" für sie waren, denn sie hatte dort eine sehr behütete Zeit und glaubt, dass ihre Mutter ihr dies wahrscheinlich nicht hätte geben können. Dadurch, dass ihr Vater nun im Ausland war, musste ihre Mutter arbeiten gehen und sich alleine darum kümmern, sich und ihre Tochter zu ernähren.

Dass Ingeburg jetzt bei ihrer Tante und ihrem Onkel wohnte, war für sie kein großes Problem und sie konnte gut damit umgehen – schließlich kannte sie den Ort und war schon des Öfteren bei den beiden zu Besuch gewesen. Bis zur Hälfte des zweiten Schuljahres hatte sie wenig Probleme und hatte eine sorgenlose Kindheit mit vielen Kontakten zu anderen Kindern. Meistens traf sie sich mit einer Gruppe von vier oder fünf Mädchen, zu der unter anderem die Tochter des Dorfwachtmeisters gehörte, welche auch ihre engste Freundin in den ersten zwei Schuljahren war. Sie haben sich an ihren Geburtstagen besucht und oft miteinander gespielt.

Dies änderte sich mit Beginn des Jahres 1941, als Ingeburg aus der Schule verwiesen wurde, da fortan ein Schulverbot für Juden bestand. An dem Morgen, an dem Ingeburg von diesem Verbot erfahren hatte, war es morgens schon hell. Sie stand auf und ging zu ihrer Tante und war im Glauben, dass sie verschlafen habe und zu spät zur Schule komme. Ihre Tante erzählte ihr jedoch, dass sie fortan nicht mehr die Schule besuchen dürfe. Ingeburg konnte dies natürlich nicht begreifen, denn sie war eine gute Schülerin, hatte immer gute Leistungen erbracht und nie Probleme gehabt. Mit diesem Verbot endeten dann auch ihre Freundschaften mit den anderen Kindern aus dem Dorf.

Da Ingeburg zu dem damaligen Zeitpunkt im jungen Grundschulalter war, kann sie sich nicht mehr daran erinnern, ob es bereits vor dem Verbot im Einzelnen zu Anfeindungen oder Ähnlichem in der Schule kam. Größtenteils hat sie die Zeit vor dem Verbot in der Schule aber nie als problematisch oder belastend angesehen.

Abrupt mit dem Verbot des Schulbesuches wurde natürlich bemerkt, dass Ingeburg fortan in der Schule fehlte. Ein Lehrer, Herr Möbies, der gleichzeitig auch Ortsgruppenleiter der NSDAP war, erzählte den Kindern in Marbach, dass sie mit Ingeburg Frank alles machen könnten, was sie wollten, wie zum Beispiel sie schlagen oder beschimpfen. Ingeburg sei „vogelfrei" gewesen und man hätte die anderen Kinder für ihren Taten auch nicht belangt. Dazu sagt sie, dass Kinder durchaus sehr grausam sein könnten und ihr selbst einige schlimme Dinge widerfahren seien. Zum einen wurde ein Judenstern mit Kreide an das Haus ihrer Tante gemalt oder Fenster eingeworfen, weshalb sie aus Schutz nun jeden Abend die Fensterläden zugemacht haben, und bei Dunkelheit sollte Ingeburg nicht mehr nach draußen gehen. Ingeburg persönlich wurde von anderen Kindern auch geschubst, hat aber glücklicherweise nie irgendwelche schwerwiegenden Verletzungen davongetragen. Sie wurde auch ausgegrenzt und hatte keine Freunde mehr. Auf Rat ihrer Tante spielte sie zum eigenen Schutz fortan nur noch alleine auf dem Hof. Ihre Tante wollte sie stets beschützen und behüten und hat alles für sie getan.

Ihre Tante war eine sehr gute Schneiderin. Sie schneiderte hochwertige Abendkleider für Bälle. Dadurch war Ingeburg im Dorf das Kind, welches die schönsten und neuesten Sachen zum Anziehen hatte. Dies fiel auch einer Frau auf, die für eine Hilfsorganisation der NSDAP, der sogenannten „Winterhilfe", Kleidung sammelte. Sie sprach die Tante an, ob sie nicht viele Sachen hätte, die Ingeburg nicht mehr tragen würde, da sie nun beispielsweise zu klein wären. Diese Sachen wollte die Frau gerne für andere Kinder sammeln. Ihre Tante erwiderte aber, dass sie doch keine Kleidung für deutsche Kinder sammeln könne, die von einem jüdischen Mädchen getragen wurden. In diesem Moment war sich ihre Tante vermutlich nicht bewusst, was sie da gesagt hatte und was es hätte anrichten können. Trotzdem gab sie der Frau keine Kleidung. Häufiger kamen aber kleine Pferdefuhrwerke aus Erfurt mit Sinti und Roma am Hof vorbei. Es waren Frauen mit Kindern, die von Ort zu Ort fuhren und auch einen Stopp bei ihrer Tante einlegten. Sie wussten, dass sie dort eine Tasse Kaffee und etwas zu essen sowie die Kinderkleidung von Ingeburg bekamen.

Als Ingeburg damals immer alleine auf dem Hof spielen musste, spielte sie oft auch mit einem Puppenwagen, den sie im Jahr 1938 als letztes Geschenk von ihrem Vater bekommen hatte. Als sie ungefähr acht Jahre alt war, fing sie an, für ihre Tante Näharbeiten vorzubereiten. Somit wurde sie in die Aufträge ihrer Tante einbezogen. Zu dem Zeitpunkt dachte Ingeburg noch, sie würde später einmal selbst eine Schneiderin werden.

Ab dem Jahr 1941 wurde die politische Lage für die jüdische Bevölkerung durch neue Gesetze und Verbote immer schwieriger. Neben dem bereits erteilten Schulverbot kam dazu die Aufforderung, den Judenstern verpflichtend zu tragen.

Bei einem Schreiben, welches Ingeburg vom Erfurter Stadtarchiv bei ihren Nachforschungen zugesandt wurde, handelt es sich um ein Schreiben von Juli 1942 vom Landrat, welches an den Bürgermeister gerichtet ist:

> *„Unter Bezugnahme auf meine Verfügung vom 1. Januar 1942 ersuche ich nochmals um sofortigen Bericht, mit welcher Begründung Sie die oben Genannte als Nicht-Jüdin bezeichnen."*

Ingeburgs Mutter hatte damals noch eine Eingabe gemacht mit dem Hinweis, dass ihre Tochter wieder zum evangelischen Glaube gehören würde, wie auch sie selbst. Der Bürgermeister von Marbach hatte darauf Bezug genommen und zum Ausdruck gebracht, dass Ingeburg Frank doch eine Nicht-Jüdin sei, da sie nun wieder der evangelischen Kirche angehöre. Darauf folgte jedoch nur völlige Ablehnung und als Antwort ein Judenstern, den Ingeburg künftig tragen müsse. Erhalten hatte Ingeburg den Stern von der jüdischen Gemeinde. Diese waren in der Pflicht, ihre Gemeindemitglieder mit den Sternen zu versorgen. Die Frau des Vorsitzenden der jüdischen Gemeinde, Herrn Cars, die ebenfalls eine Nicht-Jüdin war, war schließlich diejenige, die Ingeburgs Tante den Stern überreichte. Sie war quasi auch das Verbindungsglied zur jüdischen Gemeinde, denn sonst hatte Ingeburg keinen Kontakt zur Gemeinde, seitdem ihr Vater ins Ausland gegangen war. Der jüdische Glaube war kein wichtiges Thema in der Familie gewesen und ist auch nie praktiziert worden. Ihr Vater ging nie in die Synagoge oder befolgte irgendwelche religiösen Regeln. Er war tatsächlich mehr Atheist, sagt Ingeburg. Eine engere Beziehung zum Glauben habe nur während der Zeit in Palästina eine Rolle gespielt, da man sich dort anpassen musste.

Ihre Tante war raffiniert und nähte den Judenstern mit einem Druckknopf an Ingeburgs Kleidung. Wenn Ingeburg mit ihrer Tante dann nach Erfurt in die Stadt ging, um u. a. neue Sachen für ihre Näharbeiten zu kaufen, entfernte sie den Stern. Sie trug dann immer eine rote Umhängetasche über dieser Stelle, damit man die Druckknöpfe nicht sehen konnte. Die Tante konnte dadurch ihre Besorgungen erledigen und Ingeburg dabei problemlos mitnehmen. Wenn dieses „Vergehen“ herausgekommen wäre, hätte es definitiv Bestrafungen und weitere schlimme Folgen nach sich gezogen.

Der Judenstern von Ingeburg

Ein weiteres Schreiben, welches Ingeburg mir vorliest, stammt erneut aus den Auszügen des Erfurter Stadtarchivs, die ihr bei Nachforschungen zur Verfügung gestellt wurden. Es wurde am 28. Januar 1941 von der Gestapo verfasst bezüglich der Klärung ihrer Religionszugehörigkeit:

> *„Ingeburg Sarah Frank ist als Jüdin anzusehen, da sie bei Erlass der Nürnberger Rassegesetze der jüdischen Religionsgemeinschaft angehört hat. Sie hat den zusätzlichen Vornamen ‚Sarah‘ zu führen und darf nur eine jüdische Privatschule besuchen.“*

Dieses Schreiben wurde auch an verschiedene Behörden weitergeleitet, die es zur Kenntnis nahmen.

Aufgrund der Verpflichtung, den Judenstern in der Öffentlichkeit in Marbach zu tragen, zog sie sich zurück. Fortan hielt sie sich nur noch auf dem Hof und im schönen Garten bei ihrer Tante auf, wo sie auch Kaninchen und einen Hofhund hatten. Sie hat ihrer Tante viel im Haushalt geholfen und entdeckte das Lesen für sich. Was sie aber nicht mochte, war das Lernen. Nach dem Schulverbot für Juden hatte sich Ingeburg geweigert, neue Dinge zu erlernen. Wenn sie nicht zur Schule gehen dürfe, dann wolle sie auch nicht lernen, so handhabte es Ingeburg. Das Erlernen von Schreiben und Rechnen hatte sie somit als Kind aus Trotz abgelehnt. Auch ihre Tante konnte ihr da nicht hineinreden und musste sich damit abfinden.

Von 1941 bis zu ihrer Deportation führte Ingeburg, wie bisher gewohnt, ein normales Leben, hatte sich aber komplett aus dem gesellschaftlichen Zusammenleben zurückgezogen.

Eine Schwierigkeit bestand jedoch darin, dass Ingeburg eine andere Lebensmittelkarte als ihre Tante hatte. Sie erhielt nur relativ wenig zugeteilte Lebensmittelrationen. Dadurch, dass ihre Tante aber für die Bauersfrauen Kleidung schneiderte, bekam sie als Dank Lebensmittel wie beispielsweise Kartoffeln geschenkt. Dies diente als Ausgleich dafür, dass Ingeburg keine ordentliche Lebensmittelkarte hatte, und sorgte für eine gute Versorgung.

Ihre Mutter, die immer noch in Magdeburg wohnte und arbeitete, hatte üblicherweise 14 Tage Urlaub. Somit kam sie zweimal im Jahr auf den Hof nach Marbach, um ihre Tochter zu besuchen. Wie auch die Tante fuhr die Mutter mit ihr während des Urlaubes auf Ausflüge nach Erfurt, weil dort das Leben pulsierte. Einer dieser Ausflüge ging in das Nordbad, wofür sie wieder den Stern von ihrer Kleidung entfernte. Durch diese Ausflüge konnte ihr ein halbwegs normales Leben ermöglicht werden. Solche Momente beschreibt Ingeburg als „Lichtblicke".

Es kam jedoch ein Schreiben, was jene Lichtblicke in ihrem Leben wieder erlöschen ließ. Ein Fernspruch der Gestapo aus Weimar vom 25. Januar 1945. Es war der Brief zu ihrer Deportation. Dieser kam nicht direkt zu ihnen, sondern über den Dorfwachtmeister. Ein Auszug des Inhaltes:

> *„Die Jüdinnen u. a. das Kind Ingeburg Frank in Marbach sind am kommenden Mittwoch, dem 31.1.1945, der Gestapo in Erfurt zuzuführen. Wäsche doppelt, Schuhwerk und Verpflegung für vier Tage sind mitzubringen. Eine Vermögensbeschlagnahme findet nicht statt. An Geld sind siebzig Reichsmark mitzubringen. Die polizeiliche Abmeldung hat nach Theresienstadt zu erfolgen. Die Lebensmittelkarten für den jetzigen Monat können mitgenommen werden. Dagegen sind die Lebensmittelkarten für den nächsten Monat wieder abzuliefern. Am 31.1.1945 ist morgens der erste Zug nach Erfurt zu nehmen."*

Wie auch andere Schreiben durchlief dieses mehrere höhergestellte behördliche Stellen zur Kenntnisnahme, bevor die Nachricht überhaupt in Marbach ankam. Der Wachtmeister war bereits vorher zu

Ingeburgs Tante gegangen und hatte sie über das Schreiben inhaltlich informiert.

Am Tag vor der Deportation halfen ihre Tante und ihr Onkel beim Sachenpacken mit und berieten sie, was sie denn mitnehmen solle. Am kommenden Tag, dem 31. Januar 1945, wurde Ingeburg bereits um sechs Uhr morgens vom Dorfwachmeister abgeholt. Die Straßen waren voll mit Schnee, da diese noch nicht geräumt waren. Ingeburg war lediglich mit ihrem kleinen Koffer unterwegs. Die Tante hatte ihr noch etwas Verpflegung als Reiseproviant mitgegeben.

Ingeburg war auf dem Weg vom Land bis in die Stadt durch den hohen Schnee gelaufen und hatte nur ihren Koffer in der Hand. Sie fuhr das letzte Streckenstück mit der Straßenbahn, weil sie den Stern ordnungsgemäß trug. Zudem begleitete sie der Dorfwachtmeister in Uniform. Die Hauptleitstelle der Gestapo – der Ort, zu dem sie fahren sollte – befand sich am anderen Ende der Stadt. Somit fuhren sie mit der Straßenbahn durch das gesamte Stadtgebiet. Vor Ort angekommen, wurden alle ankommenden Juden aus dem gesamten Land Thüringen gesammelt. Es waren die letzten jüdischen Menschen, überwiegend Ältere. Von den versammelten Menschen war Ingeburg mit Abstand die Jüngste. Dazu muss man sich vor Augen führen, dass zu dem Zeitpunkt, die Alliierten sowie die Rote Armee bereits an den deutschen Grenzen und teilweise darüber waren, aber die deutsche Bürokratie hat trotz dessen weitergearbeitet. Die Transporte mussten schließlich erledigt werden – und das, obwohl u. a. das Konzentrations- und Vernichtungslager Auschwitz bereits befreit war.

Am Nachmittag ging es dann von der Sammelstelle weiter bis zum Bahnhof. Alle mussten bei Eiseskälte mit ihren Koffern in der Hand den Weg von vier bis fünf Kilometern zu Fuß gehen. Vorstellen kann man sich dies wie einen langen Marsch, eine große Gruppe, die von links und rechts von Polizisten mit Hunden überwacht wurde. Bei der Gestapo saß Ingeburg auf ihrem Koffer und weinte bitterlich, als ein Offizier höhnisch zu ihr sagte: „Aber Sarah, warum weinst du denn? Du machst doch eine große Reise!“ Dazu kam, dass sie vorher das Geld abgeben musste sowie ihre kleinen Kinderohrringe. Am späteren Nachmittag kamen sie am Bahnhof an, wo eine riesige Menschenmenge versammelt war. Auf den Gleisen standen bereits Personenzüge für die Menschen bereit. Vorher hatte Ingeburg noch ihre Tante und ihren Onkel am Bahnhof getroffen. Die Ehefrau des Vorsitzenden der jüdischen Gemeinde war nach Marbach gegangen und hatte ihrer Tante gesagt, sie könne ihrer Nichte noch etwas zusätzliches Brot oder einer Wolldecke mitgeben, wenn sie das wolle. Sie müsse dann allerdings nachmittags zum Bahnhof fahren, da dort die Verladung der Menschen stattfand. Diese Möglichkeit bestand jedoch nur kurz, denn sofort schritten Bewacher ein und forderten alle unbeteiligten Zivilisten dazu auf, den Bahnsteig zu verlassen. Ansonsten würde auf sie geschossen. Ihre Tante und ihr Onkel schafften es noch rechtzeitig, ihr die Sachen zu übergeben.

Die Reichsbahn verdiente an den Transporten mit. Ingeburg bekam später eine Dokumentation von einem Vorstandsvorsitzenden der Deutschen Reichsbahn geschenkt. Darin stand unter anderem, wie viel die Reichsbahn denn an den ganzen dokumentierten Transporten verdiente, wobei es sich um eine „pervers" große Summe handelte.

An diesem Tag verlor Ingeburg weitere wichtige Bezugspersonen in ihrem Leben, indem sie von ihnen getrennt wurde. Verständlicherweise war sie sehr unglücklich mit der Situation. Zu ihrem Unglück hinzu kam, dass es in dem Abteil des Personenzuges nicht genügend Sitzplätze für alle Mitfahrenden gab. Ingeburg war aber nicht so erzogen, dass sie sich als Erste von allen auf die freien Plätze stürzte. Da sie nun keinen Sitzplatz hatte, musste sie somit die ganze Fahrt auf dem Boden verbringen.

Die Fahrt mit dem Zug dauerte drei Tage, bis sie in der Stadt Leitmeritz ankamen. Ingeburg beschreibt diese Zeit als eine sehr furchtbare. Während der langen Fahrt hat sie sich mit den anderen Menschen unterhalten. Es waren hauptsächlich Erwachsene und Ältere. Unter anderem erzählte Ingeburg ihnen auch, was ihr vorher über die Reise erzählt wurde. Theresienstadt wäre wohl ein Lager, zu dem sie gehen würde, was quasi zur Umerziehung diente. Zudem wurde versprochen, dass sie dort wieder zur Schule gehen und auch einen Beruf erlernen könne. Die Erwachsenen entgegneten ihr, dass das lediglich unwahre Träume seien. Sie würden nie zurück nach Hause kehren und würden dort umgebracht werden. Während der Fahrt warf Ingeburg eine Postkarte aus einem der vergitterten Waggonfenster. Die Postkarte hatte sie zuvor für ihre Familie geschrieben. Ein Erwachsener aus dem Zug gab ihr diese Karte, welche Ingeburg mit dem folgenden Text beschrieb: „Liebe Tante und Onkel, mir geht es gut. Ich komme nicht wieder. Das war alles gelogen. Grüße bitte alle und an Mutti tausend Küsse." Ingeburg war nicht die Einzige, die eine Karte schrieb und während der Fahrt aus dem Fenster warf. Einige Menschen hatten die Hoffnung, dass die Postkarten ihre Familie auch erreichen würde. Ingeburgs Postkarte kam tatsächlich an. Es gleicht einem Wunder, dass die Postkarte überhaupt angekommen ist. Vermutlich wurde sie abgefangen, dann abgestempelt und am Ende tatsächlich auch mit einer Hitler-Briefmarke versehen, so erzählt es Ingeburg.

Ingeburg interessierte es im Nachhinein sehr, wie die Reaktion von ihrer Tante und ihrem Onkel war, wie sie sich gefühlt und was

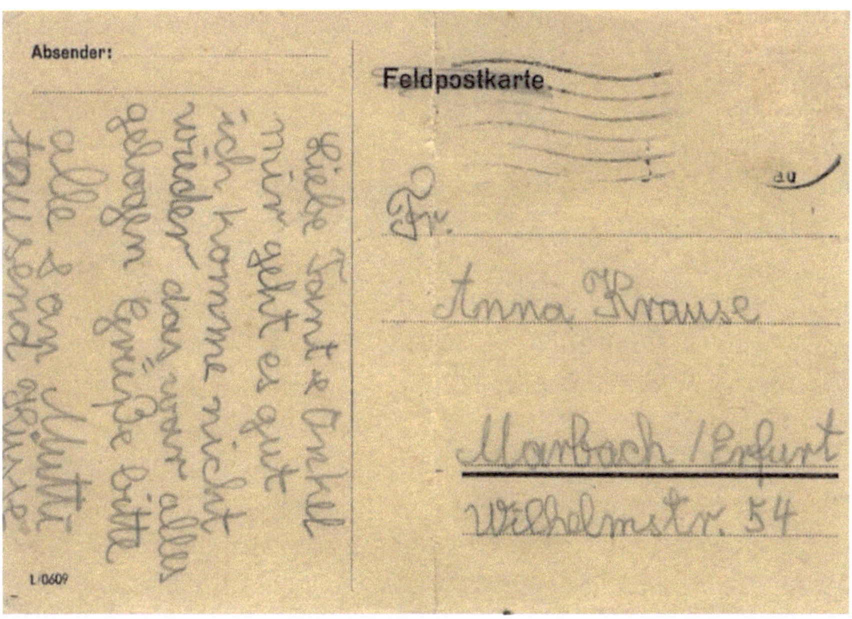
Absender:

Liebe Tante & Onkel
mir geht es gut
ich komme nicht
wieder das war alles
gelogen Grüße bitte
alle & an Mutti
tausend Küsse

Feldpostkarte

Fr.
Anna Krause
Marbach / Erfurt
Wilhelmstr. 54

Postkarte, die Ingeburg aus dem Zug warf

sie gedacht haben, als sie die Postkarte erhalten haben. Erkennbar wird dies in einem Brief, den Ingeburgs Onkel an ihre Mutter geschrieben hat. Darin hieß es, sie solle sich keine Sorgen machen, denn Herr Cars mit seinen Töchtern werde sich gut um sie kümmern und der Krieg würde bald zu Ende sein. Ingeburg ergänzt, dass kein Klartext geredet und alles nur schöngeredet wurde und man immer noch aufs Gute gehofft hat. Anhand der Rückseite des Briefes kann man allerdings erkennen, dass Ingeburgs Mutter oder auch ihr Onkel wohl geweint hatte, denn es sind ein paar Tränenkleckse auf dem Papier zu sehen. Für ihre Mutter muss dieses Schreiben wohl sehr hart gewesen sein. Ihr Onkel schrieb in dem Brief auch, dass sie Ingeburgs Mutter zur Seite stehen würden, da dieses Schicksal die ganze Familie betrifft und dass Ingeburg doch bestimmt bald wiederkommen würde.

Den Erwachsenen im Zug war eigentlich schon bewusst, dass es ihre letzte Reise sein würde. Von weiteren Gesprächen oder engeren Kontakten ist Ingeburg nichts in Erinnerung geblieben. In dem Zug selbst gab es verschiedene Abteile, welche von außen schon erkennbar abgetrennt waren, zudem gab es verschiedene Türen zu den jeweiligen Abteilen. Ingeburg kann sich nur daran erinnern, dass sie immer nur auf dem Boden lag. Es ist ihr dort leichter gefallen einzuschlafen, als es vielleicht bei einer älteren Person der Fall gewesen wäre. Ab und zu ist aber auch mal jemand aus dem Abteil aufgestanden und hat ihr angeboten, dass sie sich mal ein bisschen auf die Bank setzen könne. Ingeburg dachte immer, dass dies nicht wahr sein könnte. Dies stellte auch den Zeitpunkt dar, an dem sie ihren Glauben verloren hat – den Glauben an Gott. Sie fragte sich, warum ihr so etwas passierte, denn sie habe doch niemandem etwas getan. Diesen Glauben an Gott hat sie danach auch nicht mehr wiederfinden können. Auch später im Ghetto Theresienstadt, wo sie mit viel Elend konfrontiert wurde, hat sich Ingeburg dasselbe gefragt. Wie kann der liebe Gott es nur zulassen, dass so etwas passiert? Andere fanden im Glauben während dieser schweren Zeit Trost und Hoffnung. Ingeburg hatte zu der Zeit aber so viele Zweifel, dass sie dadurch ungläubig wurde. Jeder hat aus dem Erlebten andere Schlussfolgerungen gezogen, und das war ihre, so betont es Ingeburg deutlich.

Während der dreitägigen Zugfahrt gab es keine richtigen Zwischenstopps, bei denen die Menschen aussteigen konnten. Zudem verblieben auch die unterwegs verstorbenen Menschen in den Waggons und wurden nicht herausgeholt. Schließlich kamen sie in Leitmeritz an, einer Stadt, die wenige Kilometer von Theresienstadt entfernt ist. Von dort aus mussten sie mit ihrem Gepäck diese Kilometer zu Fuß nach Theresienstadt laufen. Als sie im Ghetto ankamen, wurde ihnen das Gepäck abgenommen und sie mussten alle in eine Art „Waschanlage" gehen, worüber die Leute im Vorfeld schon komisch redeten. Heute ist Ingeburg bewusst, dass die Menschen wohl dachten, dass die „Waschanlage" auch eine Gaskammer hätte sein können. Nach dem „Besuch" der „Waschanlage" wurden den neuen Häftlingen die Haare abgeschnitten. Ihre Kleidung, die von Ungeziefer desinfiziert wurde, erhielten sie zurück. Sie durften ihre eigene Kleidung, wenn sie mit dem Judenstern versehen war, im Ghetto behalten. Es gab keine Häftlingskleidung. Im Anschluss wurden die Menschen nach Arbeitsfeldern eingeteilt. Diese Einteilung wurde durch die jüdische Selbstverwaltung *(Judenrat)* vorbereitet. Der Judenrat hatte sich in Theresienstadt einen ganzen Verwaltungsapparat aufgebaut, u. a. mit Zimmervermittlung und Verpflegungsdienst. Ingeburg bekam die Arbeit in der Raumwirtschaft zugeteilt. Die Aufgabe bestand beispielsweise darin, die Räume der Wohnblöcke zu verwalten und im Blick zu behalten, wie viele Insassen jeweils in den Räumen untergebracht waren. Wenn Häftlinge verstarben, füllte Ingeburg einen Zettel aus, dass in dem Block wieder Betten frei geworden sind.

Für Theresienstadt waren/sind die großen und alten Kasernengebäude, die noch von den Österreichern und der damaligen Funktion als Garnisonsstadt stammen, ein typisches Erscheinungsbild. Ingeburg selbst war im zentralen Ghetto untergebracht und nicht in der kleinen Festung. Sie teilte sich einen Raum in einem Wohnhaus mit sechs weiteren jungen Frauen. Zwei von den Frauen kamen auch aus Erfurt, es waren zwei Töchter der Familie Cars. Die übrigen vier waren zwischen 17 und 20 Jahre alt. Ingeburg war mit zwölfeinhalb Jahren die Jüngste. Die anderen Mädchen gingen im Dreischichtsystem arbeiten. Die Arbeitsaufträge hat man in der Regel nach ein bis zwei Tagen zugeteilt bekommen. Ingeburg erhielt trotz der Zuteilung anfangs erstmal keine Aufträge. Sie lungerte den ganzen Tag herum, lief durch die Straßen und wartete darauf, dass man mittags mit seinem Kochgeschirr in die Kaserne gehen konnte, um seine Essensration zu bekommen.

Einer dieser Arbeitsaufträge war, dass sie in die Raumwirtschaft als Ordonnanz gehen musste. Dort war ihre Aufgabe, Zettel von einer Einrichtung zur anderen zu bringen, auf denen vermittelt wurde, in welchen Wohnblöcken Zimmer frei waren oder wo etwas benötigt wurde. Somit hatte Ingeburg eine Beschäftigung und musste nicht mehr herumlungern. Sie war froh, eine neue Aufgabe bekommen zu haben.

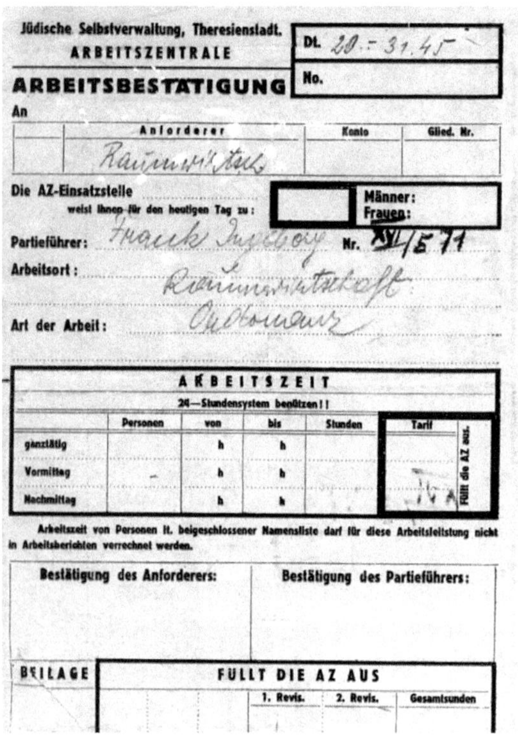
Jüdische Selbstverwaltung, Theresienstadt.
ARBEITSZENTRALE
ARBEITSBESTÄTIGUNG
Dt. 20.–31.4.5
No.
An
Anforderer | Konto | Glied. Nr.
Raumwirtschaft
Die AZ-Einsatzstelle weist Ihnen für den heutigen Tag zu:
Männer:
Frauen:
Partieführer: Franck Ingeborg Nr. XV/5 71
Arbeitsort: Raumwirtschaft
Art der Arbeit: Ordonnanz
ARBEITSZEIT
24—Stundensystem benützen!!

	Personen	von	bis	Stunden	Tarif
ganztätig		h	h		
Vormittag	–	h	h		
Nachmittag		h	h		

Füllt die AZ aus
Arbeitszeit von Personen lt. beigeschlossener Namensliste darf für diese Arbeitsleistung nicht in Arbeitsberichten verrechnet werden.
Bestätigung des Anforderers: Bestätigung des Partieführers:
BEILAGE
FÜLLT DIE AZ AUS
1. Revis. 2. Revis. Gesamtstunden

Arbeitsbestätigung von Ingeburg in Theresienstadt 1945

Die Versorgung mit Essen beschreibt Ingeburg als fürchterlich, das große Ausmaß des Hungers könne man sich gar nicht vorstellen, denn die erhaltenen Portionen waren dermaßen klein. Für drei Tage bekamen sie ein Beutelchen mit Zucker in der Größe von einem heutigen Päckchen mit Backpulver. Dazu gab es ein Stück Brot, welches höchstens 15 Zentimeter dick war, und dazu einen einzigen, zehn Zentimeter langen quadratischen Streifen Margarine. Diese Essensration gab es für die Versorgung zum Frühstück und zum Abendessen. Mittags ging man mit seinem Kochgeschirr zur Kaserne.

Das Geschirr hatte Ingeburg bei der Ankunft in Theresienstadt erhalten. Sie vermutet, dass es von anderen Häftlingen stammte, die bereits weiter nach Auschwitz transportiert wurden, denn das Ghetto Theresienstadt war ein Durchgangslager, und die Häftlinge im

Ghetto waren ausersehen, zur Vernichtung nach Auschwitz deportiert zu werden.

Zu dieser Zeit gab es in Theresienstadt noch keine Gaskammern, es war also noch keine „Vernichtungsmaschinerie" installiert. Aber sie hatten wohl bereits angefangen, diese zu errichten, und zwar in den unterirdischen Wällen. Die ehemalige Festungsstadt hatte ringsherum eine Vielzahl an Wällen. Seitens der SS wurde erzählt, dass es Lager für Gemüse und Getreide werden würden, aber es hat sich herausgestellt, dass dort begonnen wurde Gaskammern zu bauen. Dies geschah durch die Firma „Topf & Söhne" aus Erfurt. Ingeburgs Onkel arbeitete in den Vorkriegsjahren in dieser Firma als Modelltischler. Glücklicherweise ist der Krieg rechtzeitig zu Ende gegangen, ohne dass die Gaskammern fertiggestellt werden konnten – ansonsten hätte man alle Häftlinge in Theresienstadt, so wie auch Ingeburg, am Ende vermutlich auch ermordet.

Das Mittagessen fiel genauso mager aus wie das Frühstück und Abendessen. Wenn man sich das Essen mittags abholte, hoffte man, dass derjenige, der das Essen ausgab, mit der Kelle ein bisschen weiter auf den Topfboden schwenkte. Mit etwas Glück hatte man so vielleicht auch mal ein Stück Kartoffel oder Rübe neben dem Wasser auf seinem Teller. Andere Male gab es zum Mittagessen ungeschälte Kartoffeln und dazu eine undefinierbare Sauce. Mal gab es aber auch einen Hefekloß, was dann schon fast wie ein Sonntagsessen war. Ingeburg erinnert sich daran, wie sie ihn selbst kleingeschnitten hatte, Wasser dazugab und daraus eine Mehlsuppe machte, damit es nach einer größeren Portion als nur dem einen Kloß aussah. So hatte man letztendlich das Gefühl, dass man mehr gegessen hatte. Ausgerechnet in dem Zimmer, in dem Ingeburg untergebracht war, gab es einen kleinen eisernen Ofen. Da sie aber kein Heizmaterial hatten, versuchten sie, mit einem Messer Holzstücke vom Holz der Balken im Dachgeschoss abzuspalten. Dies benutzten sie dann, um den Ofen einzuheizen, um beispielsweise so eine Suppe machen zu können.

Viele Menschen starben im Ghetto Theresienstadt an Unterernährung, beispielsweise alte Menschen, die sowieso schon krank waren und die Unterernährung noch weniger überstehen konnten. Bis auf eine Mandelentzündung, gab es während ihrer Inhaftierung in Theresienstadt keine gesundheitlichen Probleme. Das war großes Glück, denn vor der Deportation und ab dem Jahr 1941 durfte Ingeburg auch nicht mehr ärztlich betreut werden. Sie durfte zu keinem Zahnarzt, Kinderarzt oder praktischen Arzt gehen. Ihre Tante musste versuchen, sie mit Hausmitteln irgendwie wieder gesund zu bekommen, wenn sie mal krank war. Das Einzige, was sie gegen die Mandelentzündung machen konnte, war, mit Salzwasser zu gurgeln. Die Krankenstation in der „Hohenelber Kaserne" war kein Anlaufpunkt für sie. Generell ist man dort nicht gerne hingegangen, weil man Angst hatte, dass man dort nicht wieder rauskommen würde und sie etwas Schlimmes mit einem anstellten. Wenn es irgendwie ging, also man nicht stark erkrankt war, hatte man vermieden, zu dieser Krankenstation zu gehen.

Die allgemeinen hygienischen Zustände im Ghetto waren miserabel. In Ingeburgs Zimmer, welches sie sich mit den anderen Frauen teilte, war es aber nicht so, denn sie haben sich immer bemüht, alles sauber zu halten. Zudem gab es auf dem Gang vor dem Zimmer einen Hahn mit fließend Wasser mit einem alten eisernen Becken davor, an welchem sie sich gewaschen haben. Sie waren in dem Wohnblock nicht die Einzigen, also mussten sie sich natürlich diesen einen Wasserhahn mit allen anderen Bewohnern teilen. Dazu kam, dass sie Läuse, Wanzen und auch Flöhe hatten. Das Ungeziefer beschreibt Ingeburg als sehr schlimm und unerträglich. Am schlimmsten waren nachts die Wanzen, die von der Decke herunterfielen. Man konnte sich nicht vor ihnen schützen, denn sie waren eben einfach überall. Das Zimmer, in dem sie zu siebt wohnten, war nicht großartig eingerichtet. An einer Wand gab es Holzgestelle wie eine Art „Regale", wo man seine Sachen wie Kleidung und Lebensmittel hineingelegt hat. Es gab keinen richtigen Schrank. Ingeburg hatte ein eisernes Bett. Die anderen sechs Mädchen hingegen hatten als Schlafmöglichkeit nur Strohsäcke im Zimmer, die nachts auf dem Fußboden langgelegt wurden und die sie tagsüber auf dem Bett von Ingeburg gestapelt haben. Auch ein paar Hocker gab es. In dem Zimmer war es immer sehr kalt. Ingeburg war froh, wenigstens die kleine Decke zu haben, die ihre Tante ihr noch zum Abschied gegeben hatte. Zum Schlafen hat man viel Kleidung angezogen, damit man nicht so sehr fror.

An einem Tag im April 1945 hieß es dann, in dem Mädchenheim in Theresienstadt wäre ein Platz frei und sie sollte nun dorthin umziehen. Dort herrschte ein bisschen mehr Ordnung und es gab eine Aufsicht. Das Essen wurden ihnen – anders als vorher – jeden Tag früh, mittags und abends zugeteilt. Darum kümmerte sich eine Aufsichtsfrau. „Sie hat für Ordnung gesorgt wie eine Erzieherin. Sie war übrigens eine inhaftierte Jüdin." Aus der selbst erlesenen Literatur kann Ingeburg dem Wissen nach sagen, dass man versucht hat, das Mädchenheim besser zu versorgen, um die Gesundheit der Häftlinge zu erhalten. Das war die Zeit, in der das Ende des Krieges bereits absehbar war. Ingeburg hat sich in dem Mädchenheim recht wohlgefühlt und es gab auch neue Freundschaften. Sie waren 14 Mädchen in einem Zimmer. Die Mädchen hatten überwiegend das gleiche Alter. Ingeburg schlief in einem Stockbett, bei dem drei Betten übereinander waren. Es gab sogar eine vernünftige Decke.

Sie hatte dort zwei neue Freundinnen gefunden, Ruth und Edith Zwerbel aus Leipzig. Eine war so alt wie sie, die andere zwei Jahre älter. Auch nach der Zeit in Theresienstadt hatte sie noch einige Jahre Kontakt zu ihnen. Die Eltern der beiden Mädchen waren, wie es im Nachhinein erforscht werden konnte, nach Auschwitz deportiert worden. Die Zeit in Auschwitz überlebten sie nicht. Nach der Befreiung sind die beiden Mädchen zurück nach Leipzig gegangen. Danach haben sie noch miteinander geschrieben und Kontakt gehabt. Die beiden hatten einen sehr schweren Start in Leipzig, denn sie hatten niemanden mehr und auch keine Wohnung. „Man hat natürlich versucht, solchen Leuten in so einer Situation zu helfen, aber sowas war in der deutschen Bevölkerung nicht gut angesehen", sagt Ingeburg. Die Jüngere von beiden, Edith, hat sich im August mit Pflanzengift das Leben genommen, weil ihre Eltern nicht mehr zurückgekommen sind. Das hat Ingeburg von Ruth erfahren. Mit ihr war der Kontakt jedoch nicht so eng gewesen, wodurch der Kontakt letztendlich komplett verloren gegangen ist. Zu den beiden Cars-Geschwistern konnte Ingeburg den Kontakt aufrechterhalten.

In dem Mädchenheim musste Ingeburg keine Aufgaben übernehmen, sie sollten lediglich das Zimmer sauber halten. Es wurde versucht, eine Art „Freizeitgestaltung“ für die jungen Mädchen anzubieten, u. a. wurde aus Büchern vorgelesen und gezeichnet. Man hat versucht, die Kinder zu beschäftigen und abzulenken.

In Theresienstadt mussten sie immer zu einer bestimmten Uhrzeit aufstehen und sich waschen. Aufgrund der vielen Deportationen nach Auschwitz war das Mädchenheim zum Kriegsende hin nicht mehr voll belegt und es gab viel Platz. Nach dem Waschen haben sie sich angezogen und zusammen gegessen. Danach wurde miteinander gespielt. Zur Raumwirtschaft ist Ingeburg dann nicht mehr jeden Tag gegangen. Diese Arbeit war zu dem Zeitpunkt nicht mehr so dringend gebraucht und andere Dinge waren wichtiger, als die Leute dort zu beschäftigen. Die jüdische Selbstverwaltung hat zum Kriegsende hin versucht, gerade die jungen Menschen, die noch übrig geblieben waren, zu retten, dazu gehörte auch Ingeburg.

Ingeburg erlebte auch die Zeit mit, als die ersten Transporte von Theresienstadt in die Freiheit gingen, was ungefähr im April gewesen sein muss. Weiße Busse fuhren in das Ghetto ein, nahmen Häftlinge mit und fuhren nach Schweden. Es handelte sich hierbei um Verhandlungen zwischen der SS und Schweden, einige Häftlinge durch die Schweden „freizukaufen“. Für Ingeburg und die anderen Mitbewohnerinnen des Mädchenheimes war es unfair zu sehen, wie einige Häftlinge bereits aus dem Ghetto in die Freiheit herausgeholt wurden. Sie mussten noch weiter in dem Heim bleiben. Sie kamen zwar nicht direkt an die Busse ran, da diese etwas weiter weg vom Mädchenheim standen, aber sie konnten die Busse sehen und waren deshalb neidisch. Die jungen Frauen hatten dennoch die Hoffnung, dass auch sie bald nach Hause könnten. Des Öfteren kamen noch Transporte aus anderen im letzten Augenblick geräumten Konzentrationslagern der Nationalsozialisten in Theresienstadt an. Einige kamen aus dem Osten und hatten überwiegend kranke Häftlinge geladen. Diese mussten von den noch übriggebliebenen Häftlingen aus Theresienstadt entladen werden, auch Ingeburg musste mithelfen. Viele Häftlinge sind in offenen Waggons angekommen, was bedeutet, dass sie tagelang ohne Dach bis nach Theresienstadt gefahren waren. Die angekommenen Menschen waren entweder halb verhungert oder bereits tot.

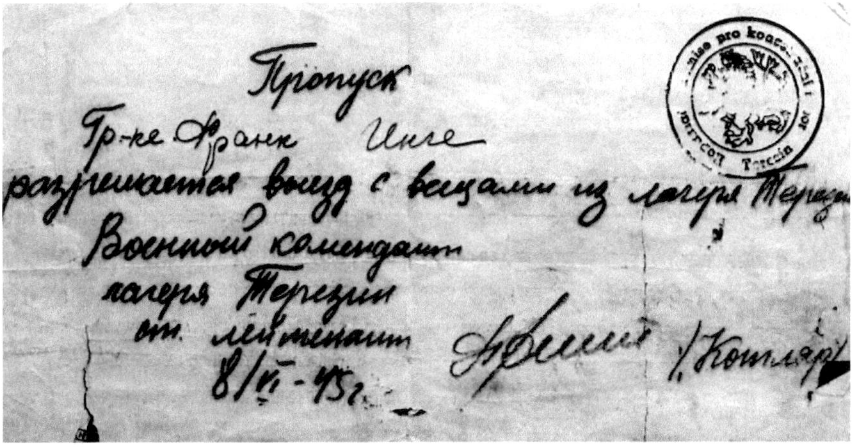

Пропуск
Гр-ке Франк Инге
разрешается выезд с вещами из лагеря Терез[illegible]
Военный комендант
лагеря Терезин
ст. лейтенант [illegible] /Копляр/
8/VI-45г.

Sowjetischer Entlassungsschein von Ingeburg aus Theresienstadt 1945

Bevor Theresienstadt am 8. Mai 1945 durch die Rote Armee offiziell befreit wurde, kamen weitere Transporte ins Ghetto, um weitere Überlebende herauszuholen. Am 5. Mai 1945 übernahm bereits das Schweizer Rote Kreuz die Verwaltung und die Oberaufsicht. Zu diesem Zeitpunkt herrschte eine verheerende Typhusepidemie in Theresienstadt, sodass das gesamte Ghetto durch die Rote Armee erstmal unter Quarantäne gestellt wurde. Die Rote Armee half direkt mit medizinischem Personal, um zu vermeiden, dass diese Seuche intern und ins Land weitergetragen wird. Aus diesem Grund wurde das Lager auch nach der Befreiung noch sehr streng bewacht. Niemand durfte das Gelände ohne Erlaubnis verlassen. Der Lagerkommandant Karl Rahm hat das befreite Ghetto Theresienstadt zu einem Ingeburg unbekannten Zeitpunkt verlassen. In einigen Lagern der Nationalsozialisten gab es mit der Befreiung die Situation, dass die Aufseher und Lagerkommandanten noch einmal durchs Lager, u. a. auch vorbei an den Häftlingen, geführt wurden. Im Ghetto Theresienstadt war dies nicht der Fall, aber Ingeburg ist sich auch nicht sicher, was sie gemacht hätte, wenn sie die Möglichkeit gehabt hätte.

Die letzten drei Tage vor der Befreiung, die Ingeburg noch als Häftling verbracht hat, sind sehr schnell vergangen. Heute erinnert sich Ingeburg besonders an die Angst, die sie hatte, weil sie nicht erkennen konnte, wie es weitergeht und ob sie rechtzeitig befreit würde. Sie vermisste zu diesem Zeitpunkt die Liebe und Fürsorge der Angehörigen, besonders von der Mutter und der Tante. Sie kann sich noch daran erinnern, wie sie am 8. Mai 1945 am Fenster stand und unten die Wagen mit russischen Soldaten vorbeifuhren. Eingeprägt hat sich bei Ingeburg, dass sie seit dem 5. Mai 1945 nicht mehr hungern mussten und endlich wieder etwas Ordentliches zu essen hatten. Den Tag an sich haben sie damit verbracht, zu feiern, sich zu freuen und zu singen. Da haben sie gedacht, dass sie in den nächsten Tagen nach Hause fahren würden.

Über 10.000 Kinder waren insgesamt in Theresienstadt inhaftiert, 150 sind letztendlich nur befreit worden – und eine davon war Ingeburg. Als sie im Nachhinein erfahren hat, dass sie eines der wenigen Kinder war, die das Ghetto überlebt haben, war sie traurig und wütend zugleich. Sie hat darüber nachgedacht, wie man so viele Kinder ermorden konnte und was sich für Tragödien dort abgespielt haben müssen. Ingeburg ist sich der großen Gefahr nie richtig bewusst gewesen – auch als die Erwachsenen im Zug erzählten, was dort passierte.

Am 8. Juni 1945 kam ein Bus, den Angehörige von Deportierten organisiert hatten. Mit diesem Bus kam Ingeburg zwei Tage später wieder in Erfurt an. Erwähnenswert ist auch, dass Ingeburg mit einem Kindertransport in die Schweiz hätte fahren können. Dies hatte das Schweizer Rote Kreuz organisiert, um Kindern die Möglichkeit zu geben, sich zu erholen. Das war gerade wichtig für die Kinder, die nicht wussten, ob sie irgendwo noch Angehörige hatten. Es sollte dazu dienen, Kontakte zu knüpfen und wieder Lebensfreude vermittelt zu bekommen. Für Ingeburg war das aber keine Option, denn sie wollte direkt wieder nach Hause fahren.

Ingeburg beschreibt ihre Rückfahrt mit einem amüsierten Lächeln im Gesicht als äußerst „interessant". Ihr Bus hatte einen Anhänger und durfte in der Nacht nicht fahren, das war eine geltende Verkehrsregel. In der ersten Nacht haben sie alle in einer Scheune im Erzgebirge übernachtet. Am nächsten Morgen sind alle wieder aufgestanden und weitergefahren. Ingeburg wurde dort aber vergessen, denn sie hatte einfach weitergeschlafen. Die Cars-Geschwister waren diejenigen, die nach 20 Kilometern nachgefragt hatten, wo denn Ingeburg überhaupt sei und ob sie vielleicht im Hänger wäre. Daraufhin wurde der Hänger vom Bus abgekoppelt und sie fuhren wieder zurück, um Ingeburg von der Scheune abzuholen. Wäre Ingeburg nicht abgeholt worden, wäre es ein großes Drama gewesen, denn es gab schließlich keine anderen Verkehrsmittel. Während der Fahrt konnte Ingeburg immer wieder kleinere oder größere Menschengruppen beobachten, u. a. Frauen und Männer mit Hand- oder Kinderwagen.

Nach drei Tagen kam Ingeborg wieder in Erfurt an. Sie stieg „Am Anger" aus und lief mit Ihrem Koffer und Rucksack zurück nach Marbach. Sie hoffte, dass die Tante noch dort war, was auch der Fall war. Es war ein Wiedersehen voller Freude, Ingeborg lebte fortan wieder bei der Tante. Es beeindruckte sie, wie in der kommenden Zeit die Bewohner des Dorfes zu der Tante kamen, um Bescheinigungen zu erhalten. Diese Bescheinigungen notierten, dass die jeweilige Person sich stets „gut" und nicht antisemitisch verhalten hatte. Es waren viele Menschen, die während der Hitlerzeit stets „Heil Hitler" gerufen hatten. Die Tante war aber eisern und stellte keine Bescheinigungen aus, weil darunter auch ehemalige Freunde und Bekannte waren, die ihnen allesamt in den Rücken gefallen waren.

Ingeburg mit Tante und Onkel 1952

In der kommenden Zeit versuchte die Tante zusammen mit Ingeborg einen Kontakt zur Mutter herzustellen, da niemand wusste, ob sie noch lebte. Magdeburg wurde während des Krieges stark bombardiert. Gemeinsam mit dem Onkel fuhren alle gemeinsam nach Magdeburg, um auf Spurensuche zu gehen. Die Suche war erfolgreich. Die Mutter war zu ihrer Schwester gezogen, so gab es auch das erhoffte Wiedersehen. Der Onkel machte der Mutter klar, dass sie mit nach Marbach ziehen müsse, damit für Ingeborg ein neues Leben aufgebaut werden könne. Zwei Monate später zog die Mutter dann zurück nach Thüringen.

Zu der damaligen Zeit gab es keinerlei Anfeindungen mehr, denn die amerikanischen Soldaten zogen sich langsam zurück und die sowjetische Armee kam nach Thüringen. Die Sowjets machten sich intensiv auf die Suche nach „Alt-Nazis", so hatten die Menschen mit einer nationalsozialistischen Gesinnung große Angst, aufzufallen und inhaftiert zu werden. Der Onkel schrieb einen Brief an den amerikanischen Stadtkommandanten, dass Ingeburg bedingt durch den Ortsgruppenleiter Herrn Möbis sowie den Bürgermeister aus Marbach großen Schikanen und Ausgrenzungen ausgesetzt war. Er bat darum, dass die Verantwortlichen zur Verantwortung gezogen werden. Die Bitte wurde anerkannt und umgesetzt, beide Männer wurden inhaftiert. Ingeburg beschreibt, dass dies der Drang nach Gerechtigkeit des Onkels gewesen war.

Durch die Initialzündung der Mutter wollte Ingeburg wieder neue Dinge erlernen. Im selben Jahr 1945 lief in Marbach der Schulbetrieb wieder an. Es stellte sich die Frage, welche Klasse Ingeburg nach der langen Schulpause besuchen würde. Sie übersprang einige Klassen und wurde in die siebte Klasse eingeschult. Jeden Abend, wenn die Mutter von der Arbeit nach Hause kam, lernte sie mit Ingeburg. Sie saß neben ihr, mit einer Zeitung in der Hand, und wenn die Tochter nicht fleißig lernte, „gab es einen auf den Deckel". Die Mutter packte gemeinsam mit der Tochter der Ehrgeiz, so vertraten beide die folgende Meinung: „Denen wollen wir es zeigen." Zudem legten beide fest, dass Ingeburg ein Abitur und ein Studium absolvierte. Die Schule in Marbach besuchte sie bis zur Beendigung der achten Klasse. Im Jahr 1947, Ingeburg war fünfzehn Jahre alt, ging die Mutter zum damaligen Schuldirektor. In einem Gespräch stellte sie ihm die Frage, wie er Ingeburg und ihre schulischen Leistungen einschätzen würde in Bezug auf das Erreichen des Abiturs. Der Schuldirektor versuchte der Mutter auszureden, diesen Weg einzuschlagen, und meinte, sie wäre als Schneiderin bei der Tante besser aufgehoben. Die Mutter entgegnete, dass sie nicht wissen wolle, was sie werden könnte, sondern ob Ingeburg geistig dazu in der Lage wäre. Diese Frage wurde von dem Schuldirektor bejaht.

Daraufhin fuhr Ingeburg nach Weimar zur Landesschulbehörde und stieß auf eine sehr nette Sachbearbeiterin. Sie erzählte ihr ihre bisherige Lebensgeschichte und welche schulischen Qualifikationen sie bisher erreicht hat. Zudem, dass sie gern das Abitur machen würde. Die Sachbearbeiterin entgegnete, dass die Zeugnisse recht gut seien, nur sehr viel Lernstoff fehlen würde. Sie erzählte weiter, dass in Thüringen aktuell wieder Internatsschulen eröffnet werden würden und dies doch eine gute Möglichkeit wäre. Ihr Vorschlag war, dass Ingeburg die achte Klasse in einem Internat mit dem Namen „Salzmannschule“ in Schnepfenthal wiederholen sollte. Diesen Vorschlag nahm Ingeburg an und zog in das Internat. Die Zeit vor Ort beschreibt sie als sehr gut, da auch das Lehrpersonal ausgezeichnet war. Sie war nie sich selbst überlassen und konnte sich zu jeder Zeit an jemanden wenden, wenn es Probleme und Fragen gab. Im Internat genoss Ingeburg es sehr, endlich kein Exot mehr zu sein, sondern ein Teil der Gesellschaft. Die ganze Internatsklasse kam nach Beendigung der achten Klasse auf die weiterführende Internatsschule nach Wickersdorf in der Nähe von Saalfeld. Dort besuchten sie die neunte Klasse und Ingeburg absolvierte erfolgreich das Abitur. Im Anschluss studierte Ingeburg an der Humboldt-Universität in Berlin den Studiengang Jura.

Das Internat in Wickersdorf

Einige Zeit vorher, im Jahr 1947, versuchte Ingeburg gemeinsam mit der Mutter einen Kontakt zum Vater nach Shanghai herzustellen. Leider erhielten sie keinerlei Antwort. Die Mutter hatte eine Cousine, die auch aus China zurückkam. Sie erzählte, dass der Vater den letzten Informationen nach noch in China leben würde. Ingeborg schrieb erneut einen Brief und über die jüdische Gemeinde kam der Brief dann nicht in China, sondern in Amerika an, da der Vater dorthin umgezogen war. Er hatte in Shanghai eine junge Jüdin aus Wien kennengelernt und es wurde geheiratet. Kurze Zeit später folgte die Geburt eines Sohnes. Der Vater antwortete und schrieb über sein neues und aktuelles Leben in Amerika. Zudem, dass er sich freuen würde, wenn Ingeburg nach Amerika ziehen würde. Für die Mutter und Tochter war es wie ein Schlag ins Gesicht, da er sich so lange nicht gemeldet hatte. Die Mutter versuchte ihre Traurigkeit herunterzuspielen. Ingeburg hatte das Verlangen, den Vater endlich wiederzusehen und nach Amerika zu gehen, so organisierte der Vater gemeinsam mit der Tochter die Auswanderung im Jahr 1949. Doch Ingeburg kamen kurz vor der Auswanderung viele Zweifel, denn wenn sie jetzt den Schritt wagen würde, wäre sie in Amerika ein „Niemand". Sie entschied sich im letzten Augenblick in Deutschland zu bleiben. Das erste Wiedersehen mit dem Vater zog sich in die Länge, sodass erst im Januar 1959 der Tag des Wiedersehens kommen würde. Der Vater kam zu Besuch nach Berlin.

Erstes Wiedersehen nach 20 Jahren in Berlin

Beide gingen sie am Tag der Ankunft in das Hotel „Adlon Kempinski" in Berlin. Es wurde zu Abend gegessen und getanzt. Der weitere Weg führte sie nach Nürnberg, in die Stadt, in der der Vater geboren wurde. Bei der ortsansässigen jüdischen Gemeinde erkundigten sie sich nach Familienangehörigen, die den Holocaust vielleicht auch überlebt hatten. Die Antwort war leider eindeutig, es gab keinerlei Familienangehörige, die überlebt haben, selbst die Halbbrüder wurden bei Riga erschossen. Ende Januar fuhren beide nach München, weil der Vater bei den dortigen Behörden bezüglich der Rentenansprüche etwas zu erledigen hatte. In München erlebte Ingeburg auch dank des Ausfluges ihren ersten Ball, denn sie gingen Anfang Februar auf den Mageritenball. Ein weiterer Ausflug führte sie nach Wien zu österreichischen nicht-jüdischen Freunden. Selbstverständlich durfte auch ein kleiner Abstecher in die Alpen nicht fehlen, sodass es für drei Wochen in die Kitzbüheler Alpen zum Skifahren ging.

Die Mutter arbeitete in Erfurt und wurde nach Berlin versetzt, so kam es gelegen, dass Ingeburg die Humboldt-Universität in Berlin besuchte. Ingeburgs Ziel war es, Rechtsanwältin zu werden. Berlin wurde die neue Heimat beider Frauen. Nach dem Studium arbeitete Ingeburg zwei Jahre als wissenschaftliche Assistentin am Institut für Zivilrecht. Um als Rechtsanwältin arbeiten zu können, hätte sie aber drei Jahre in die Justiz gehen müssen. Sie wollte aber weder Staatsanwältin noch Richterin werden, so bewarb sie sich in Berlin-Adlershof im Bereich „Rundfunk und Fernsehen". In Berlin lernte ihre Mutter einen neuen Mann kennen und im Jahr 1952 wurde geheiratet. 1959 lernte Ingeburg ihren Mann kennen. Das Paar heiratete im Jahr 1961. Ein Jahr später kam ein Sohn zur Welt.

Am 1. Juli 1990, besuchte Ingeburg wegen der Teilung Deutschlands das erste Mal gemeinsam mit ihrem Sohn den Vater in den USA *(Kalifornien)* und lernte neben der neuen Ehepartnerin auch ihren Halbbruder kennen. Kurze Zeit später besuchte der Halbbruder mit der eigenen Familie Ingeburg und ihre Mutter in Berlin. Gemeinsam fuhren sie das erste Mal in das Ghetto und Konzentrationslager Theresienstadt zurück, denn Ingeburg wurde es immer wichtiger, dem jüngeren Halbbruder und seinen eigenen Kindern von der erlebten Geschichte als Mahnung zu erzählen.

Erster Besuch beim Vater in Kalifornien (mit Sohn Juri)

Jetzt sind Sie am Ende dieses Kapitels angelangt. Sie haben nun die Möglichkeit, über den QR-Code und/oder den abgedruckten Link, über die Kamera oder das Internet, einen vertieften und noch detailreicheren Einblick in die Lebens- und Familiengeschichte von Ingeburg Geißler zu erhalten. Das verfilmte Interview gibt weitere exklusive und detailreiche Einblicke.

https://youtu.be/HsbWBxRc-Cg

■ ■ ■ Einer der am Galgen noch lebend stehenden Häftlinge rief in die Menge: „Kameraden, Kopf hoch, wir sind die Letzten“ ■ ■ ■

Albrecht Weinberg

Auf die persönliche Familien- und Lebensgeschichte von Albrecht Weinberg aus Leer *(Ostfriesland)* wurde ich durch eine Vielzahl von Fernsehberichten und Presseartikeln aufmerksam. Das Engagement und die Willenskraft, als Zeitzeuge im Alter von beinahe 100 Jahren aktiv zu sein, beeindruckten mich. Da ich im Internet keine Kontaktdaten finden konnte, überlegte ich, wie ich es dennoch schaffen könnte, einen Kontakt zu Albrecht Weinberg herzustellen. Ich verfasste eine E-Mail an die regionale Gedenkstätte des ehemaligen Konzentrationslagers in der Gemeinde Esterwegen *(Emsland)* mit der Nachfrage, ob es noch aktive und lebende Zeitzeugen in der Region geben würde.

Die Gedenkstätte leitete meine Anfrage an Gerda Dänekas weiter, die als rechte Hand und Betreuerin von Albrecht Weinberg agiert. Dass ich das Glück hatte und meine E-Mail bei Albrecht Weinberg, landete, überraschte mich sehr. Ich hätte für meine allgemeine Nachfrage auch eine negative Rückmeldung bekommen können, da immer weniger Zeitzeugen noch am Leben sind.

Gerda Dänekas begleitet Weinberg auf seinen Terminen in der ganzen Bundesrepublik und im Ausland und unterstützt ihn im Alltag. Zudem leben beide in einer Wohngemeinschaft. Gerda Dänekas schrieb mir eine E-Mail, dass Albrecht Weinberg einem Interview mit Interesse zugestimmt habe. Als ich diese Zeilen las, freute ich mich von Herzen sehr und rief über die in der E-Mail angegebene Telefonnummer beide an. Wir führten ein erstes sehr gesprächiges und harmonisches Telefonat und vereinbarten einen Interviewtermin. Die Besonderheit des Termins war der vereinbarte Ort, denn das Interview sollte in der ehemaligen jüdischen Schule in der „Ubbo-Emmius-Straße“ in Leer geführt werden.

Es vergingen ein paar Tage, bis mich der Weg in den hohen Norden ins idyllische Ostfriesland führte. Vor Ort angekommen, führten wir ein kurzes Gespräch zu dem Ablauf. Die folgenden verschriftlichten Zeilen geben den detaillierten Einblick in die Familien- und Lebensgeschichte von Albrecht Weinberg, einem jüdischen Mann, der drei Konzentrationslager der Nationalsozialisten mit Glück, Durchhaltevermögen und Willenskraft überlebte.

Albrecht Weinberg wurde am 7. März 1925 in dem kleinen ostfriesischen Dorf Rhauderfehn *(bei Leer)* in eine jüdische Familie hineingeboren. Laut der ab August 1938 in Kraft getretenen Verordnung der Nationalsozialisten trug Albrecht den zusätzlichen Namen „Israel". Diesen zusätzlichen Namen erhielten alle jüdischen Männer. Frauen hingegen erhielten den Namen „Sara". Diese Namen wurden auch in die Geburtsurkunde eingetragen. Die Eltern trugen den Namen Flora und Alfred Weinberg.

Er beschreibt sich als ein zufriedenes und glückliches Kind. Der Vater arbeitete als Viehhändler und war gelernter Schlachter und die Mutter war im Haushalt tätig und kümmerte sich um die Kinder. Die Mutter bekam aber im Haushalt etwas Unterstützung von einem jungen Mädchen aus der Nachbarschaft.

Die Familie bestand aus den beiden Eltern sowie einem älteren Bruder *(Dieter)* und einer Schwester *(Friedel)*. Albrecht Weinberg war das Nesthäkchen der Familie. Vor Kriegsbeginn und der Regierungsübernahme durch die Nationalsozialisten führten alle ein glückliches und normales Leben auf dem Land in Rhauderfehn. Im Dorf lebten neben einigen jüdischen Mitbürgerinnen und Mitbürgern auch Menschen, die der katholischen oder evangelischen Konfession angehörten oder Baptisten waren. Die Religion und Zugehörigkeit spielte zu diesem Zeitpunkt noch keine bedeutsame Rolle.

Albrecht Weinberg erinnert sich daran, wie er eine Vielzahl an Freunden aus der Nachbarschaft hatte, mit denen er spielte und sich auf plattdeutscher Sprache, was in Ostfriesland üblich war, verständigte. Gemeinsam wurden „Verstecken" oder „Fangen" gespielt oder eine Fahrradtour gemacht. Aber auch das Streichespielen kam nicht zu kurz, so klauten sie im Herbst oftmals Äpfel von den Bäumen der Bauern. Seine Freunde nannten ihn mit seinem Spitznamen: „Albi".

Die Familie zelebrierte den jüdischen Glauben im vollen Umfang. Die Mutter war sehr fromm, der Vater hingegen nicht. Zu den hohen jüdischen Feiertagen wie Pessach, Purim oder Chanukka fuhr die Familie in die Synagoge in der fünfzehn Kilometer entfernten Stadt Weener. Dort wohnte die Großmutter mütterlicherseits. Am wöchentlichen Ruhetag *(Samstag)*, dem Shabbat, verblieb die Familie zuhause. Im Alltag beteten die Familienmitglieder nach dem Aufstehen, vor dem Mittagessen oder am Abend, wenn es ins Bett ging. Wenn ein Gewitter über das kleine Dorf zog und die Blitze den Himmel zum Erleuchten brachten, legte die Mutter, weil es keinen Blitzableiter gab, ein Gebetbuch auf den Tisch in der Hoffnung, dass das Buch die Blitze vom Haus fernhalten würde. In der Dorfgemeinschaft sprach man die Familie Weinberg mit dem Zusatz „Old Jööd" an, was vom Plattdeutschen übersetzt „Alter Jude" heißt. Diese abwertenden Aussagen waren der Beginn der Anfeindungen gegen die Juden im Ort, weil sie als Juden einfach „anders" in Bezug auf das religiöse Leben waren. Irgendwann folgte dann der Zusatz, dass sie nicht mehr die „alten Juden", sondern die „dreckigen Juden" waren.

Flora Weinberg

Alfred Weinberg

Am 15. September 1935 traten die Nürnberger Rassengesetze in Kraft, die fortan das jüdische Leben in der Ge-

Die ehemalige jüdische Schule in Leer

Das ehemalige Klassenzimmer von Albrecht Weinberg

sellschaft stark einschränkten. Da die Familie Weinberg nun mal den jüdischen Glauben hatte und zelebrierte, wurde ihr der Erlass zum Verhängnis.

Mit sechs Jahren wurde Albrecht Weinberg in die Grundschule eingeschult. „Ich hatte eine bunte Zuckertüte an diesem ganz besonderen Tag erhalten“, erinnert er sich. Die Klassengemeinschaft pflegte untereinander einen harmonischen und freundschaftlichen Kontakt. Mit der Zeit schlug dieses Verhalten aber um, denn der jüdische Junge wurde von den anderen Kindern geärgert, gemobbt und ausgegrenzt. Aufgrund der neuen Gesetze der deutschen Regierung durften ab dem Jahr 1936 die jüdischen Kinder keine deutschen Schulen mehr besuchen. Dies bekam Albrecht Weinberg eines Tages auch von seinem Klassenlehrer gesagt. Albrecht Weinberg erinnert sich daran, wie vor dem eigenen Wohnhaus ein „Adolf-Hitler-Platz“ gebaut wurde. Die jungen Mitglieder des „Jungvolkes“, auch „Pimpfe“ genannt, hissten an jedem Morgen eine Hakenkreuzfahne auf dem Platz. Zudem ereignete sich eine Situation, die Weinberg bis zum heutigen Tag voller Grausamkeit in Erinnerung geblieben ist. An einem Tag standen sie vor der Haustür und sangen: „Wenn das Judenblut vom Messer spritzt, dann geht's nochmal so gut.“ Auch der Besuch von Geschäften, das Benutzen der öffentlichen Verkehrsmittel oder das Sitzen auf den Parkbänken und Betreten eines Parks wurde den Juden verwehrt. In Rhauderfehn hingen Schilder an den Türen der Geschäfte, auf denen geschrieben war, dass dies ein arisches Geschäft sei und Juden keinen Zutritt hätten. Juden durften nur noch in der Zeit von

16 bis 17 Uhr in jüdischen Geschäften einkaufen und erhielten ihre Essensrationen über Lebensmittelkarten. Die Familie litt unter großem Hunger. Albrecht Weinberg erinnert sich an die vielen Kästen, die mit der nationalsozialistischen Zeitung „Stürmer" bestückt waren. Einer dieser Kästen hing vor einem Friseurladen. In diesem Kasten war ein Plakat angeklebt, das einen Juden mit gekrümmtem Rücken zeigte. Zudem war ein Fleischwolf abgedruckt. Der Jude hielt die Ratte über den Fleischwolf und unter diesem Bild stand der Slogan „Der Wolf frisst alles!". Mit der Zeit mussten alle Mitglieder der Familie auch einen Judenstern an der Außenjacke tragen, damit jeder sehen konnte, dass sie Juden waren.

Der Vater verlor als Hauptverdiener der Familie zu dieser Zeit seinen Beruf. Er musste sich über die Wohlfahrt einen neuen Job suchen. Fortan arbeitete er für das Dorf oder die Stadt und erhielt, so hat es Albrecht Weinberg in Erinnerung, nur zehn Reichsmark in der Woche. Das kleine Dorf Rhauderfehn sollte, wie in fast jedem anderen Ort, „judenrein" gemacht werden. Albrecht Weinberg kam kurze Zeit vorher zum Schutz bei der Schwester der Mutter *(Marie)* unter. Dem größeren Bruder erging es ähnlich. Die Eltern zogen ein Jahr später auch nach Leer, fanden aber zuerst keine Wohnung. Etwas später bezogen sie im Nachbarhaus der Schwester ein einziges Zimmer. Die mitgenommenen Möbel wurden in einem Kuhstall untergestellt. Sie lebten dort sehr beengt bis zur Pogromnacht am 9. November 1938. In dieser Nacht wurden die jüdischen Menschen aus den Häusern getrieben, Synagogen in Brand gesteckt sowie Möbel und Geschäfte zertrümmert.

Die drei Geschwister Dieter, Albrecht und Friedel

Im April 1939 kamen Albrecht Weinberg und seine Schwester auf ein Lehrgut nach Groß Breesen bei Breslau.

Zum damaligen Zeitpunkt gehörte das Gut einem jüdischen Eigentümer. Außer einige Bekleidungsstücke wurde nichts auf die lange Zugreise mitgenommen. Beide trugen über die ganze Fahrzeit hinweg ein Pappschild mit dem Namen um den Hals, damit man die beiden Kinder in Breslau erkannte. Albrecht Weinberg vermutet, dass seine Eltern sich mit anderen Familienangehörigen, die Kinder hatten und denen der Gang zur Schule verwehrt wurde, zusammengetan haben. Der Grund war, eine Lösung zu finden, dass die Kinder doch noch einen Beruf erlernen und eventuell sogar emigrieren könnten. Als der Zug in Breslau angekommen war, wurden beide von einem Pferdewagen abgeholt, der in das 40 Kilometer weit entfernte Gut fuhr. Auf diesem Gut waren Kinder und Jugendliche aus ganz Deutschland untergebracht, die eine ähnliche Situation erlebten. Hier lebten alle in einer Gemeinschaft, die völlig abgesondert von der Umgebung war. Das Gut hatte ein Wohnhaus, eine Schmiede und Tischlerei sowie einen großen Hof. Mehrere Ställe für Kühe, Hühner und Pferde wurden gepflegt. Es gab eine Vielzahl von Aufgaben und Arbeiten, die jeder der Gutsbewohner erledigen musste. Dies geschah alle vier Wochen im Wechsel, sodass jeder jeden Arbeitsbereich kennenlernte. Albrecht Weinberg erinnert sich daran, wie er mit zwei Ochsen und einem Pflug auf dem Acker war und dort das Feld pflügte.

Nach ungefähr zwei Jahren, die Albrecht Weinberg in Groß Breesen war, endete die Zeit auf dem Gut, da die Gestapo dies so angeordnet hatte. Der weitere Weg führte ihn gemeinsam mit der Schwester nach Hangelsberg bei Berlin. Dort war eines der rund 20 Lager, auf denen die Jugendlichen aus Groß Breesen aufgeteilt wurden. Die Lager gingen von Erkner über Hangelsberg bis nach Frankfurt *(Oder)*. Gelegen mitten im Nirgendwo an der Spree lebten sie mit rund 30 Jugendlichen in einer verkommenen alten Laube. Es gab einen erwachsenen Lagerführer, der mit seiner Frau ebenfalls hier untergebracht war. Die Frauen arbeiteten im Wald und mussten unter anderem Kieferbäume pflanzen. Die Männer bekamen die Aufgabe, einige Bäume zu fällen und in passende Größen zu sägen. „Die Versorgung mit Essen und Wasser war sehr schlecht, denn der Lagerführer griff sich die größten Portionen und Lebensmittelmarken ab.“ Eine Notdurft wurde nicht auf der Toilette, sondern auf einer Kiste verrichtet. Die meisten Menschen in dem kleinen Dorf waren sehr hilfsbereit und versorgten die Jugendlichen ab und an mit etwas altem Brot oder anderen Lebensmitteln. Leider gab es auch die Kehrseite, denn einige Menschen im Ort spuckten die jüdischen Jugendlichen an oder bewarfen sie mit Steinen.

1940 wurde Ostfriesland für „judenfrei“ erklärt. Die Eltern von Albrecht Weinberg kamen ebenfalls nach Berlin in ein „Judenhaus“ in der Kirchstraße 22 und lebten fortan auf engstem Raum in einem Zimmer. Der Vater arbeitete in einer Farbenfabrik. Es ereignete sich während dieser Zeit eine gefährliche Situation. Eines Tages löste Albrecht Weinberg gemeinsam mit seiner Schwester den Judenstern von seiner Jacke ab. Sie fuhren mit einer Kleinbahn erst nach Erkner und dann mit der S-Bahn nach Berlin zum Bahnhof „Bellevue“. Der große Bruder holte beide ab, da sie sich in der großen Stadt noch nicht auskannten. All dies geschah verbotenerweise und wäre bei einem Erwischen schlimm bestraft worden. Es sollte die letzte Begegnung und Zusammenkunft der Familie vor den Deportationen sein. Die Eltern wurden kurze Zeit später in Viehwaggons deportiert. Der Vater war als Frontkämpfer im Krieg aktiv gewesen, deshalb sagte man ihm, dass er bevorzugt in ein „gutes Lager/Ghetto“ kommen würde. In dem Falle der Eltern war es das Ghetto Theresienstadt. Doch all dies war nur pro forma, denn in Theresienstadt verblieben sie nur wenige Wochen, da bereits ein Weitertransport geplant war. Dieser Transport ging in das Konzentrations- und Vernichtungslager Auschwitz. Dort kamen die Eltern halb verhungert und entkräftet an. Albrecht Weinberg und seine Schwester bekamen von alledem nichts mit. Die Zeit in Hangelsberg endete nach zwei Jahren.

Im April 1943 wurden alle Jugendlichen aus den rund 20 Lagern zusammengetrieben und nach Fürstenwalde *(Spree)* gebracht. Von Fürstenwalde *(Spree)* fuhren die Jugendlichen, die als Volljuden galten, mit einer Kleinbahn nach Erkner und weiter mit der S-Bahn in die Mitte von Berlin. Letztendlich war das Ziel die „Große Hamburger Straße“. Sie kamen dort mit vielen anderen Verhafteten in einer ehemaligen jüdischen Schule unter. Albrecht Weinberg kann sich noch an den Nachnamen eines Mannes der Gestapo erinnern, Dubberke.

Er wählte vier Jungs aus, u. a. auch Albrecht Weinberg, und drückte jedem eine Schaufel in die Hand. Gemeinsam gingen sie auf einen jüdischen Friedhof, der nur wenige Meter entfernt war. Vor Ort angekommen, mussten sie ein Grab ausheben. Es war das Grab von Moses Mendelssohn, einem deutschen Philosophen. Zurück in der Schule, verstrichen zwei Tage, bis alle Juden in mehreren verdunkelten Möbelwagen zum Bahnhof „Grunewald“ gebracht wurden. Dort erwartete sie ein langer Zug mit Viehwaggons. In jeden dieser Waggons wurden bis zu 70 oder 80 Personen „gestopft“ laut Albrecht Weinberg. Die Fahrt ins Ungewisse dauerte mehrere Tage. In dieser Zeit mussten die Menschen in den Waggons auch ihre Notdurft verrichten, dies geschah am Anfang über einem Eimer, doch irgendwann war der Eimer voll. Albrecht Weinberg beschreibt, dass es in dem Waggon nach kurzer Zeit „gestunken hat wie in einer Horde von Affen“. Geschlafen wurde auf dem kalten Holzboden. Eine Versorgung mit Essen oder Trinken gab es nicht.

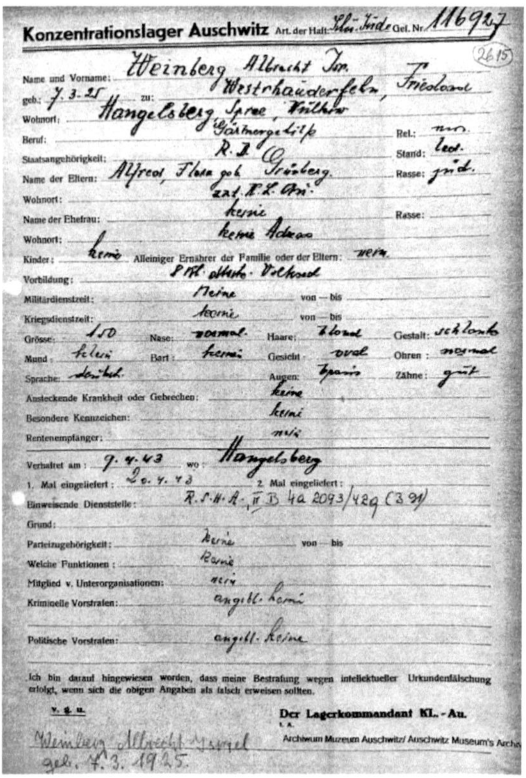

Konzentrationslager Auschwitz Art der Haft: Sch. Jude Gef. Nr. 116927

(2615)

Name und Vorname: Weinberg Albrecht Isr.
geb.: 7. 3. 25 zu: Westrhauderfehn, Friesland
Wohnort: Hangelsberg, Spree, Kulkow
Beruf: Gärtnergehilfe Rel.: mos.
Staatsangehörigkeit: R. D. Stand: led.
Name der Eltern: Alfred, Flora geb. Grünberg Rasse: jüd.
Wohnort: z. Zt. K. L. Au.
Name der Ehefrau: keine Rasse:
Wohnort: keine Adresse
Kinder: keine Alleiniger Ernährer der Familie oder der Eltern: nein
Vorbildung: 8 Kl. Volksschule
Militärdienstzeit: keine von — bis
Kriegsdienstzeit: keine von — bis
Grösse: 150 Nase: normal Haare: blond Gestalt: schlank
Mund: klein Bart: keinen Gesicht: oval Ohren: normal
Sprache: deutsch Augen: braun Zähne: gut
Ansteckende Krankheit oder Gebrechen: keine
Besondere Kennzeichen: keine
Rentenempfänger: nein
Verhaftet am: 9. 4. 43 wo: Hangelsberg
1. Mal eingeliefert: 20. 4. 43 2. Mal eingeliefert:
Einweisende Dienststelle: R.S.H.A., IV B 4a 2093/42g (391)
Grund:
Parteizugehörigkeit: keine von — bis
Welche Funktionen: keine
Mitglied v. Unterorganisationen: nein
Kriminelle Vorstrafen: angebl. keine
Politische Vorstrafen: angebl. keine

Ich bin darauf hingewiesen worden, dass meine Bestrafung wegen intellektueller Urkundenfälschung erfolgt, wenn sich die obigen Angaben als falsch erweisen sollten.

v. g. u.

Weinberg Albrecht Israel
geb. 7. 3. 1925

Der Lagerkommandant KL.-Au.
I. A.

Archiwum Muzeum Auschwitz/ Auschwitz Museum's Archiv

Ein Dokument aus der Zeit in Auschwitz

Ziel des Zuges war das Konzentrations- und Vernichtungslager Auschwitz-Birkenau. Dort kamen sie am 20. April 1943 an. Alle Menschen mussten die Viehwaggons unter lautstarkem Gebrüll der SS über die „Judenrampe“ verlassen. Albrecht Weinberg sah zudem das erste Mal Häftlinge, die alle gestreifte Kleidung und Kappen auf dem Kopf trugen. Die SS-Männer sortierten die Menschenmasse nach Männern und Frauen. Die Männer kamen auf die rechte Seite und die Frauen, ältere Menschen und Kinder auf die linke Seite. Diese Selektion wurde in Windeseile von der SS durchgeführt, sodass man gar nicht nachvollziehen und realisieren konnte, was mit einem geschah, so beschreibt es Albrecht Weinberg.

Rund 250 Männer wurden auf mehrere Transportwagen von der „Judenrampe" aus verladen. Die Fahrt ging durch das gesamte Lager und auf direktem Wege zu den Buna-Werken der IG Farben, auch Auschwitz Monowitz III genannt. Die Gruppe mit den Frauen, älteren Menschen und Kindern wurde sofort in die Gaskammern geführt und durch den Gastod ermordet. In Monowitz angekommen, stiegen alle aus den Transportern aus und mussten sich die Kleidung ausziehen, denn es gab fortan Häftlingskleidung. Die Schuhe und Gürtel durften sie behalten. Im Anschluss wurden alle Haare, die an den verschiedensten Körperstellen wachsen, abgeschoren.

Der Häftling, der den Ankömmlingen die Haare schor, saß gemeinsam mit einem Wachposten an einem Tisch und als Albrecht Weinberg vor diesem Tisch stand, trafen seine Blicke einen alten Bekannten aus Aurich und Groß Breesen, Bernhard Wallheimer. Beide schauten sich an und fingen an zu lachen. Die beiden Männer, die am Tisch saßen, schauten Weinberg und Wallheimer an. Der Häftling wedelte mit dem Zeigefinger und sagte, dass beiden das Lachen in Monowitz noch sehr vergehen werde. Es folgte der Schritt, der die Häftlinge von einem Menschen zu einer Nummer werden ließ, denn jeder erhielt eine Tätowierung in den Unterarm. Albrecht Weinberg bekam die Häftlingsnummer „116 927" eintätowiert. Nach all den Prozeduren ging es in die Holzbaracken. Der Schlafplatz war sehr beengt, denn in einer Pritsche mussten bis zu vier Häftlinge schlafen.

Jeden Tag gab es Appelle, bei denen alle Häftlinge sich der Reihe nach durchzählen mussten. Die Häftlinge, die bereits in Monowitz waren, hatten schon alle ein Arbeitskommando zugeteilt bekommen. Sie durften nach dem Appell ausrücken und der Arbeit nachgehen. Die Neuankömmlinge waren noch keinem Kommando zugeordnet. Etwas später änderte sich dies und Albrecht Weinberg wurde dem dritten Kommando, dem „Kabelkommando", zugeteilt. Die Aufgabe bestand darin, große Holzrollen, mit Bleikabeln aufgewickelt, abzurollen. Die Arbeiten in dem Kommando waren sehr kräftezehrend und schwer, sodass es wichtig war, bei Kräften zu bleiben. Leider war dies durch die schlechte Versorgung mit Nahrungsmitteln nicht möglich. „Es war nicht genug, um zu leben, aber zu viel, um zu sterben", so Albrecht Weinberg. Jeden Morgen gab es ein Stück Brot und dazu etwas Wasser. Am Nachmittag gab es die sogenannte „Buna-Suppe". Albrecht Weinberg erinnert sich daran, dass die Suppe „stank wie Jauche". Am Abend gab es auch wieder eine Suppe. Beide Suppen bestanden überwiegend aus Wasser, sodass nur mit viel Glück mal ein Stück Kartoffel oder Rübe erwischt wurde. Die Essensausgabe erfolgte stets durch einen Blockältesten, zu dem man ein gutes Verhältnis pflegen musste, denn bei seinen bevorzugten Häftlingen wurde die Kelle etwas weiter nach unten in den Suppentopf geschwungen. So gelangte auch das ein oder andere nahrhafte Stück und nicht nur Wasser in die Kelle.

An einen dieser Appelle kann sich Albrecht Weinberg noch ganz genau erinnern. Ein SS-Mann verschloss gemeinsam mit dem Blockältesten seine Baracke. Er gab die Anweisung, dass sich alle Häftlinge nackt ausziehen und in einer Reihe aufstellen sollen. Der Reihe nach mussten die Häftlinge an dem SS-Mann vorbeigehen, der schaute, ob die einzelnen Häftlinge noch genug Kraft und Körperstatur für die Arbeit und weitere Zeit in Monowitz hatten. Albrecht Weinberg beschreibt, dass, wenn ein Häftling zu abgemagert oder zu einem „Muselmann" geworden war, er am nächsten Tag in Auschwitz-Birkenau durch die Schornsteine ging. Das bedeutete, dass dieser Häftling vergast und somit wegen seiner Nutzlosigkeit ermordet wurde. Wenn der SS-Mann einen Häftling, so auch Albrecht Weinberg, als arbeitstauglich und gesund einstufte, dann überlebte und lebte man weiterhin in Monowitz. Es ereignete sich eine unglaubliche und berührende Situation. Eines Morgens nach dem Appell und als sich die Häftlinge in die Kommandos zum Ausmarschieren einfinden mussten, stand plötzlich der eigene Bruder vor Albrecht Weinberg. Er war sehr abgemagert und geschwächt. Sein Bruder wurde im Februar 1943 in der „Fabrikaktion" in Berlin verhaftet. Diese Aktion galt den letzten von den Deportationen verschonten Juden aus Berlin, die noch in den Rüstungsbetrieben arbeiteten. Vor Ort fragte der Bruder seinen Kapo, auch „Funktionshäftling" genannt, ob sein kleinerer

Bruder Albrecht in sein Kommando kommen könnte, dieser willigte ein und fortan arbeiteten sie gemeinsam. Sie kamen etwas später in ein „Elektrokommando".

Eines Abends, als alle Häftlinge wieder im Lager eingerückt waren, gab es noch einen Appell. Vor der in Reih und Glied stehenden Menschenmenge war ein Galgen auf dem Appellplatz aufgebaut. Drei Häftlinge kamen etwas später zu der Gruppe dazu und hatten die Hände auf den Rücken gebunden. Einige SS-Männer kamen mit dem Lagerkommandanten Heinrich Schwarz vor den Galgen. Heinrich Schwarz hielt ein Schriftstück in der Hand. Die drei Häftlinge wurden auf den Galgen gestellt und bekamen einen Strick um den Hals gebunden. Anschließend las Heinrich Schwarz das Schriftstück vor. Einer der am Galgen noch lebend stehenden Häftlinge rief in die Menge: „Kameraden, Kopf hoch, wir sind die Letzten." Nachdem Heinrich Schwarz das Vorlesen beendet hatte, stieß er die Kisten, auf denen die drei Häftlinge standen, weg. Alle drei waren sofort tot. Albrecht Weinberg musste diese Tat mit eigenen Augen ansehen. Im Anschluss mussten die auf dem Appellplatz stehenden Häftlinge an den drei Toten vorbeimarschieren.

In Monowitz waren viele Häftlinge aus unterschiedlichen Ländern vertreten, so wurden auch zahlreiche Sprachen gesprochen. Freundschaften waren so schwer zu finden, auch Albrecht Weinberg blieb für sich. Der einzige Tag, an dem die Häftlinge nicht arbeiteten und irgendwie ein „Zusammenkommen" und Gespräche möglich waren, war der Sonntag, denn an diesem Tag wurde in der Fabrik nicht gearbeitet. Einige Häftlinge hatten aber auch an diesem Ruhetag großes Pech, denn die SS suchte sich Häftlinge für den „gemeinsamen Sport" aus. Die auserwählten Häftlinge gingen mit der SS auf den Appellplatz. Dort nahm das Grauen seinen Lauf, so beschreibt es Albrecht Weinberg. Die Häftlinge mussten sich die Jacke verkehrt herum anziehen und mit beiden Armen durch die Ärmel schlüpfen. Die Kapos warfen mit einer Schippe eine große Menge Sand ins Gesicht und in die umgedrehte Jacke. Alle mussten dann in einem einhundert Meter langen Dauerlauf die Jacke an eine andere Stelle bringen. Albrecht Weinberg sagt, dass die SS sich daran belustigte und es in dieser Prozedur darum ging, die Häftlinge kaputtzumachen, damit die Gaskammern in Auschwitz auch mit Häftlingen aus Monowitz gefüllt und das Quantum eingehalten werden konnte.

Dass im benachbarten Lager „Auschwitz-Birkenau" die Menschen massenhaft vergast wurden und die Schornsteine fast ununterbrochen qualmten, das konnte niemand genau bestätigen, es gingen viele Gerüchte im Lager herum.

Albrecht Weinberg war von April 1943 bis zum Januar 1945 in Monowitz. Es gab dort noch weitere Jungs aus Groß Breesen, welche die Zeit im Konzentrationslager ebenfalls überlebten. Nach dem Krieg sahen sich alle noch einmal wieder. Heute ist Albrecht Weinberg der letzte Überlebende. Am 16. Januar 1945 erfolgte ein Luftangriff auf das Lager und Werk durch die Rote Armee, die die sogenannte „Weichsel-Offensive" der russischen Armee eröffnete. Bereits einen Tag später, ab dem 17. Januar, wurde neben Auschwitz-Birkenau, dem Stammlager I, auch das Lager Monowitz evakuiert. Zu Fuß ging es für Albrecht Weinberg und seinen Bruder auf einen Todesmarsch in ein Außenlager nach Gleiwitz. Die Schwester kam auf einen Todesmarsch in das Konzentrationslager Ravensbrück.

Die beiden Brüder liefen mit einer großen Gruppe von Häftlingen eine über 60 Kilometer lange Strecke, die mehrere Zwischenstopps hatte. Albrecht Weinberg erinnert sich daran, wie er mit seinem Bruder einen Wagen ziehen musste, in dem drei Schweine eingesperrt waren. Diese Schweine waren in der SS-Küche in Monowitz mit den Essensresten gefüttert worden. Einer der SS-Männer fragte in die Runde, wer schlachten könne, der Bruder meldete sich und führte die Schlachtung der Schweine durch. Das Fleisch ging aber nur an die SS-Belegschaft. Kein einziges Stück an die Häftlinge, die unter Hunger und Kälte litten. Die erste Nacht verbrachten die Häftlinge in einer Ziegelei, bevor der Marsch am nächsten Tag fortgesetzt wurde. In Gleiwitz angekommen lebten die Häftlinge in der kommenden Zeit wieder in Holzbaracken und litten unter den unmenschlichen Zuständen und an einer Unterversorgung von allen lebenswichtigen Dingen. In Monowitz hatten sie wenigstens noch Sitzgelegenheiten und Holzpritschen in der Holzbaracke, in Gleiwitz schliefen und saßen sie auf dem nackten und eiskalten Boden.

Die Zeit in Gleiwitz endete nach wenigen Tagen, denn Albrecht Weinberg wurde gemeinsam mit anderen Häftlingen auf offene Transportwagen *(ohne Dach, nur mit Seitenwänden)* verladen. Eine mehrtägige Zugfahrt ins Ungewisse begann. Während der Fahrt, die wie in einer Irrfahrt auch durch Tschechien und Österreich führte, wurde der Zug von englischen und amerikanischen Soldaten beschossen, weil die Soldaten dachten, dass es eine Truppenverschiebung der deutschen Wehrmacht gewesen sei. Das eigentliche Ziel des Zuges war das Konzentrationslager Mauthausen in Österreich. Doch der Zug wurde nach Nordhausen in Thüringen umgelenkt, weil der Kommandant in Mauthausen sich weigerte, weitere Häftlinge in dem überfüllten Lager aufzunehmen. Viele Häftlinge verstarben auf der Fahrt wegen der eisigen Kälte, des Mangels an Versorgung mit Essen und Trinken und der viel zu dünnen Häftlingskleidung. Zwischendurch fiel etwas Schnee, sodass es ein wenig Flüssigkeit gab. Albrecht Weinberg warf die Toten gemeinsam mit anderen noch lebenden Häftlingen einfach über die Kante der Seitenwände aus dem Waggon. Er beschreibt, dass er zum damaligen Zeitpunkt kein Mensch mehr gewesen war, denn man wurde wie ein Tier behandelt.

Nach einigen Tagen – zwischen dem 1. und 4. Februar 1945 – kam der Zug im Konzentrationslager Mittelbau-Dora an, welches bei Nordhausen lag. Hier erhielt Albrecht Weinberg eine neue Häftlingsnummer: 108 151. Vor Ort arbeiteten die Häftlinge in einem Stollen an V1- oder V2-Raketen. Albrecht Weinberg musste Glaswatte für die Isolation zwischen den Tank und die Außenwände stopfen. Seine Hände litten sehr unter der Arbeit, da die Wolle einem Bündel Stecknadeln glich und die Hände blutig machte und bis hin zu schlimmen Entzündungen führte. In Mittelbau-Dora wurden die Häftlinge wieder in Holzbaracken untergebracht. Eines Abends ereignete sich eine Situation, die Albrecht Weinberg bis heute nicht mehr aus dem Kopf geht. Vor seiner Baracke stand ein randvoll mit Toten beladener Lkw. Einer der Häftlinge aus seiner Baracke biss einem Toten in den Oberschenkel und verlor völlig seine Fassung.

Mit der Zeit näherten sich die US-Amerikaner dem Konzentrationslager Mittelbau-Dora. Es erfolgte die Anordnung, dass das Lager evakuiert würde. Albrecht Weinberg und der Bruder wurden bei dieser Evakuierung getrennt, später wurde der Bruder in Pommern von Soldaten der Roten Armee befreit und überlebte den Holocaust. Albrecht Weinberg hingegen wurde wieder in einen offenen Transportwagen verladen und eine weitere Zugfahrt begann. Das Ziel dieser Fahrt war das Konzentrationslager Neuengamme im gleichnamigen Stadtteil von Hamburg. Da dieses Lager völlig überfüllt war und die Häftlinge schon an den Zäunen standen, wurde die Zugfahrt in das Konzentrationslager Bergen-Belsen fortgesetzt. Die Häftlinge mussten dort über eine Rampe aussteigen, die sechs Kilometer vom Konzentrationslager Bergen-Belsen entfernt war. Ein Fußmarsch führte die völlig entkräfteten Häftlinge dann ins Lager. Albrecht Weinberg beschreibt das Lager in Bergen-Belsen als großen Friedhof, da die Toten auf dem ganzen Gelände herumlagen und zu Leichenbergen aufgehäuft waren. Die kommende Zeit musste er zwischen den Leichen verbringen. Es gab keinerlei Aufgaben oder Arbeiten, die verteilt wurden, die Häftlinge wurden sich selbst überlassen. Schlimme Krankheiten und Epidemien wie Typhus, Tuberkulose oder Fleckfieber herrschten im Lager. Albrecht Weinberg war zu dieser Zeit nicht mehr unter den Lebenden, wie er in eigenen Worten beschreibt. Er begründet diese Aussage damit, dass er völlig abwesend und entkräftet war. Er glaubte nicht, dass er dieses Lager überleben und im Anschluss in Freiheit leben würde.

Als die Engländer das Lager mit einer Stoßtruppe erreichten und am 15. April 1945 befreiten, kam auch Albrecht Weinberg wieder etwas zu sich und vermutete, dass die ankommenden Soldaten die noch lebenden Häftlinge alle erschießen würden. Es geschah aber das Gegenteil, die englischen Soldaten versorgten die Überlebenden mit lebensnotwendigen Dingen wie Essen und Trinken. Die Verdauungstrakte vieler ausgemergelter Häftlinge vertrugen das von den Engländern verteilte Stück Butter und Weißbrot jedoch nicht, sie blähten auf und verstarben. Die Befreier wollten nicht, dass die Krankheiten und Epidemien über den Drahtzaun gingen, so wurde das Lager erst einmal unter Quarantäne gestellt. Albrecht Weinberg fand einen Jungen wieder, der mit ihm in Auschwitz gewesen war, er hieß Felix. Zu ihm sagte er, dass er hier nicht bleiben wolle, da er aus Norddeutschland komme. Als den Häftlingen das Verlassen des

Lagers genehmigt wurde, zog er gemeinsam mit Felix los. Sie kamen nach einem längeren Fußmarsch an einem verlassenen Bauernhaus an und machten eine Pause. Die Speisekammer war randvoll gefüllt mit Essen. Auf dem Hof sah er einen Pferdewagen und im Stall ein Pferd. Er spannte das Pferd vor den Wagen, stibitzte die Speisekammer leer und gemeinsam fuhren sie weiter. Sie kamen aber nicht weit, da die englische Militärpolizei ihnen alles wegnahm. Der weitere Fußmarsch führte sie dann nach Celle. Dort erhielten sie vom Bürgermeister ein Zimmer zugewiesen.

Es vergingen ein paar Tage, bis der weitere Weg nach Hannover führte. In Hannover waren viele Überlebende gewesen, so erinnert sich Albrecht Weinberg daran, wie viele Menschen verzweifelt und in großer Hoffnung nach Familienangehörigen suchten. Die Stadt lag in Schutt und Asche, Albrecht Weinberg und Felix bekamen gesagt, dass sie sich in die amerikanische Zone durcharbeiten müssten, weil die Amerikaner nicht so stur wie die Engländer seien. Die Engländer hatten nicht viel im Sinn mit den Überlebenden. Sie landeten in der von den Amerikanern besetzten Stadt Krefeld. Dort lebten sie einige Tage und kamen zu Kräften. In dieser Zeit kamen immer mehr Hilfsorganisationen wie das Rote Kreuz den Überlebenden zu Hilfe. Die Hilfe richtete sich hauptsächlich auf das Zusammenführen und Wiederfinden von getrennten Familien.

Über das Archiv in Bad Arolsen, ein Zentrum für Dokumentation, Information und Forschung über die NS-Verfolgung, erfuhr Albrecht Weinberg einige Monate nach dem Kriegsende, wie es seiner restlichen Familie ergangen war. Seine Schwester Friedel hatte überlebt und war in Lüneburg. Die Gelegenheit, nach weiteren Überlebenden aus der eigenen Familie zu suchen, ergab sich leider nicht, da die Städte alle zerstört waren. Immer wieder gab es Gerüchte, dass sowieso alle Häftlinge aus den Konzentrationslagern und Ghettos ums Leben gekommen seien.

Die Züge waren voll mit Menschen, die hamstern gingen, da niemand Geld hatte. Jeder versuchte irgendwie über die Runden zu kommen. In einem dieser Züge fuhr Albrecht Weinberg, ohne sich eine Fahrkarte zu kaufen, zurück bis nach Hannover. Er sagt, dass sie wie Heringe in einem Fass zusammengepfercht waren und der Schaffner sowieso nicht durch die überfüllten Waggons durchgekommen wäre. In Hannover angekommen, fuhr ein weiterer Zug nach Lüneburg. Voller Vorfreude auf das Wiedersehen mit seiner Schwester stieg Albrecht Weinberg aus dem Zug. Leider erfuhr Albrecht Weinberg erst später, dass die Schwester bereits weitergezogen und nicht mehr in Lüneburg war. Er sah seine Schwester erst 1946 in Frankfurt am Main wieder, der Stadt, in die auch sein weiterer Weg hinführte.

Er lebte dort erst bei fremden Menschen und anschließend in dem Frankfurter Stadtteil Zeilsheim. Dort hatten die Amerikaner eine ganze Siedlung, in der vorher deutsche Bewohner lebten, übernommen. Die Bewohner mussten ausziehen und die Siedlung wurde zu einem jüdischen DP-Lager. Diese Lager wurden für eine vorübergehende Unterbringung von „Displaced Persons" nach Kriegsende errichtet. Viele der jüdischen Bewohner hatten das Ziel, schnell nach Israel zu emigrieren. Doch Israel war immer noch vernagelt von den Engländern, so beschreibt es Albrecht Weinberg. So führte der Weg von einem Konsulat zum nächsten Konsulat, um eine Auswanderung zu beantragen.

Die Amerikaner gaben Albrecht Weinberg und seiner Schwester die Möglichkeit, im Januar 1947 in die USA zu emigrieren. Zudem würde die Emigration eine Hilfsorganisation unterstützen. Von Bremerhaven aus ging es mit dem „Liberty-Schiff" auf eine zweiwöchige Fahrt nach New York. Auf der Fahrt erlebte Albrecht Weinberg einen wilden Seegang, das Schiff hatte bereits viel Wasser im Innenraum, sodass die Motoren kaputtgingen. Die Ankunft des Schiffes in New York glich deshalb einem Wunder, sodass es unzählige Paparazzi und Journalisten am Hafen empfingen. Eine Hilfsorganisation brachte die Menschen in Hotels unter.

In den Wochen nach der Ankunft in New York war Albrecht Weinberg auf der Suche nach Arbeit. Er sah in Manhattan ein Schild in einem Schaufenster. Auf dem Schild stand „Boy wanted". Er bewarb sich auf diese Stelle und erhielt eine Zusage. Seine Aufgabe bestand darin, die von Kunden bestellten Lebensmittel auszutragen. Die Schwester arbeitete fortan als Schneiderin in einer Kleidungsfirma, später bis Ende 80 in einem Büro.

Albrecht Weinberg hinter der Theke des Fleischerladens

Nach einiger Zeit lernte er einen Jungen kennen, der ebenfalls aus Deutschland kam und ein Überlebender des Holocaust war. Als beide genug verdient und gespart hatten, mieteten sie sich einen Fleischerladen auf dem Broadway. Diesen Laden führten beide fast 30 Jahre lang.

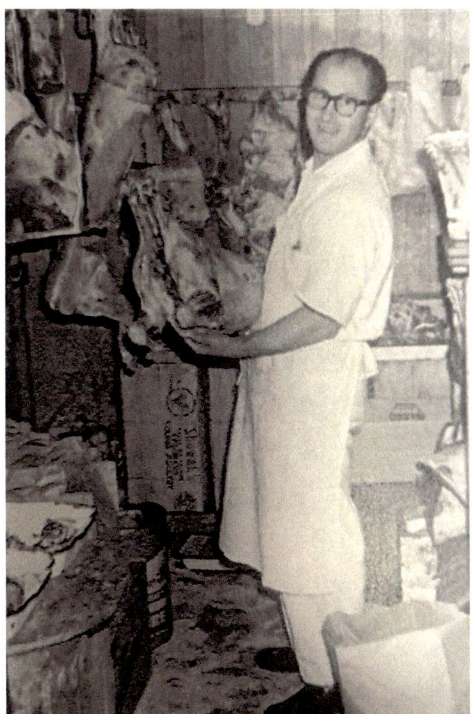

Albrecht Weinberg in der Fleischkammer

Beide besuchten eines Tages Bekannte in Florida. Diese boten der Schwester und Albrecht Weinberg eine Wohnung an. Sie kauften sich die Wohnung, aber verlegten den Wohnsitz nicht komplett nach Florida, sondern blieben in New York. Die Sommer waren in Florida sehr heiß und die Winter sehr kalt, so wurde die dortige Wohnung immer in den Zwischenzeiten als Rückzugsort zur Erholung genutzt. Den Fleischerladen übergab Albrecht Weinberg mit zunehmendem Alter in die Hände seines Geschäftspartners und lebte von seinen erwirtschafteten Ersparnissen. In einer deutschen Zeitschrift, die den Namen „Aufbau" trug, sah er eine Annonce. Diese Annonce hatte den Inhalt, dass man als Überlebender des Holocaust den deutschen Staat verklagen konnte, wenn man einen Rechtsanwalt hatte. Die Klage sah vor, sich mit einem Anwalt eine Altersrente zu erkämpfen. Albrecht Weinberg fand durch Freunde einen Rechtsanwalt aus Berlin, der sich des Falls unter einer Bedingung annehmen wollte. Jeder sollte eintausend Dollar auf den Tisch legen. Dem kamen beide Geschwister nach. Der Rechtsanwalt gab die Antwort, dass durch die wenige geleistete Arbeit und die wenigen geklebten Marken kein Anspruch auf eine Rente möglich sei. Damals wurden bei den staatlichen Postämtern Klebemarken im Wert der Wochenbeiträge erworben. Diese Marken wurden dann von dem Arbeitgeber auf eine Quittungskarte geklebt. Fortan sollten beide in die deutsche Rentenkasse einzahlen, da aber durch die gekaufte Wohnung in Florida kaum Geld mehr da war, wurde dies zu einem großen Problem. Ein befreundeter Tischler kam Albrecht Weinberg zu Hilfe und pumpte ihm etwas Geld, das er in monatlichen Raten zurückzahlen musste. Dieses Geld wurde in die Rentenkasse eingezahlt.

Heute lebt Albrecht Weinberg wieder in Ostfriesland, genauer gesagt in Leer. Wie es zu der Rückkehr kam, verdeutlichen die folgenden Zeilen. Die Stadt Leer recherchierte in den 1980er-Jahren nach Adressen ehemaliger jüdischer Bürgerinnen und Bürger. Die gefundenen Personen wurden kontaktiert und mit einem Brief in die Heimat eingeladen. Auch Albrecht Weinberg und seine Schwester erhielten einen dieser Briefe. Doch Albrecht Weinberg wollte den Brief keineswegs öffnen und legte ihn zur Seite. Er wollte mit Deutschland nichts zu tun haben, denn das, was die Deutschen ihm im Holocaust angetan haben, konnte er nicht so einfach vergessen. Zudem hatten ihn die USA mit offenen Armen empfangen. Einige Monate später kam ein zweiter Brief an. Diesen Brief öffnete er. Der Inhalt war ein Foto aus dem Jahr 1936, das die jüdische Schule in Leer zeigte. Zudem waren auf dem Bild seine Cousins und Kinder, die er kannte, abgebildet.

Den Brief in der Hand haltend und in der Küche sitzend, schaute er seine Schwester mit großen Augen an. Die Schwester begutachtete ihn ebenfalls und gemeinsam änderten sie von jetzt auf gleich ihre Meinung.

Die Stadt Leer organisierte und bezahlte zuerst einen ersten zweiwöchigen Besuch in der alten Heimat. Rund 60 ehemalige jüdische Bürger kamen bei diesem Treffen zusammen. Viele Menschen vor Ort waren auch bereits in der zweiten oder dritten Generation, weil die Älteren bereits gestorben waren. Am Abend durften interessierte Bürgerinnen und Bürger der Stadt Leer mit den Gästen in einem Festsaal ins Gespräch kommen. Es wurden Adressen ausgetauscht und Kontakte geknüpft.

Friedel und Albrecht Weinberg

Nach diesem ersten Besuch in Leer, ging es zurück in die USA. Der Kontakt zu der Stadt blieb in all den kommenden Jahren bestehen, so erhielten sie an Geburtstagen oder an Weihnachten liebe Grußpost aus Ostfriesland. Im Jahr 2011 erlitt Friedel einen schweren Schlaganfall und da Albrecht Weinberg immer mehr Probleme mit den Augen hatte, konnte er seiner Schwester nicht helfen. Die Stadt Leer und die Menschen, mit denen sie seit dem ersten Treffen in Kontakt standen, erfuhren von dem Schicksal der Geschwister. Ein weiterer Brief kam an, in dem stand, dass bei einer kompletten Rückkehr nach Leer eine sofortige Hilfe angeboten und versprochen würde. Da Friedel in den USA bereits in einem Hospiz war, welches 7500 Dollar im Monat kostete, nahmen beide die angebotene Hilfe gerne an.

Ein weiteres Argument war, dass es in Deutschland die besseren Ärzte gab. In Ostfriesland angekommen sollten beide in ein Altersheim nach Rhauderfehn ziehen, welches aber bedauerlicherweise überfüllt war. So bekamen sie einen Pflegeplatz in einem Altersheim in Leer. Mit gutem Personal und einer guten Versorgung wurde sich um beide gekümmert. Eine Dame aus dem Personal, es

Friedel und Albrecht Weinberg an der nach ihnen benannten Straße

war eine Altenpflegerin, die kurz vor dem Eintritt in den Ruhestand war, kümmerte sich fortan um Albrecht Weinberg und seine Schwester. Sie hieß Gerda Dänekas. Der Heimleiter bat sie, ihren Ruhestand noch etwas zu verschieben, damit sie sich um die beiden jüdischen Ankömmlinge aus den USA kümmern könnte. Sie sagte ihre Hilfe zu. Die Schwester verstarb noch im selben Jahr nach der Ankunft. In der kommenden Zeit wurde auch der Kontakt zwischen Albrecht Weinberg und der Familie von Gerda Dänekas immer enger, sodass deren Enkel ihn als „Opa Weinberg" ansprachen. Sie wusch seine Wäsche, brachte ihm manchmal Essen und besuchte ihn am Abend und es wurde gemeinsam Abendbrot gegessen. Mit Beginn der Coronazeit lebte Albrecht Weinberg alleine in dem Altersheim, da auch Gerda Dänekas die Einrichtung nicht mehr betreten durfte. Über die Fenster wurde miteinander kommuniziert und sogar das Essen oder die Wäsche gebracht. Die ehemaligen Kollegen wollten diese Aktion unterbinden.

Kurzerhand holte Gerda Dänekas Albrecht Weinberg aus dem Altersheim heraus. Er hielt sie für verrückt, da er nicht verstehen konnte, was sie mit einem über 90-jährigen Mann noch zu tun haben möchte. Sie antwortete nur, dass es ihr nichts ausmache und sie sich in allem auskenne. Sie mietete sich eine neue Wohnung und bestückte die Wohnung aus eigener Kraft mit neuem Mobiliar. Jeder erhielt sein eigenes Schlafzimmer und die anderen Räume wie die Küche oder das Badezimmer wurden fortan geteilt. Albrecht Weinbergs Zimmer hat ein Krankenbett, einen Fernseher und einen großen Kleiderschrank. Einige Male am Tag kommen beide zusammen und essen gemeinsam Frühstück, Mittagessen und Abendbrot. Im Nachhinein wurde Albrecht Weinberg als Untermieter vertraglich festgehalten. Gemeinsam fuhren beiden vor einiger Zeit auch nochmal zurück in die USA, um auf Spurensuche in der vergangenen Zeit zu gehen. Sie verbrachten einen vierwöchigen Urlaub bei einem guten Freund von Albrecht Weinberg, der nicht nur die beiden eingeladen hatte, sondern auch ihren Sohn und die Schwiegertochter.

Stolperstein von Albrecht Weinberg

Mit der Zeit wuchs in Albrecht Weinbergs Gedanken der Wunsch, noch einmal an den Ort zurückzukehren, an dem ihm schlimmes Leid und ein unmenschliches Leben widerfahren ist. Gemeinsam mit einer elfköpfigen Gruppe aus seinem Geburtsort Rhauderfehn und unter Begleitung von Gerda Dänekas trat er diese Reise vor einigen Jahren an. Die Unterbringung erfolgte in Krakau und mit einem kleinen Bus ging es zu Besuch in die Gedenkstätte Auschwitz. Bei Ankunft sah er eine Gruppe von Jugendlichen, die mit einer israelischen Flagge auf dem Rücken über das Gelände liefen. Es waren Kinder, deren Großeltern oder Urgroßeltern von den Nationalsozialisten in Auschwitz umgebracht wurden. Gemeinsam mit einem polnischen Guide ging es auf einen geführten Rundgang durch die beiden Lager. Einen Stopp machten sie am Krematorium, wo einige der Israelis eine Thora im Arm hatten und das Totengebet sprachen. Sie gaben Albrecht Weinberg die Thora und gemeinsam wurde das „Kaddisch-Gebet“ gesprochen. Die Eltern von Albrecht Weinberg kamen nach der Zeit in Theresienstadt in Auschwitz-Birkenau durch den Gastod in der Gaskammer ums Leben und wurden in dem Krematorium verbrannt. Er beschreibt die Zeit während der Erinnerungsreise nach und in Auschwitz und die dortige Begegnung mit den Jugendlichen als sehr emotional aufwühlend.

Einen letzten Wunsch hat Albrecht Weinberg noch, er möchte nach seinem Tod auf dem jüdischen Friedhof in Leer neben seinem Bruder Dieter und der Schwester Friedel begraben werden.

An dieser Stelle schließe ich das Kapitel über die Familien- und Lebensgeschichte von Albrecht Weinberg mit dankenden Worten ab. Ich bedanke mich bei Albrecht Weinberg für die Möglichkeit, dieses wertvolle und bedeutsame Gespräch zu führen. Zudem auch bei Gerda Dänekas für die Unterstützung. Als kleinen literarischen Tipp lege ich jeder Leserin und jedem Leser die von Heinz J. Giermanns über Albrecht Weinberg verfasste Biografie ans Herz. Dieses Buch trägt den Namen *„Einer von uns: Albrecht Weinberg – Leiden an Deutschland"* und erschien im Jahr 2014.

Im Anschluss an unser Interview führte der gemeinsame Weg in ein Restaurant in Leer, wo wir uns über viele Gesprächsthemen sehr informativ und harmonisch austauschten und noch persönlicher kennenlernten. Auch diesen Moment werde ich mit großer Dankbarkeit in der Zukunft stets in Erinnerung behalten.

Jetzt sind Sie am Ende dieses Kapitels angelangt. Sie haben nun die Möglichkeit, über den QR-Code und/oder den abgedruckten Link, über die Kamera oder das Internet, einen vertieften und noch detailreicheren Einblick in die Lebens- und Familiengeschichte von Albrecht Weinberg zu erhalten. Das verfilmte Interview gibt weitere exklusive und detailreiche Einblicke.

https://youtu.be/ky6zukwxtio

■ ■ ■ **Ihr glaubt wohl, dass ihr das überlebt? Ihr werdet hier alle ermordet! Das wird hier keiner überleben!** ■ ■ ■

Ruth Melcer

Bei meinen Recherchen zu den letzten Holocaust-Überlebenden, die noch aktiv mit ihren Erlebnissen und Geschichten mahnen und berichten, stieß ich auf die Lebensgeschichte von Ruth Melcer. Im Internet las ich einen Gesprächsbericht aus dem Jahr 2020. Dieses Gespräch führte Ruth Melcer mit Ellen Presser von der Israelitischen Kultusgemeinde in München. In Zusammenarbeit veröffentlichten beide bereits ein Kochbuch mit jüdischen Rezepten. Dieses Buch trägt den Namen „*Ruths Kochbuch*". Sie hatte die Freundlichkeit, den direkten Kontakt zu Ruth Melcer herzustellen, wofür ihr an dieser Stelle herzlich gedankt sei. Es vergingen wieder ein paar Tage und die Tochter von Ruth Melcer antwortete mir via E-Mail. Sie wurde von Ellen Presser als erste Ansprechperson kontaktiert. Die Tochter schrieb mir, dass sich ihre Mutter in den nächsten Tagen selbst bei mir melden würde.

Es vergingen ein paar Tage. An einem Dienstagabend erhielt ich dann den Anruf von Ruth Melcer. Ich erklärte ihr am Telefon mein Anliegen und sie schlug ein Gespräch über eine Videoplattform vor, über die Kamera in digitaler Form. Ich hingegen hatte den Wunsch nach einem persönlichen Treffen, da ich gerade für dieses Buch Videomaterial herstellen und dazu ein persönliches Interview führen wollte. Sie willigte ein und bat, dass ich sie in München besuchen solle, und so fuhr ich in der gleichen Woche am Samstag in der Früh mit dem Zug nach München. An der Eingangstür wurde ich herzlichst empfangen und direkt zu einem Tee und Kuchen eingeladen. Nach einem kurzen Annäherungsgespräch baute ich die Technik auf. Daraufhin begann das Interview.

Ruth Melcer geborene Cukierman kam als Kind von Hanna und Aron Cukierman am 24. September 1935 in der polnischen Stadt Tomaszów Mazowiecki auf die Welt. Sie wurde in eine jüdische Familie hineingeboren, deren jüdischer Tradition auch stets durch die beiden sehr frommen Haushalte nachgegangen wurde. Beide Seiten der

Familie, egal ob mütterlicherseits oder väterlicherseits, hatten auch ihren Kindern *(Ruths Eltern)* den Glauben mit voller Überzeugung vermittelt. Ihr Vorname lautete eigentlich der polnischen Schreibweise nach „Ryta“, doch wollte sie diesen Namen während der Schulzeit ablegen und lieber den hebräischen Namen „Ruth“ tragen. Der Name „Ruth“ leitet sich von dem hebräischen Wort für „Freundschaft“ ab und bedeutet so viel wie „Freundin“. Meine nachträglichen Recherchen ergaben, dass der Name „Ruth“ im Jahr 1932 besonders oft in Deutschland vergeben wurde. Später erhielt Ruth noch ein Brüderchen mit dem Namen „Mirek“.

Ruth mit Puppe
in Tomaszów Mazowiecki 1938

Die Stadt Tomaszów Mazowiecki liegt rund 100 Kilometer entfernt von der polnischen Hauptstadt Warschau und 55 Kilometer entfernt von Lodz. Mit rund 60.000 Einwohnern ist die Stadt heute eine sogenannte „Mittelstadt“. Sie liegt in der Woiwodschaft Lodz. Besonders die Erlöser-Kirche als das städtische Wahrzeichen, die vielen Museen und die schöne landschaftliche Lage bescheren der Stadt ein sehenswertes Image und Touristen. In der Vorkriegszeit hatte die Stadt rund 13.000 jüdische Einwohner, die mehrere Synagogen im Stadtgebiet besuchten. Mit Beginn des Zweiten Weltkriegs sollte sich auch die Situation der jüdischen Bevölkerung in Tomaszów Mazowiecki drastisch ändern, so wie es auch die Familie von Ruth erlebte.

Die frisch verheirateten Eltern sowie auch der Rest der Familie waren sehr erfreut über den Nachwuchs und Ruth wurde mit viel Liebe und Aufmerksamkeit großgezogen. Die Familie achtete stets darauf, dass Ruth eine Schleife in den schönen blonden und gelockten Haaren hatte. Zudem trug Ruth meistens ein bezauberndes und wunderschönes Kleid. Da sich ein Kind an seine frühe Kindheit nicht eigenständig in vollem Umfang erinnern kann, hatte Ruth viele der Erlebnisse erst mit den Jahren von ihrer Mutter erfahren. In unserem Gespräch erzählte sie mir, dass sie zu ihrem Vater immer einen harmonischeren Kontakt hatte und diesen „vergötterte". Der Vater war meistens nicht so streng wie die Mutter und drückte bei dem vielen „Schmarrn", den Ruth hin und wieder verzapfte, ein Auge zu. Sie merkte ziemlich schnell, dass der Vater die nähere Bezugsperson war und sie sein Liebling.

Der Großvater mütterlicherseits arbeitete als Stofffabrikant und in der eigenen Firma wurden Angestellte beschäftigt, um edle und wertvolle Stoffe für Herrenanzüge herzustellen. Ebenfalls hatte auch der Großvater väterlicherseits in der Textilindustrie zu tun, er handelte mit Wolle. Die Berufungen der gesamten Familie und der gute Markt für Textilien bescherten der Familie ein für damalige Verhältnisse gutes Leben. Wohlhabend war eine Familie damals aber schon, wenn sie genug zu essen oder gute Kleidung hatte, die Kinder zur Schule gehen konnten und eine großzügige Wohnung bewohnt wurde. Ruths Vater stieg bereits unter Zwang mit zwölf Jahren in die Textilindustrie als Kaufmann ein und war dafür zuständig, dass die meistens auf dem Land eingekaufte Wolle gewinnbringend und ohne umfangreiche Verarbeitung weiterverkauft wurde. Gelagert und sortiert wurde diese Wolle in großen Lagerhallen, die neben dem Haus des Großvaters standen. Der berufliche Zwang bestand darin, dass die Großmutter nach der Geburt des Sohnes in Wien einen Fuß amputiert bekam. Sie war über ein Jahr lang in Wien und immer wieder über längere Zeit im Krankenhaus, Aufenthalte, die hohe Kosten mit sich brachten. Da es damals noch keine Krankenversicherung gab, musste die Familie für diese Kosten aufkommen.

Diese „gute" Lebensqualität änderte sich aber nach Kriegsbeginn im September 1939. Polen wurde von den Deutschen überfallen und die Stadt Tomaszów Mazowiecki fiel am 6. September 1939. Ruth war zum damaligen Zeitpunkt gerade einmal vier Jahre alt. Das Leben der jüdischen Bevölkerung veränderte sich. Ihnen standen immer weniger Rechte und Freiheiten zu. Die Synagoge der Stadt wurde abgebrannt. Ruth erinnert sich, zum größten Teil aus Nacherzählungen der Familie, daran, dass die Deutschen die „Elite" der Stadt, Ärzte, Rechtsanwälte oder bekannte Kaufleute, erschossen. Als diese Aktion vollzogen wurde, mussten sich auch der Vater und der Großvater verstecken, um nicht gefunden zu werden, denn es galt das Motto: „Wer nicht gefunden wurde, wurde halt nicht gefunden." Vater sowie Großvater entgingen diesen fürchterlichen und mörderischen Aktionen.

Am 20. Dezember 1940 wurde in der Stadt, nachdem es erst drei offene, aber trotzdem zentrierte Wohnbereiche für die Juden gab, ein erstes Ghetto errichtet. Dieses Ghetto hatte eine Fläche von rund 65 Hektar und umfasste eine Vielzahl an Straßen. Die jüdischen Betriebe in der Stadt wurden zu Kriegsbeginn arisiert und bekamen einen deutschen Treuhänder, welcher den Betrieb übernahm. Ehemalige Besitzer blieben meistens dennoch angestellt, weil die Treuhänder nicht selbst aus der jeweiligen Geschäftsbranche stammten und keine Erfahrung hatten. Ruths Vater hingegen hatte Fachwissen und Fachkompetenz, die dem Treuhänder sehr imponierte und beeindruckte. Viele Menschen aus der Textilstadt Tomaszów Mazowiecki hatten diese Qualitäten. Die Menschen, die in diesen Betrieben arbeiteten, erhielten „grüne Bänder", welche die Erlaubnis erteilten, das Ghetto in sogenannten „Arbeitskommandos" zu verlassen. Ruths Vater trug ein solches „grünes Band" und wurde somit einem Arbeitskommando zugeteilt, welches für die Verwertung und das Sortieren der zurückgebliebenen Habseligkeiten der meistens deportierten Menschen zuständig war. Sie gingen von einem Dorf ins andere Dorf, um von diesen deportierten Menschen, welche in die Gaskammern der Vernichtungslager wie Treblinka oder Sobibor gebracht worden waren, die Kleidung einzusammeln. Die Kleidung wurde in großen Lagerhallen gelagert. Dadurch hatte Ruths Vater eine gewisse „Freiheit", weil er sich auch außerhalb des Ghettos bewegen durfte. Der Treuhänder hatte einen guten Kontakt zu Ruths Vater und dem Rest der Familie, sodass er versuchte für die gesamte Familie die „grünen Bänder" zu bekommen. Er schaffte es, so dem Vater und den Kindern das Leben zu retten.

Dadurch, dass sich die Bewohner teilweise noch frei bewegen konnten, litten sie nicht an großem Hunger wie in anderen Ghettos. Es ergab sich aber unter dem immer schlechter werdenden hygienischen Zustand des Ghettos, dass Ruth an Typhus erkrankte. Die Mutter und der Onkel schafften es, einen polnischen Arzt außerhalb des Ghettos zu organisieren. Dieser Arzt berichtete, dass es in Warschau wohl einen Impfstoff gegen die Infektionskrankheit geben würde. Ruths Onkel schaffte es, einige Dosen des Impfstoffes für die Familie zu erhalten. Somit wurde ein Immunschutz aufgebaut. Da Ruth die Krankheit bereits durchlief, war sie anschließend auch für die nahe Zukunft geschützt.

Im April 1942 wurden jüdische politische Gefangene sowie Aktivisten getötet. Diese Hinrichtungen wurden häufig auf dem jüdischen Friedhof der Stadt durchgeführt, da dort schon in Vorbereitung große Massengräber für die Ermordeten ausgehoben worden waren. Das gesamte Ghetto wurde in der Zeit vom 31. Oktober bis 2. November 1942 endgültig aufgelöst. Einige der in dem Ghetto lebenden Menschen wurden noch vor Ort getötet und ein Großteil wurde in das Vernichtungslager Treblinka in völlig überfüllten Viehwaggons deportiert. In den Waggons waren meistens alte Leute und Kinder, denn die arbeitsfähigen Bewohner des Ghettos wollte man vorerst noch am Leben lassen.

Das Vernichtungslager Treblinka wurde durch die „Aktion Reinhard" errichtet. Eine Aktion, die den Namen des SS-Obergruppenführers Reinhard Heydrich trug, der Ende Mai 1942 bei einem Attentat von tschechoslowakischen Widerstandskämpfern angegriffen wurde und acht Tage nach dem Attentat ums Leben kam. Diese Aktion sollte eine Vergeltung der Nationalsozialisten sein. Während dieser Aktion in den insgesamt drei Vernichtungslagern *(es zählten auch Sobibor und Belzec dazu)* waren auch einige Juden aus Tomaszów Mazowiecki unter den Deportierten. Insgesamt wurden durch diese Aktion zwischen Juli 1942 und Oktober 1943 über eineinhalb Millionen Juden sowie rund 50.000 Sinti und Roma in den drei Vernichtungslagern umgebracht. Die Familie von Ruth hatte großes Glück, denn durch den guten und angesehenen Beruf des Vaters entgingen sie den Deportationen nach Treblinka. Im Lager Treblinka starben über eine Million Menschen.

Zur Sicherheit schleuste die Familie die Kinder aus dem Ghetto heraus in ein benachbartes und außerhalb des Ghettos liegendes Dorf, in dem die Kinder bis nach Beendigung der Deportationen bei einer Polin *(gegen Bezahlung)* untergekommen waren. Ruth versuchte sich dem „normalen Leben" anzupassen, damit sie nicht als Jüdin aufflog. Sie lernte, wie man sich in einer Kirche benahm. Zudem hatte sie die Aufgabe, auf den kleinen Bruder aufzupassen, damit sich dieser nicht verplapperte und das Verstecken gefährdete. Ruth und Mirek wurden kurz vor Auflösung des Ghettos zwischen den Arbeitern, die das Lager verlassen durften, wieder hineingeschmuggelt. Mit der Familie verblieben nur 650 Juden in der Stadt.

Das große Ghetto wurde nach den Deportationen im November 1941 zu einem kleineren Ghetto, das als „Zwangsarbeiterlager" diente, verkleinert. In dieses kleinere Ghetto sollte auch die Familie von Ruth einziehen. Sie bewohnten als vierköpfige Familie *(die Eltern mit ihren beiden Kindern)* eine kleine Souterrain-Wohnung und lebten auf engstem Raum. Es gab neben den Betten noch ein Waschbecken und einen Heizofen. Ruth beschreibt die damalige Wohnung als sehr düster und kalt. Die Mutter bemühte sich, die Unterkunft stets sauber und hygienisch zu halten. Dieses Verhalten der Mutter sollte der Familie auch im späteren Verlauf des Buches nochmal zugutekommen.

Am 4. Dezember 1942 wurde das kleine Ghetto offiziell aufgelöst und die verbliebenen Juden wurden in das ungefähr 100 Kilometer entfernte Arbeitslager Blizyn, ebenfalls in Viehwaggons, deportiert. Die Unterbringung in diesem Lager war auf Holzbaracken mit unbequemen Holzpritschen reduziert. Zudem wurden die Männer und Frauen nach der Ankunft in dem Lager getrennt untergebracht. Das Lager wurde mit Stacheldraht eingezäunt, damit ein Ausbruch unmöglich war. Unter den in den Viehwaggons nach Blizyn deportierten Juden waren nun also auch Ruth mit ihrer Familie. Nach der Ankunft wurden die Juden registriert. Die Mutter wollte zur Sicherheit das Alter von Ruth etwas höher ansetzen, damit sie als arbeitsfähig eingestuft wurde. Sie gab das Alter von zwölf Jahren an, obwohl Ruth zu diesem

Zeitpunkt erst acht war. Diese Entscheidung würde der Tochter im weiteren Verlauf noch das Leben retten. Der Bruder hingegen wurde mit seinen acht Jahren registriert. Diese Altersangabe half ihm am Ende nicht, denn Mirek ereilte das gleiche Schicksal wie viele andere Kinder, die in Blizyn angekommen waren.

Die Arbeiten in dem Lager beschränkten sich auf das Nähen und die Ausbesserung von Kriegsuniformen. Da Ruth aber in ihrem Alter die geforderte Tagesmenge an zu erledigender Arbeit nicht erreichte, ließ die Mutter eine andere Frau, gegen Lebensmittelrationen, ihrer Tochter die Arbeit abnehmen. Am Ende sah es so aus, als hätte Ruth die Arbeit eigenständig geschafft.

Im Herbst 1943 führte die SS eine Aktion im Lager durch, alle Kinder, die unter zwölf Jahre alt waren, wurden auf dem Lagergelände ausfindig gemacht. Leider fiel auch Mirek unter diese Altersgrenze. Die Gruppe Kinder wurde gemeinsam mit den Müttern am Lagereingang am 8. November 1943 zusammengerufen. Die Kinder wurden den Müttern durch die SS-Aufseher weggenommen. Sie wurden auf einen Transporter verladen und außerhalb des Lagers, in einem Waldstück, erschossen.

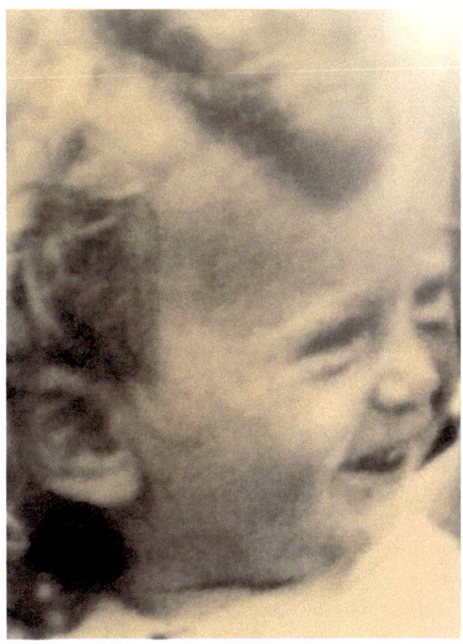

Bruder Mirek

Das Lager in Blizyn wurde im Juni 1944 geschlossen und aufgelöst. Ein Teil der Häftlinge wurde in das Konzentrationslager Plaszow in Viehwaggons deportiert. Dieses Lager lag südöstlich von Krakau und wurde an einem Kalksteinbruch errichtet, da man diesen abbauen und ausbeuten wollte. Dieses Lager hatte am Ende nach einigen Erweiterungen eine Größe von 81 Hektar. Traurige Bekanntheit erlangte der Kommandant des Lagers, Amon Göth, der durch seine Brutalität und Mordlust als „Schlächter von Plaszow“ in die Lagergeschichte einging. Besonders große Freude hatte Göth daran, mit seinem Präzisionsgewehr vom Balkon seiner Villa aus auf die Häftlinge des Lagers, die am Arbeiten waren, zu schießen. Die Villa von Göth lag oberhalb des Lagers und somit hatte er die gesamte Lagerfläche im Blickfeld und Überblick. Am Ende ermordete er selbst um die 500 Menschen, meist Juden. Zudem hatte Göth auch eine Bekanntschaft mit Oskar Schindler, der in seiner Emaillewarenfabrik rund 1200 jüdischen Häftlingen das Leben rettete. In den Jahren 1942 bis 1945 durchliefen das Lager zwischen 50.000 und 150.000 Häftlinge. Zwischen 8000 und 12.000 Menschen wurden in dem Lager ermordet. Im Lager Plaszow wurde ab Herbst 1944 mit der Liquidierung begonnen und die Häftlinge kamen in verschiedene Konzentrationslager. Der letzte Transport, der das Lager verließ, war ein Zug, der sich am 15. Januar 1945 auf den Weg in das Konzentrations- und Vernichtungslager Auschwitz machte.

Ruth wurde bei der Auflösung des Lagers in Blizyn im Juni 1944 gemeinsam mit ihren Eltern und einer Tante ebenfalls in das Konzentrations- und Vernichtungslager Auschwitz in einem Viehwaggon deportiert. Dazu hat sie folgende Erinnerung: „Ich war damals neun Jahre alt. Meine eigentlichen Kindheitserinnerungen begannen erst ab der Zeit in Auschwitz-Birkenau, weil ich dort Erlebnisse als Kind erfahren musste, die man einfach nicht vergessen kann. Ein Inferno an Grausamkeit, die alle Erinnerungen vor Auschwitz zerstört haben. Meine Kindheit wurde mir dort geraubt."

An das Lager in Blizyn erinnert heute keinerlei Museum oder Gedenkstätte mehr. Das ehemalige Lagergelände ist mit Bäumen und Sträuchern überwuchert. Ruth erinnert sich an eine „Polenreise" *(nach dem Krieg)*, wo sie das ehemalige Lager nochmal besuchte. Sie stellte fest, dass auf dem Gelände nur ein selbst aufgestellter Grabstein von der Familie eines verstorbenen Häftlings an das Lager erinnerte. Zudem traf sie vor Ort zwei ältere Männer, die ihr erstmal erklären mussten, wo das Lager überhaupt gelegen hatte.

Die Ankunft mit dem Zug beschreibt Ruth wie folgt: „Als der Zug in Auschwitz angekommen war und sich die Schiebetür des Waggons öffnete, wurde meine Familie von SS-Männern und kläffenden Schäferhunden aus dem Waggon herausgescheucht. Diese bösartigen Hunde haben mir als Kind einen solchen Schrecken eingejagt, dass ich bis zum heutigen Tag große Angst vor Hunden habe. Da die Häftlinge in diesem Zug vorab als überwiegend arbeitsfähige Männer und Frauen angekündigt wurden, gab es keine richtige Selektion und es ging direkt in die Waschräume. Dort angekommen, wurden den Häftlingen als Erstes alle Habseligkeiten und Mitbringsel abgenommen. Meine Familie hatte noch etwas Kleidung, Geld und Bilder mitgebracht, die ebenfalls vor Ort den Besitzer wechselten. Nach diesen Enteignungen wurden den Häftlingen die Haare geschoren. Ich durfte aber mein schönes blondes sowie gelocktes Haar behalten, da ich zusätzlich auch noch blaue Augen hatte und somit dem Ebenbild eines arischen Mädchens glich. Ich vermute, dass die Frauen, die den Häftlingen die Haare abgeschoren hatten *(ebenfalls junge Häftlingsfrauen)*, wohl lange kein Kind und dazu noch ein so bildhübsches Kind wie mich gesehen hatten und mir deshalb durch das Auftreten die Haare ließen."

Anschließend erhielten die Häftlinge neue Bekleidung. Zu dem damaligen Zeitpunkt gab es keine richtige Häftlingskleidung mehr, sodass die Kleidungsstücke verteilt wurden, die allesamt von ermordeten Menschen, aus den letzten Vergasungen in den Gaskammern gewesen waren. Ruth erinnert sich daran, wie ihre Mutter ein grünes Samtkleid zugeteilt bekam.

Nach der neuen „Einkleidung" selektierte die SS die Häftlinge nach Geschlechtern. Die Frauen gingen in das Frauenlager und die Männer in das Männerlager. Das Frauenlager lag unmittelbar in Sichtweite zu den Gaskammern und Krematorien. Ruth erinnert sich: „Außer einem fürchterlichen Gestank und feuerroten Himmel hatte ich aber von den Grausamkeiten nichts mitbekommen. Da die Lagerabschnitte für die Frauen und Männer nur von einem Elektrozaun getrennt waren, konnte ich von beiden Seiten in das Lager der anderen aus der Ferne hinüberschauen. Zwischen den Lagern waren auch Wachtürme, auf denen scharf bewaffnete Ukrainer und/oder SS-Männer standen. Diese Männer waren für die Bewachung der Lagerabschnitte zuständig. Eine unfassbare Situation ereignete sich zwischen den Wachleuten auf den Türmen und mir. Einige dieser Männer warfen mir mehrere Bonbons von einem Turm herunter, weil ich so ein hübsches Kind gewesen war und man mir nichts antun wollte. Zudem durfte ich die von den Männern runtergeworfenen Zigarettenstummel für meinen rauchenden Vater vom Boden aufsammeln. Diese Stummel warf ich dann über den Elektrozaun hinüber in das andere Lager zum Vater."

Im Lagerkomplex Auschwitz herrschten bekanntlich unmenschliche sowie unhygienische Zustände. Einige Seuchen und schlimme Krankheiten gingen herum und verbreiteten sich unter den Häftlingen. Zu diesen Erkrankungen zählten etwa Fleckfieber und Typhus. Da Ruth vor ihren Inhaftierungen in Blizyn und in Auschwitz bereits eine Typhuserkrankung überstanden hatte, war sie vor diesen Krankheiten geschützt. Die medizinische Versorgung in Auschwitz war ebenfalls katastrophal! Zudem hatte die restliche Familie durch den Impfstoff viel Glück gehabt und erkrankte auch nicht an diesen Krankheiten. Die Sauberkeit der Mutter hatte in Auschwitz wieder eine hohe Wichtigkeit, denn mit ihr zusammen lebte Ruth im Frauenlager. Die Mutter bemühte sich einige hygienischen Verbesserungen durchzuführen, beispielsweise war das Kleid der Mutter etwas zu lang, sodass sie sich einige Fetzen herausschnitt und diese dann als Waschlappen verwendete.

Eine tschechische Blockälteste rettete Ruth in Auschwitz das Leben, als Dr. Mengele sich Kinder für seine „Forschungen" und „Experimente" aus dem Frauenlager herausholen wollte. Die Blockälteste wendete sich an Ruths Mutter *(beide Frauen kannten sich im Vorfeld schon)* und sagte ihr, dass ihr Kind hier nicht überleben würde. Somit übergab die Mutter ihre Tochter an die Blockälteste, die namentlich Olga hieß. Olga schmuggelte Ruth in eine benachbarte Baracke und versteckte das Kind in ihrer separat von der gesamten restlichen Baracke abgetrennten Stube oder im Wohnraum. Es half nur ein Versteck, um sie vor Dr. Mengele zu schützen. Die Blockältesten hatten meistens Privilegien, u. a. gute Nahrungsversorgung. Funktionshäftlinge, die dieses Amt innehatten, sorgten in der Baracke für Ruhe, Gehorsam und Arbeitseinsatz gegenüber der SS. Sie waren auch für die Ordnung und Organisation innerhalb der Baracke zuständig.

Ruth profitierte von der guten Nahrung der Blockältesten und wurde gut versorgt. Sie litt nicht unter Hunger. Sie erhielt u. a. verschiedene Brotbeläge und sogar mal eine Orange. Generell gab es in Auschwitz immer die gleiche Verpflegung, u. a. Brot mit einer komischen Margarine und irgendwelche Suppen, wie Ruth es beschreibt. Diese Suppen, welche meist nur aus Wasser und ein paar Stückchen Kohlrabi oder Kartoffel bestanden, konnte Ruth irgendwann nicht mehr sehen. Bis heute kann sie den Geruch von Kohlrabi nicht mehr ausstehen oder Kohlrabi essen.

Eine deutsche SS-Aufseherin ging regelmäßig in das Lager von Olga, um Ruth für einen Spaziergang über das Lagergelände von Auschwitz „abzuholen". Ruth erwähnte in unserem Gespräch, dass die SS-Aufseherin wahrscheinlich eine den „kriminellen Häftlingen" zugeordnete Frau gewesen war. Es folgten Spaziergänge durch das Lager, die das „Kanadalager" als Ziel hatten. Dieser Spitzname der eigentlichen Effektenkammer stammt von Häftlingen, die dieses Lager mit dem reichen Land Kanada in Verbindung brachten und es somit als „Synonym" nutzten. In diesem Lager wurden sämtliche Wertgegenstände oder Bekleidungsstücke nach den Selektionen, Enteignungen und Vergasungen gelagert. Ruth durfte sich in diesen völlig überfüllten Baracken umschauen. Die SS-Aufseherin schenkte ihr einige Kleidungsstücke. Sie suchte ihr u. a. glänzende Lackschuhe und einen karierten Mantel mit Samtkragen aus den Bergen an Kleidungsstücken heraus. In unserem Gespräch erwähnte Ruth, dass sie die Lackschuhe überhaupt nicht gebraucht hatte, denn in den Lackschuhen versank sie in dem matschigen und dreckigen Boden des Lagers. Sie schenkte ihr zudem nie etwas zu essen, nicht mal ein Bonbon, und gab ihr nur die Möglichkeit, etwas an Kleidung in „Kanada" zu bekommen. Ruth sagte, dass einige vermuteten, dass die Frau sie sexuell angelangt haben könnte, dem widerspricht sie. Ein Grund für die Zuneigung und Aufmerksamkeit war, dass Ruth der SS-Aufseherin sehr ähnlich sah.

An die Blockälteste aus ihrer eigentlichen Baracke hat Ruth auch eine Erinnerung. Diese Blockälteste lief eines Tages auf dem langen und mittig gelegenen Ofen der Baracke hin und her. Auf der linken und rechten Seite waren die Holzpritschen aufgereiht. Die Frau war bekleidet mit einem schwarzen Kleid oder Mantel, auf dem rote Blumen gedruckt waren. In einer Hand trug sie eine Peitsche. Lautstark ließ sie die Häftlinge der Baracke an ihrer Meinung in polnischer Sprache teilhaben, die wie folgt lautete: „Ihr glaubt wohl, dass ihr das überlebt? Ihr werdet hier alle ermordet! Das wird hier keiner überleben!"

Durch nachträgliche Erzählungen weiß Ruth, dass es im Lager immer wieder Neuigkeiten und Nachrichten von der Außenwelt zu verschiedenen Themen, u. a. dem Kriegsgeschehen, gab. Einige ausgewählte Häftlinge mussten in den großen Villen des SS-Personals samt deren Familien als Gärtner, Hausmeister, Putzfrau und unter vielen weiteren beruflichen Bezeichnungen arbeiten. Der größte Teil dieser Villen befand sich außerhalb des komplett „abgeschlossenen" Lagerkomplexes von Auschwitz-Birkenau. So ergab sich für diese Häftlinge durch ihre „Sonderarbeit" ein vereinfachter, aber trotzdem höchst riskanter Zugang zu Medien unterschiedlichster Art. Viele hochintelligente Frauen, die als Putzfrau in den Villen arbeiteten, sprachen und verstanden die deutsche Sprache. Sie konnten so die Gespräche in dem Fernseher oder über das Radio mitverfolgen und verstehen, wie weit die Russen und Amerikaner gegen die Deutschen im Krieg vorangekommen waren. Diese Botschaften wurden dann ins Lager nach Auschwitz zurückgetragen. Diese Freiheit ermöglichte auch einen Kontakt und Austausch mit der Zivilbevölkerung. Ruth beschreibt, dass das SS-Personal dort lebte wie im „Paradies", als ob es Auschwitz einfach nicht geben würde.

Das Frauenlager in Auschwitz wurde gegen Kriegsende aufgelöst und Ruth kam mit der restlichen Familie in das „Zigeunerlager" im Lagerabschnitt B IIe, welches direkt neben der Rampe und den Gaskammern/Krematorien lag. In diesem Lagerabschnitt wurden am Ende die Häftlinge gesammelt, die zu wenig Kraft, Krankheiten oder ein zu junges Alter hatten, um auf die viele hundert Kilometer langen „Todesmärsche" geschickt zu werden. Das gesamte Konzentrations- und Vernichtungslager Auschwitz wurde in den letzten Tagen des Bestehens vollständig geräumt.

Ruths Mutter wurde kurz vor der Auflösung des Lagers in das Konzentrationslager Ravensbrück auf den „Todesmarsch“ geschickt. Die Tanten kamen in das Konzentrationslager Bergen-Belsen, welches nördlich der Stadt Celle lag und durch die grausamen Zustände und das Massensterben als Synonym für die Grausamkeit der Nationalsozialisten galt. Der Vater hatte mit dem gleichen Schicksal zu kämpfen wie auch die Mutter, denn er wurde ebenfalls auf einen dieser „Todesmärsche“ in ein neues Konzentrationslager geschickt. Diese Märsche überlebten nur wenige Häftlinge, da die meisten völlig entkräftet waren und im Osten zu der damaligen Zeit eine eisige Kälte herrschte. Geschlafen wurde bei diesen langen Märschen oftmals auf den Feldern oder in demolierten Unterkünften. Wenn ein Häftling unterwegs keine Kraft mehr hatte oder immer weiter in der Gruppe zurückfiel, dann wurden diese Häftlinge durch die begleitende SS erschossen. Die Toten wurden einfach am Wegesrand liegend zurückgelassen. Das Konzentrationslager Ravensbrück lag nahe der in Brandenburg liegenden Stadt Fürstenberg an der Havel und galt in seiner eigentlichen Funktion als reines Frauenlager. Der Weg dieses Marsches, den die Mutter am Ende tatsächlich überleben sollte, betrug etwa 600 Kilometer.

Die Zustände in dem „Zigeunerlager“ beschreibt Ruth als „katastrophal“. Die zurückgebliebenen Häftlinge litten unter starkem Hunger. Sie hatte es Olga in der vorherigen Zeit zu verdanken, dass sie in den letzten Tagen vor der Befreiung weniger Hunger litt. In dem Lager gab es nach dem Verschwinden der SS keinerlei Nahrungsmittel und anderweitige Versorgungen mehr. Zudem sollen sich ihrer Erinnerung nach nur noch Frauen in dem „Zigeunerlager“ befunden haben, denn sie kann sich an keine Männer mehr erinnern. Es ereignete sich sogar, dadurch, dass sie völlig auf sich alleine gestellt und in der Not waren, ein „Ausflug“ in das Stammlager I des Konzentrations- und Vernichtungslagers Auschwitz: Eine Gruppe von Erwachsenen und Kindern wanderte mit einem Schlitten und zu Fuß in das drei Kilometer weit entfernte Stammlager I. Schon auf dem Weg dorthin merkten die meisten der Gruppe ziemlich schnell, dass sie in Freiheit waren, sonst hätten sie sich dem Lager nicht ohne Komplikationen nähern können. Der Grund dieser Exkursion war, dass sie dort nach notwendigen Lebensmitteln und anderen überlebenswichtigen Dingen suchten. Da die Lagerräume im Stammlager I brechend voll waren, wurden sie schnell fündig und trugen den Proviant zurück in das „Zigeunerlager" in Auschwitz-Birkenau.

Durch diese Begebenheiten, wie mit Olga oder der SS-Aufseherin, hatte Ruth die Befreiung des Lagers durch die Rote Armee als neunjähriges Kind am Ende miterleben können und überlebte die Zeit in Auschwitz. Das Lager, das als Synonym für den Holocaust gilt.

An den Tag der Befreiung, den 27. Januar 1945, als die Rote Armee das Lager Auschwitz-Birkenau betrat, kann sich Ruth noch gut erinnern. Sie erlebte Männer in schneeweißen Tarnanzügen, welche bei dem schneereichen Winter kaum auffielen und sich ihr und den anderen Zurückgebliebenen in dem Lager immer weiter näherten. Sie riefen „Svoboda", was in der russischen Sprache „Freiheit" bedeutet. Die Soldaten der Roten Armee trafen noch auf rund 7600 Überlebende im Lager Auschwitz.

Die geringe Anzahl von nur 400 Kindern, die Auschwitz überlebten, wurden von der Roten Armee in den kommenden Tagen zum Teil auf mehreren Pferdewagen gesammelt und dann nach Krakau in ein Kinderheim gefahren. Nach Ankunft in dem Heim besuchten die rund 20 Kinder die jüdische Gemeinde. Ruth erinnert sich an diese Zeit und daran, dass sich in den Wochen nach Kriegsende nur sporadisch um die Kinder gekümmert wurde, denn die Erwachsenen hatten ja genug damit zu tun, das Leben irgendwie wieder in die richtigen Bahnen zu bringen. Zudem verbrachten allgemein viele Überlebende des Holocaust und deren Angehörige die Zeit damit, jedes Familienmitglied, das überlebt hat, irgendwie ausfindig zu machen.

Die Eltern von Ruth überlebten die „Todesmärsche", die vom Konzentrationslager Auschwitz aus angetreten wurden, wie durch ein Wunder. Aber der Weg der gemeinsamen Zusammenkunft dauerte noch etwas an. Ruth beschreibt in unserem Gespräch einen berührenden Fakt. Es gab auch Kinder, die generell nicht solch ein Glück wie sie hatten und nicht mal wussten, wo und wer die Eltern waren.

Diese Kinder waren meist gebrochene Seelen mit einer geraubten Kindheit und schweren Traumata. Meistens wurden diese Kinder in Klöstern, bei Ersatzeltern oder in anderen Einrichtungen aufgenommen und untergebracht. Ruth hingegen wusste, wie sie hieß, konnte ihr genaues Alter sagen und den Geburtsort nennen. Zudem schaffte sie es sogar, ihren Namen zu schreiben.

Ruth war in dem Kinderheim in Krakau untergebracht. Als Nachteil sieht sie an, dass die polnischen oftmals die jüdischen Kinder beschimpften und mobbten. Sie verstand nicht, warum die Kinder solch ein Verhalten zeigten, denn war die Zeit in Auschwitz nicht schon schlimm genug gewesen? Die jüdische Gemeinde, zu der einige der Kinder gingen, holten ein Kind nach dem anderen aus dem Heim heraus. Untergebracht wurden die höchstens zehn Kinder dann in dem Gemeindehaus, in das auch viele Überlebende des Holocaust zurückkamen. Ruth erinnert sich an einen Mann, der sagte, dass er nach Tomaszów Mazowiecki fahren würde. Voller Freude und Euphorie reagierte Ruth auf die Aussage des Mannes. Sie sagte ihm schnell und unüberlegt, wie es Kinder halt oftmals tun, dass er doch bitte nach Verwandten und ihren Eltern in der Stadt suchen könnte, um ihnen zu sagen, wo sie ist. Und es geschah das Unglaubliche, denn dieser Mann entdeckte den Onkel von Ruth. Wenige Tage später holte der Onkel Ruth aus dem Gemeindehaus in Krakau ab. Der Weg führte zurück in die Heimat.

Da die Mutter und der Vater separat auf die „Todesmärsche“ geschickt wurden, waren auch sie getrennt worden und so musste die Familie irgendwie wieder zusammenfinden. Die meisten der ehemaligen Häftlinge versuchten erst einmal zurück in ihre Heimat zu gelangen, um dort nach möglichen Überlebenden der Familie zu suchen. So kam auch ziemlich schnell nach Kriegsende, im Mai 1945, Ruths Mutter über einen langen Fußmarsch und Zugfahrten in Vieh- oder Kohlewaggons zurück nach Tomaszów Mazowiecki. Der Vater hingegen wurde in dem Konzentrationslager, indem er als Häftling gewesen ist, noch bis September 1945 unter Quarantäne festgehalten. Der Grund war eine anhaltende Typhus-Epidemie. Nach der freudigen und emotionalen Zusammenkunft lebten sie in einer großen

Wohnung des Großvaters. In dieser Wohnung lebten aber nicht nur Ruth und ihre Mutter, sondern auch drei Onkel und zwei Tanten. Sie alle überlebten den Holocaust. Die Familie überlegte, was mit Ruth geschehen beziehungsweise welchen schulischen und/oder beruflichen Werdegang sie nun einschlagen würde, denn für die erste Klasse war sie schon zu alt. So erhielt sie mehrere „Schnellkurse" und erlernte innerhalb eines Monats lesen und schreiben, etwas rechnen konnte sie bereits im Vorfeld.

Ein Jahr nach Kriegsende, am 4. Juli 1946, fand in Kielce, einer Stadt, die nur rund 100 Kilometer von Tomaszów Mazowiecki entfernt war, ein Pogrom statt. Bei diesem Pogrom wurden 42 polnische Juden ermordet und weitere 80 verletzt. Auslöser dieser Aktion war ein böses Gerücht, dass ein christlicher Junge von einem Juden entführt worden sei. Das Massaker, das aus diesem Gerücht entstand, war grausam, es wurden Kinder von Balkongeländern geworfen oder an Wänden zerschlagen, einige Juden wurden gesteinigt. Dieser Pogrom gilt deshalb auch als bekanntester und schlimmster Übergriff auf die jüdische Bevölkerung nach Ende des Zweiten Weltkrieges.

Ruth mit ihrer Mutter Hanna 1946 in Berlin

Deshalb flohen viele Zehntausende der noch ungefähr 300.000 in Polen verbliebenen Juden aus Polen in andere Länder, weil sie aus großer Ungewissheit und Angst im Land keine Sicherheit mehr verspürten. Zu dieser Entscheidung kam auch die Familie von Ruth, denn sie hatten große Angst, nochmal Opfer einer solchen Aktion zu werden. Die Familie fuhr auf dem Weg der Flucht zuerst nach Breslau *(polnisch „Wrocław")*. Von Breslau aus organisierte der Vater einen gut bezahlten Schlepper, der die Familie über die Grenze nach Deutschland bringen würde. Das Warten auf diese Aktion dauerte aber wochenlang und so musste die Familie voller Ungewissheit in einem Zimmer mit vielen weiteren Menschen schlafen und abwarten, bis für die Aktion „grünes Licht“ gegeben wurde. In einer „Nacht-und-Nebel-Aktion“ fuhr die Familie dann mit den weiteren Flüchtenden in einer Art ehemaligem „Kriegstransporter“ mit großer Ladefläche, die mit einer Plane abgedeckt war, über Stettin und dann über die Grenze nach Berlin.

Von Berlin aus ging der Weg nach einem zweijährigen Aufenthalt in einem Lager für die Vertriebenen über Kassel erst nach Bad Reichenhall, wo die Familie einige Zeit in einem Hotel schlief. Die Stadt im Berchtesgadener Land würde aber auch nicht die feste Bleibe der Familie werden. Der Weg führte noch über Augsburg und schlussendlich nach München.

Ihr Vater gründete in Germering, einer großen Kreisstadt mit 40.000 Einwohnern und westlich von München gelegen, eine Sockenfabrik und so gelang ihm der Wiedereinstieg in die Textilindustrie. Zudem eröffnete er ein Textilgeschäft in München, welches nach dem Krieg noch lange Anlaufstelle für viele Überlebende des Holocaust gewesen ist. Sein Geschäft war auch Handelstreffpunkt für alles, was man zum Handeln nach dem Krieg anbieten konnte und dringend erwerben wollte.

Ruth absolvierte mit 15 Jahren ihr Abitur in Tel Aviv, einer israelischen Stadt, gelegen an der Mittelmeerküste. Der Grund dafür war, dass viele Lehrerinnen oder Lehrer, die in den Schuldienst an deutschen Schulen zurückgekehrt waren, die Juden immer noch mit Schikanen und schlechter Behandlung am Unterricht teilhaben ließen. Im Jahr 1954 kam sie nach dem Abitur zurück nach München und absolvierte eine Ausbildung zur Chemielaborantin. Dort lernte Ruth ihren Mann Jossi kennen, es wurde geheiratet und sie bekamen drei Kinder.

Im Jahr 2013 fuhr die gesamte Familie noch einmal an den Ort zurück, der Ruth die Kindheit genommen hatte. Das Ziel war die jetzige Gedenkstätte in Auschwitz. Ruth konnte es nicht in Worte fassen, dass sie wieder an diesem Ort war, und empfand diese Reise als sehr belastend, emotional und grausam.

Zum Abschluss zieht Ruth ein klares politisches Fazit in Zeiten von „Querdenkern" und politischem Rechtsruck in der deutschen Bevölkerung: „Wenn ich die Querdenker in Häftlingskleidung auf einer Demo marschieren sehe oder Parolen rufen höre, dann verzweifle ich stark an der Menschheit und Dummheit genau dieser Menschen. Was mussten wir als Überlebende alles erleben und überleben! Diese Menschen haben absolut keine Ahnung, wie es damals im Holocaust wirklich gewesen ist."

Jetzt sind Sie am Ende dieses Kapitels angelangt.
Sie haben nun die Möglichkeit, über den QR-Code und/oder den abgedruckten Link, über die Kamera oder das Internet, einen vertieften und noch detailreicheren Einblick in die Zeit, besonders im Konzentrationslager Auschwitz und in dem Ghetto von Ruth Melcer, zu erhalten.

https://youtu.be/Mh4_7gFojyY

■ ■ ■ **Das Jahr 1939 rettete Ursula das Leben, es war das Jahr, in dem die Eltern entschieden, beide Töchter auf den Kindertransport in das nordenglische Blackpool an die Westküste der Irischen See zu schicken** ■ ■ ■

Dr. Ursula Beyrodt

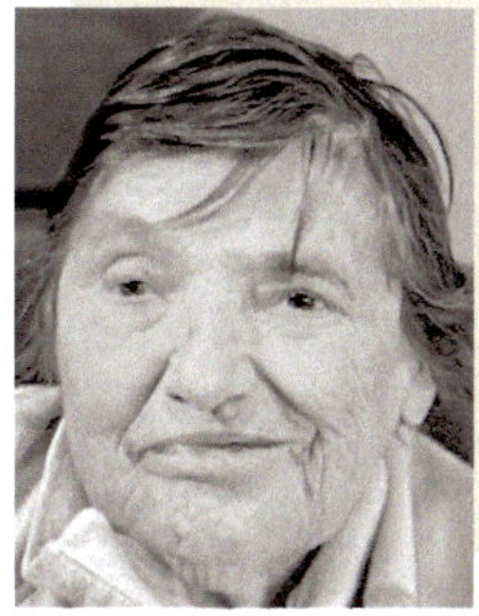

Durch einen Aufruf in den sozialen Netzwerken beziehungsweise in den dortigen Gruppen für die Region Hannover wurde ich auf die Holocaust- sowie Shoah-Überlebende Dr. Ursula Beyrodt aus Hannover aufmerksam. Sie gehört zu den rund 10.000 jüdischen Kindern, die während der NS-Zeit Deutschland ohne ihre Eltern verlassen mussten. Mein Aufruf bezog sich auf die Suche nach Überlebenden des Holocaust aus der Region, um diese in mein Buch- sowie Filmprojekt einzubinden.

Von einer Dame und Mitglied einer dieser Gruppen wurde mir über eine private Nachricht der Tipp gegeben, mich an die Senioreneinrichtung „Eilenriedestift" in Hannover zu wenden. Dort würde wohl eine Frau leben, die auf meine Suche zutreffen würde. Ich recherchierte die Einrichtung und fand auch relativ schnell den Namen der Dame heraus, Dr. Ursula Beyrodt. Ich verfasste eine E-Mail an das Eilenriedestift mit einer allgemeinen Interviewanfrage. Es vergingen nur wenige Tage und ich erhielt eine Rückmeldung. Mir antwortete Uwe Weiner, der im Eilenriedestift für den Bereich „Kultur & Veranstaltungen" tätig ist. Wir tauschten einige E-Mails aus und führten ein erstes Telefonat. Gemeinsam wurde ein Termin für ein „Zoom-Meeting" vereinbart. In diesem Gespräch unterhielten wir uns über mein Projekt und das geplante Interview.

Uwe Weiner hielt im Anschluss mit der Familie und Ursula Beyrodt direkte Rücksprache, ob ein Interview möglich wäre. Es gab grünes Licht, sodass ich wenige Tage später ein Telefonat mit Ursula Beyrodt, die nicht unbedingt mit dem Doktortitel angesprochen werden möchte, führte. Wir vereinbarten ein Gespräch, sodass ich mich wenige Tage später bereits auf den Weg in das Eilenriedestift machte. Ich hatte großes Glück, denn bei dieser Interviewpartnerin war der Weg nicht so lang, da auch ich in der Region Hannover lebe. An dieser Stelle bedanke ich mich bei dem gesamten Team des Eilenriedestifts sowie vor allem bei Uwe Weiner für die Unterstützung.

Dr. Ursula Beyrodt wurde am 22. Juni 1932 in der polnischen Stadt Küstrin geboren. Beide Elternteile waren jüdischen Glaubens. Der Vater hieß Fritz und die Mutter Erika Blankenburg. Der jüdische Glaube wurde in der Familie stets praktiziert. Sie gingen gemeinsam oft in die Synagoge, hielten sich aber nicht an alle Regeln. So wurde zuhause nicht immer „koscher" gegessen. Jüdische Feste wie Chanukka wurden aber zelebriert. Ursula hat eine vier Jahre ältere Schwester, die Gisela heißt. Der Vater arbeitete als Richter und ernährte mit seinem Verdienst die Familie. Die Mutter kümmerte sich um die Kinder und den Haushalt. Zu beiden Elternteilen hatte sie als Kind einen engen Bezug. Sie beschreibt sich als ein sehr ruhiges Kind, das sich stets selbst zu beschäftigen wusste. Ein Kinderwagen, in dem ihre über alles geliebte männliche Puppe Rudi lag, bescherte ihr viele schöne Stunden.

Erika Blankenburg

Gegen Jahresende 1935 wurde der Vater aufgrund der von den Nationalsozialisten erlassenen Reichsbürgergesetze als junger Richter in den Ruhestand geschickt. Aufgrund der Entlassung zog die Familie in den Berliner Ortsteil Schlachtensee, von wo der Vater auch stammte. Es war die Zeit der Judenverfolgungen und die Eltern machten sich Gedanken, wie man die Kinder und sich selbst retten könnte. Eine erste Option war eine mögliche Auswanderung, doch die wirtschaftlichen Voraussetzungen waren nicht gegeben, denn als Jurist für deutsches Recht konnte man im Ausland keine Beschäftigung finden und das internationale Recht wurde in Deutschland nicht gelehrt, so Ursula Beyrodt. Der Vater konnte somit nicht den notwendigen Verdienst für den Lebensunterhalt der Familie verdienen. Sie entschieden sich vorerst in Schlachtensee zu bleiben. Hier bewohnte die Familie eine recht schöne Wohnung, so erinnert sich Ursula.

Das Umfeld in Schlachtensee beschreibt sie als sehr idyllisch, da der große See in direkter Nähe lag. Kontakt zu den Nachbarn oder Nachbarskindern gab es kaum, sodass Ursula auch keine neuen Freundschaften knüpfen konnte.

Ursula besuchte vor Ort, ab Ostern 1938, die allgemeine Schule. Die Mutter gab ihr eines Tages einen wichtigen Ratschlag mit auf den Weg: Wenn die Klassenlehrerin sie in der kommenden Zeit nach Hause schicken würde, solle sie keine Widerworte geben oder Nachfragen stellen. Ursula war der Grund bewusst, denn jüdische Kinder durften mit der Zeit keine deutschen Schulen mehr besuchen. Die Zeit vor dem Entlassen aus der Schule, die Klassengemeinschaft und den Kontakt zur Klassenlehrerin, beschreibt Ursula als sehr harmonisch. Es gab keinerlei Schikanen oder Anfeindungen.

Fritz Blankenburg

Mit dem Schulverbot wechselte sie auf die jüdische Schule in Berlin-Mitte. Der Schulweg wurde deutlich länger, sodass sie jeden Tag mit der U-Bahn den Schulweg antrat. Auf diesem längeren Weg musste sie einmal umsteigen, um ans Ziel zu gelangen. Erinnerungen an die Schulzeit hat sie nur noch wenige, eine davon ist, dass ihnen von den Lehrkräften an der jüdischen Schule die englische Sprache beigebracht wurde. Dies geschah in Vorbereitung für eine mögliche Auswanderung und Flucht ins Ausland. Ziel war es, der Judenverfolgung und den Deportationen zu entkommen.

Das erste Familienmitglied, welches das Schicksal der Judenverfolgung ereilte, war der Vater. Er wurde am 9. November 1938, dem Datum der Reichspogromnacht, von zwei Männern der Gestapo abgeholt. Die Mutter öffnete den beiden Männern die Tür und antwortete auf die Frage, wo der Ehemann sei, nur, dass er noch nicht zuhause war. Beide betraten die Wohnung. Ursula hat noch in Erinnerung, wie sie zu ihrer Mutter sagte, dass die beiden Männer so düster ausgesehen hatten. Als der Vater wieder nachhause kam, wurde er von der Gestapo festgenommen und in das Konzentrationslager Sachsenhausen deportiert. Noch im selben Jahr, vor Weihnachten, kam er mit einem kahl geschorenen Kopf wieder nach Hause. Der Vater berichtete nur, dass die Zeit in Sachsenhausen schlimm gewesen sei.

Das Jahr 1939 rettete Ursula das Leben, es war das Jahr, in dem die Eltern entschieden, beide Töchter, so auch Ursula, auf den Kindertransport in das nordenglische Blackpool an die Westküste der Irischen See zu schicken. Mutter und Vater erklärten den Kindern detailliert, dass dieser Schritt zum Schutze des eigenen Lebens sehr wichtig sei. Ursula und Gisela akzeptierten dies. Diese Transporte wurden von dem Manchester Jewish Refugees Committee sowie den englischen ortsansässigen Juden organisiert, die ein Einvernehmen mit der englischen Regierung herstellten und vereinbarten, dass Kinder aufgenommen werden konnten. Das Committee kam für den Unterhalt der Kinder auf und bestand größtenteils aus wohlhabenden Juden.

Im Frühjahr 1939 traten die Geschwister, jeweils mit einem kleinen Koffer bepackt, die Schifffahrt von Hamburg nach Blackpool an. Ursula hatte ihre Lieblingspuppe Rudi mitgenommen, welche sie bis zum heutigen Tag noch besitzt. Das Schiff trug den Namen „Manhattan". Ursula war zum damaligen Zeitpunkt sechseinhalb und Gisela elf Jahre alt. Die Eltern hatten ihre Kinder mit dem Zug und auf dem Weg von Berlin zum Hamburger Hafen begleitet. An den Abschied kann sich Ursula nicht mehr erinnern. Auf dem Schiff waren, neben anderen Passagieren, rund 90 Kinder. Ursula verlief sich einmal auf dem Schiff, durchforstete es voller Neugierde und verpasste so auch ein Mittagessen. Das Schiff selbst beschreibt sie als sehr luxuriös, da es eine gute Versorgung mit Essen und Trinken gegeben hatte. Die Überfahrt dauerte rund drei Tage, bevor das Schiff in den Hafen von Southampton einlief. Dort wurden die Kinder abgeholt und nach Blackpool gebracht.

Sie kam in einem Kinderheim für Mädchen unter, das durch die jüdische Gemeinde beziehungsweise durch das Comittee gegründet wurde. Der Empfang des Personals war sehr herzlich und bemutternd, so wurden die Mädchen „abgeküsst". Das Kinderheim war früher ein Gästehaus gewesen, in dem viele Touristen aus Manchester und Liverpool in den Ferien ihren Urlaub verbrachten. Blackpool liegt direkt am Meer, sodass es damals wie heute ein beliebter Ort für Touristen ist. Ursula übernachtete in dem Heim mal zu zweit, zu dritt oder zu viert in einem Zimmer. Je nach Belegung des Heimes gab es eine neue Zimmereinteilung. Sie war auch nicht immer bei Gisela, da die Schwester älter war und lieber mit Gleichaltrigen zu tun hatte. Da Ursula die jüngste war, litt die gemeinsame Zeit mit der Schwester etwas darunter, denn sie war fortan oft für sich alleine.

Insgesamt lebte Ursula acht Jahre lang *(von 1939 bis 1947)* in dem Kinderheim in Blackpool. Sie besuchte in den ersten Jahren in Blackpool die Grundschule. Sie kann sich an eine tolle Lehrerin erinnern, die Miss Winkler hieß. Mit dieser Lehrerin war sie bis zu ihrem Lebensende befreundet und es wurde sich auch gegenseitig in England oder Hannover besucht. Nachdem Ursula die Prüfung fürs Gymnasium bestanden hatte, stellte sich die Frage, ob sie auch das Gymnasium besuchen oder lieber auf die Mittelschule gehen solle. Leider konnte sie dies nicht eigenständig entscheiden, da diese Entscheidung das Committee traf. Dessen Mitglieder traten zusammen, um über alle Kinder sowie auch über Ursula und deren weiteren schulischen Lebensweg zu entscheiden. Sie entschieden, dass Ursula auf die Mittelschule geht, so wie auch alle anderen Mädchen. Der Grund für die Entscheidung war, dass die Mitglieder des Committee vermuteten, dass Ursula nach dem Beenden des Gymnasiums durch das Abitur womöglich noch studieren wolle. Die Kosten für ein Studium waren aber immens hoch und niemand wusste zum damaligen Zeitpunkt, wie der Krieg wohl ausgehen würde und was er an finanziellen Mitteln „schluckte".

In der Mittelschule fand sich Ursula schnell ein und in der Klasse zurecht. Auch die englische Sprache lernte sie weiterhin stets engagiert, sodass sie beinahe die deutsche Sprache vergaß. Als Kind lernte man sehr schnell, so meint Ursula. Sie war stets die Klassenbeste, weil sie ja eigentlich überhaupt nicht auf die Mittelschule gehörte. Die Schulzeit war Ursula immer lieber als die Ferienzeit, denn mit Beginn der Ferien war sie dem normalen Heimbetrieb und der Heimleiterin ausgesetzt. Mit der Zeit knüpfte Ursula Kontakt zu einem Mädchen. Aus diesem Kontakt wurde später eine enge Freundschaft. Das Mädchen hieß Audrey.

Während der Zeit in Blackpool entdeckte Ursula ein neues Hobby für sich, sie fing an Gedichte zu schreiben. Eine Lehrerin aus der Mittelschule interessierte sich sehr für ihre Zeilen. Sie bat Ursula, alle Gedichte in ein Buch hineinzuschreiben. Ein anderes Mädchen, das gut zeichnen konnte, sollte diese Gedichte illustrieren. Bedauerlicherweise kam es nie dazu, und das Buch kam nicht zustande, bedauert Ursula heute.

Mit der Zeit mochten Ursula sowie die anderen Mädchen die weibliche Heimleitung immer weniger, denn sie schikanierte die Kinder und hatte einen sehr groben und unfreundlichen Umgang. Sie hatte unter den Kindern den Spitznamen „Die Olle“.

Die Eltern einer Klassenkameradin sagten zu ihrer Tochter, dass sie doch mal das deutsche Mädchen aus der Klasse mit nach Hause bringen sollte. So kam es, dass Ursula zu Besuch bei dieser Familie war. Blackpool blieb von den Bomben der deutschen Flugzeuge verschont. Doch immer wieder dröhnte der Fliegeralarm durch die Straßen. Schulkinder, die bis zu fünf Minuten entfernt wohnten, durften beim Ertönen des Fliegeralarms noch schnell nach Hause gehen, alle anderen mussten in den Luftschutzkeller der Schule. Der Schulweg von Ursula hatte eine Gehzeit von zehn Minuten. Ursula begleitete das Mädchen bei einem dieser Alarme mit nach Hause. Sie gab aber der Lehrerin nicht Bescheid. Die Lehrerin sowie die Heimleitung hatten große Angst, da Ursula unauffindbar war. Ursula genoss die Zeit bei der Klassenkameradin und ihren Eltern sehr, denn es war wie in einer richtigen Familie. Der Vater kam nach der Arbeit nach Hause, die liebevolle Mutter kochte und es war ein harmonisches Miteinander. Während dieser kurzen Zeit fehlten Ursula die eigenen Eltern sehr. Die Mutter sagte irgendwann „Du musst jetzt aber auch mal wieder nach Hause gehen." Dies tat Ursula dann auch. Sie bekam von der Mutter in beide Hände noch eine Süßigkeit und ging freudestrahlend los. Im Heim war eine große Aufregung, die Klassenlehrerin, die Schulleiterin und die Heimleitung standen vor der Tür und nahmen Ursula aufgebracht in Empfang. Die Heimleiterin schimpfte Ursula mächtig aus, doch ihr war es völlig egal, weil sie so glücklich war.

Der jüdische Glaube wurde auch im Heim praktiziert. Neben Besuchen in der Synagoge wurden auch Feierlichkeiten wie das Pessachfest in der Gemeinschaft gefeiert.

Mit dem Ausbruch des Zweiten Weltkrieges am 1. September 1939 sowie in den kommenden Jahren konnte Ursula den Kontakt zu ihren Eltern immer schwerer aufrechterhalten. Anfangs schrieb man sich noch Briefe, dann wurde der Textumfang stark durch das Internationale Rote Kreuz mit Sitz in Genf, welches die Briefe übermittelte, eingeschränkt. Die Eltern durften ihrer Ursula nur einen Text von 25 Wörtern auf einen Vordruck schreiben und Ursula mit nur 20 Wörtern antworten. Diese Nachrichten, welche den Stil eines Telegramms hatten, benötigten oftmals Wochen oder Monate, bis sie in England oder in Deutschland ankamen.

Die Eltern gaben mit der Zeit ihre Wohnung in Berlin Schlachtensee auf und zogen in das Landwerk Neuendorf in Fürstenwalde, welches zur Vorbereitung einer möglichen Auswanderung diente. Von Fürstenwalde kamen sie etwas später in die jüdische Gartenbauschule nach Hannover-Ahlem. Hier begann der Vater eine Ausbildung. In dieser „einem Konzentrationslager ähnlichen" Einrichtung ging die Gestapo ein und aus und selektierte Gruppen, welche mit Transporten in die Konzentrationslager deportiert wurden. Niemand wusste, ob er der Nächste war. Gerade den Zwangsarbeitern aus Osteuropa erging es in Ahlem besonders schlecht und sie erlebten fürchterliche Schikanen, welche Ursulas Eltern auch mit eigenen Augen sahen.

Im Februar 1945 wurde der Vater in das Ghetto Theresienstadt deportiert. Großes Glück ereilte den Vater, denn das Ghetto wurde am

8. Mai 1945 von der Roten Armee befreit und er blieb von der weiteren Deportation in das Konzentrations- und Vernichtungslager Auschwitz verschont. Er kehrte nach der Befreiung des Ghettos via Trampen und einer Eisenbahnfahrt zurück nach Hannover.

Nachdem der Vater wieder in Hannover angekommen war, lebten beide Elternteile weiterhin in der nun befreiten jüdischen Gartenbauschule, schauten sich aber auch nach einer neuen Bleibe um.

Gegen Ende des Krieges entschieden die Eltern, dass die beiden Töchter zurück nach Deutschland kommen sollten. Der Vater musste verschiedene Hürden der Bürokratie in die Wege leiten und meistern, damit dieser Schritt möglich war. Gisela und Ursula waren auch die einzigen Mädchen, die aus dem Heim zurück nach Deutschland kamen, zudem auch die einzigen jüdischen Kinder aus dem Heim, von denen die Eltern den Krieg und den Holocaust überlebt hatten.

Mit dem Schiff, einer Art „Kreuzfahrtschiff", so hat es Ursula in Erinnerung, ging es im Januar 1947 von Blackpool aus über Southampton zurück nach Hamburg. Es herrschte zum damaligen Zeitpunkt ein kalter und eisiger Winter, beide froren sehr. Nach Ankunft wurde beiden gesagt, sie sollen sich in Osnabrück melden. Dies wurde vor Ort durch das „Willkommenspersonal" erledigt. Warum genau eine Meldung nach Osnabrück von Relevanz war, diese Frage kann sich Ursula bis heute nicht beantworten. Gisela und Ursula kamen so erst einen Tag später in Hannover bei den Eltern an. Es war ein schöner und emotionaler Moment, als Ursula beide Elternteile wieder in den Armen halten konnte.

Sie beschreibt den Kontakt zu den Eltern als nicht mehr so harmonisch und innig wie vor der Kriegszeit, eher distanzierter. Die Eltern fanden gemeinsam mit den beiden Töchtern eine neue Bleibe und wohnten fortan zur Miete in einem Haus in Hannover-Oberricklingen.

Der Vater nahm seine Tätigkeit als Richter schnell wieder auf, denn der Wiedereinstieg in den erlernten Beruf lag ihm sehr am Herzen. Er arbeitete zuerst am Landgericht in Hannover und dann am Oberlandesgericht in Celle. Die Mutter blieb weiterhin als Hausfrau zuhause. Der Vater wollte, dass Ursula aufs Gymnasium ging. Der Schulleiter des Gymnasiums wollte herausfinden, wie viel Ursula während der Schulzeit in England gelernt hatte. Er fragte sie, wie hoch die Zahl „Pi“ ist. Ursula konnte richtig antworten. So konnte sie ihr Abitur am „Wilhelm-Raabe-Gymnasium“ in Hannover erfolgreich absolvieren. Im Anschluss studierte sie den Studiengang „Jura“ an der Universität in Hannover.

Während der Studienzeit lernte sie ihren Ehemann Arndt Beyrodt kennen. Etwas später wurde geheiratet und zwei Söhne wurden geboren. Aufgrund des guten Studiums wurde ihr angeboten, eine Stelle am Landesgericht und etwas später am Justizministerium anzunehmen. Sie arbeitete erst als Staatsanwältin und dann als Richterin.

Im Jahr 2002 verstarb ihr Ehemann Arndt. Ursula hat heutzutage großen Respekt vor ihren Eltern, die in Berlin-Schlachtensee zurückbleiben mussten und die Kinder in die Ungewissheit reisen ließen. Sie bewundert die Eltern für den Schritt, diese letzte Möglichkeit, durchgezogen zu haben, um die Kinder vor einem schlimmeren Schicksal zu bewahren.

Jetzt sind Sie am Ende dieses Kapitels angelangt.
Sie haben nun die Möglichkeit, über den QR-Code und/oder den abgedruckten Link, über die Kamera oder das Internet, einen vertieften und noch detailreicheren Einblick in die Lebens- und Familiengeschichte von Dr. Ursula Beyrodt zu erhalten. Das verfilmte Interview gibt weitere exklusive und detailreiche Einblicke.

https://youtu.be/h6VEUddXmnY

■■■ Josef war geschockt darüber, wie sich ein Mensch so schnell verändern konnte, dieses Ereignis machte ihm psychisch sehr zu schaffen ■■■

Josef Königsberg

Über die Medien wurde ich auf Josef Königsberg und seine Lebensgeschichte aufmerksam. Er überlebte mehrere Konzentrationslager und ein Ghetto der Nationalsozialisten. Schon im Vorfeld fiel mir auf einigen Bildern und in den vorherigen Interviews auf, dass Königsberg stets ein Lächeln im Gesicht hatte und in seinen Aussagen immer sehr positiv und niemals abwertend redete.

Mein Weg zu Josef Königsberg sollte mich an einem verregneten Samstag nach Essen ins Ruhrgebiet führen, eine Großstadt mit fast 600.000 Einwohnern, die durch die Zeche Zollverein oder das Ruhrmuseum bekannt ist. Irgendwie sollte sich dieses kühle, regnerische und düstere Wetter auch im Interview mit Josef Königsberg widerspiegeln, denn die Gesprächsinhalte sollten mich im Nachgang noch sehr emotional aufwühlen. Als ich nach einer längeren Zugfahrt im südlichen Teil von Essen angekommen war, führte mich ein kleiner Fußweg in eine sehr noble und idyllisch gelegene Wohnsiedlung. Imposante Villen und Parkanlagen beeindruckten mich. Der Fußweg endete vor genau so einer Villa. Genauer gesagt stand ich vor zwei aneinandergebauten Villen. Die eine Hälfte diente dabei als Wohnhaus des Ehepaares Königsberg und die zweite Hälfte als Bürogebäude, denn Josef Königsberg ist trotz seines Alters als Makler in der Immobilienbranche aktiv.

Ich klingelte an der Haustür des Wohngebäudes und eine Haushaltsgehilfin öffnete die Tür. Es folgte eine sehr herzliche Begrüßung. Direkt hinter der Dame fuhr Josef Königsberg mit einer Gehhilfe Richtung Eingangstür und gab mir zu verstehen, dass wir in das Bürogebäude gehen würden. Ich folgte ihm und der Haushaltsgehilfin. Eine lange Wendeltreppe führte in die zweite Etage, auf der auch das Büro liegen sollte. Ich schnappte mir meinen Koffer und trug diesen über die Treppe in das lichtdurchflutete und große Büro. Königsberg folgte mir und setzte sich an den Konferenztisch. Ich baute meine Ausrüstung auf und wir begannen mit dem Interview.

Josef Königsberg wurde am Montag, dem 27. Oktober 1924, in der oberschlesischen Stadt Kattowitz *(polnisch: Katowice)* geboren. Katowice ist mit über 300.000 Einwohnern die sehr moderne und aufstrebende Hauptstadt der Woiwodschaft Schlesien. Katowice ist rund 80 Kilometer entfernt von Krakau *(polnisch: Krakow)* und 30 Kilometer von Gleiwitz *(polnisch: Gliwice)*. Bekannt ist die Region durch den Abbau von Kohle. Viele Fördertürme prägen die Landschaft und das Stadtbild in und um Katowice.

Die Bevölkerung zeichnet ein sehr junges Durchschnittsalter aus, da viele Studierende in der Stadt leben. Gerade die Musikakademie, die schlesische Universität, das Symphonieorchester, zahlreiche Theater sowie Clubs und Bars sind attraktiv für die jüngere Generation. Zudem gibt es eine mehrere 100 Meter lange Straße mit dem Namen „Mariacka", die geprägt ist von unzähligen Bars, Nachtclubs oder Diskotheken und an der Marienkirche mit ihrem hohen Kirchturm endet. Aber auch so ist die Stadt für alle Altersgruppen sehenswert, denn neben einem Zoo, einigen Kinos, einem großen Freizeitpark und liebevoll gestalteten Parkanlagen, Museen *(u. a. Schlesisches Museum)* und vielen weiteren Attraktionen wird ein breites Spektrum an Attraktionen angeboten. Das gesamte Ballungsgebiet umfasst ungefähr fünf Millionen Einwohner. Zum damaligen Zeitpunkt hatte Kattowitz rund 120.000 Einwohner und galt als wohlhabende Stadt, denn die Industrie brachte so manche reiche Geschäftstüchtige, die meist in den Vororten in ihren großen Anwesen lebten.

Wirtschaftlich gesehen war die Lage nach dem Ersten Weltkrieg nicht gut, aber die jüdische Familie, in die Josef hineingeboren wurde, hatte Arbeit und ein für damalige Verhältnisse gutes Einkommen. Die Eltern hießen Max und Regina. Sie waren damals dem Mittelstand zuzuordnen. Der Vater arbeitete und war so erfolgreich, dass die Familie sich sogar ein eigenes Auto leisten konnte. Die Mutter kümmerte sich um den Nachwuchs.

Mit der Zeit machte sich aber die wirtschaftliche Krise bemerkbar und das zeichnete sich auch in den Lebenshaltungskosten ab. Die Preise erhöhten sich und von dem verdienten Geld blieb immer weniger übrig.

Die Familie lebte in einem Wohnhaus, welches vier Etagen hatte. Sie bewohnte eine Wohnung in der zweiten Etage. Im Hinterhof stand ein weiteres Gebäude, in dem Arbeitslose und Sozialhilfeempfänger lebten. Die Eltern sprachen Josef das Verbot aus, dieses Haus zu betreten, denn sie hatten Angst, dass ihrem Kind dort die Kleidung verschmutzen könnte oder er von Betrunkenen angegangen würde. Ebenfalls befand sich im Hinterhof ein Spielplatz, auf dem sich die zahlreichen Kinder des Wohnhauses trafen und vergnügt mit den Puppen oder Fußball spielten. Josef erinnert sich daran, wie der Hauseigentümer, mit Namen Graf von Zawilski, immer mit seinem Chevrolet vorfuhr, wenn er sein Eigentum kontrollieren wollte und seine Rundgänge durch das Haus machte. Das Auto beeindruckte die Kinder sehr.

Die eigene Kindheit beschreibt Josef als unbeschwert und problemlos. Trotzdem erlebte er auch als Kind die ein oder andere Situation, die ihm im Gedächtnis geblieben ist.

Ein Lebensjahr später ereignete sich die folgende Situation. Josef war mit seiner Mutter alleine zuhause, da der Vater auf der Arbeit war. Er spielte und die Mutter beschäftigte sich mit dem Haushalt. Ein fürchterlicher Durst überkam ihn und somit fragte er die Mutter nach etwas zu trinken. Die Mutter kochte frischen Tee, der aber noch viel zu heiß war. Die Mutter beendete schnell die zu dem Zeitpunkt angefangene Hausarbeit und stellte den Tee zum Abkühlen an das Fenster. Da Josef als Kind immer sehr ungeduldig war und somit auch nicht auf den Tee warten wollte, schnappte er sich die Tasse Tee selbst und ging zu dem Fenster hin. Generell war das Fenster für ihn ein echtes Highlight,

Josef mit seiner Mutter

denn es gab noch keinen Fernseher und so reichte schon das Fenster aus, um das geschäftige Treiben in der Stadt und viele Situationen mitzubekommen. Es passierte ein Unglück, denn ein Teil des Inhaltes schwappte über den Rand der Tasse hinaus aus dem Fenster und landete auf dem Kopf eines Polizisten, welcher gerade durch Zufall am Haus vorbeiging. Völlig fassungslos ließ er die Tasse fallen und konnte vor Schock nicht vom Fenster weichen. So sah der wild umherschauende Polizist den Jungen und vor lauter Wut stampfte er erst ins Haus und dann das Treppenhaus hoch bis vor die Tür. Er schlug an die Tür und die völlig verängstigte Mutter öffnete dem Polizisten. Dieser entgegnete aufgebracht, dass es ein Anschlag gewesen sei. Die Polizei war zum damaligen Zeitpunkt sehr brutal und so kam es häufig vor, dass Menschen schnell in Gewahrsam genommen wurden. Die Mutter flehte den Polizisten an, die Situation zu vergessen, und er gab nach und das Missgeschick war überstanden.

Der Vater von Josef

Josef hat seinen Vater noch sehr gut in Erinnerung. Er beschreibt ihn als sehr großen und gut aussehenden Mann. Von seiner Art her war er sehr offen und gutmütig, hatte ein gutes Herz und wurde in seinem Umkreis mit Ansehen betrachtet. Leider litt die Mutter etwas unter dem Vater, da er ein echter Frauenheld gewesen sein soll. Häufig war er auch nicht mit ihr, sondern eher in guten Lokalitäten und Restaurants unterwegs. Bedauerlicherweise wurde die Gutmütigkeit dem Vater oft zum Verhängnis, denn er verlieh oft Geld, das er nicht wieder zurückbekam.

Im Jahr 1931 bekam Josef eine Schwester, die den Namen Irena trug. Die Schwester hatte schon früh mehrere gesundheitliche Probleme, sodass die Eltern stets auf der Suche nach den besten Ärzten unterwegs waren und ein Großteil der Zuneigung und Aufmerksamkeit auf sie fiel und nicht auf Josef.

Josef besuchte die Volksschule in Kattowitz. Er erinnert sich nur an ein einziges Erlebnis kurz nach der Einschulung. Mit sechseinhalb Jahren fragte ihn der Lehrer, wie er heißen würde. Seine Antwort war „Bubi". Die versammelte Klasse lachte sich kringelig. Eine weitere Frage des Lehrers war, wo er wohnen würde. Er antwortete mit „Mühlenstraße 2 im 15 Stock". Wieder lachten die Mitschüler, denn nirgendwo in Katowice und Umgebung gab es ein so hohes Haus. Vor Aufregung und Nervosität hatte Josef die Zahlen verdreht. Den Spitznamen „Bubi" hatte er aber seit diesem Tag für die Zeit an der Volksschule inne.

Josef erinnert sich daran, dass er als Kind von Fahrrädern fasziniert war und so sein größter Wunsch war, ein eigenes Fahrrad zu besitzen. Da das Geld aber immer knapper wurde, waren solche teuren Anschaffungen nicht immer ganz leicht zu bewerkstelligen. Trotzdem sollte sich dieser große Wunsch erfüllen! Bei einem gemeinsamen Mittagessen zwinkerte der Vater seinem Sohn zu. Er hatte eine Überraschung! Er versprach Josef, dass in den nächsten Tagen ein Fahrrad ankommen wurde. Voller Freude und Dankbarkeit umarmte Josef seinen Vater. Die Wartezeit verlängerte sich aber am Ende, denn es waren nicht nur Tage, sondern Wochen, die Josef auf sein neues Fahrrad warten musste. Das Fahrrad sollte bei Ankunft eine kleine Enttäuschung auslösen, denn es war nicht sein Lieblingsrad, das brandneue Modell der Firma „Wanderer" und zudem ein wenig zu klein. Der Vater schraubte den Sattel etwas höher und Josef nahm es so hin, da er dem Vater nicht seine Enttäuschung zeigen wollte. Bei der ersten gemeinsamen Radtour mit Freunden bestätigte es sich leider, dass das Fahrrad zu klein war. Josef konnte seine Freunde nicht einholen, da er kleinere Räder hatte und somit eine geringere Schnelligkeit erreichte. Josef verlor die Freude an dem Fahrrad. Der Vater überraschte seinen Sohn aber auch mit weiteren Geschenken, so kaufte er gar einen lebenden Affen als Haustier, der am Ende vom Zoo abgeholt werden musste, da er keine richtige Unterbringung und auch zu wenig Aufmerksamkeit bekommen hätte. Dann wollte der

Vater das musikalische Talent bei seinem Sohn wecken und schenkte ihm ein Horn und eine Geige. In beiden Instrumenten probierte sich Josef, doch konnte er schlussendlich auch durch einen absolvierten Unterricht nicht genug Talent und Engagement vorweisen.

An seine erste große Liebe erinnert sich Josef auch bis zum heutigen Tag gerne zurück. Ein hübsches Mädchen mit braunen Augen und dunklen Haaren. Sie hieß Felizia und war die Stiefschwester einer Nachbarin. Fella, wie ihr Spitzname war, wohnte in Krakau und war nur zwei- bis dreimal im Jahr in Kattowitz, bei der Schwester *(der Nachbarin)* zu Besuch. Josef war sehr verliebt und mit diesem Mädchen erlebte er auch die ersten Küsse. Die beiden Verliebten sollten sich aber bald schon aus den Augen verlieren, denn die Familie von Felizia wanderte ins Ausland aus. Es folgte ein schmerzhafter Liebeskummer und noch heute hat Josef seine Fella vor Augen.

Die jüdische Familie und besonders die Eltern waren nicht besonders religiös. Der Vater hingegen ging dem Glauben und der damit verbundenen Tradition mit Gehorsam nach. Beide Elternteile erzogen ihn somit im jüdischen Glauben, aber vermittelten auch stets, dass Offenheit gegenüber anderen Religionen wichtig und mit Toleranz zu behandeln sei. Einmal jährlich ging der Vater mit Josef in die Synagoge, um das jüdische Neujahrsfest „Rosch ha-Schana“ zu feiern. Dieses Fest startet am ersten Tag der mehrtägigen Feier mit dem „Taschlich-Gebet“. Es fällt dem jüdischen Kalender nach auf den ersten Tischri, der im September oder in der ersten Hälfte des Oktobers liegt. Der Tischri dauert 30 Tage. An diesem Fest beginnen auch die zehn „Jamim Noraim“, die „ehrfurchtserweckenden Tage“ der Reue und Umkehr. Diese Tage enden mit dem Versöhnungsfest „Jom Kippur“. Dieser Tag gilt als heiligster und feierlichster des jüdischen Jahres. Auch dieses Fest hat den Schwerpunkt der Reue und Versöhnung. Zu Sonnenuntergang wird nach dem Gebet „ Kol Nidre“ einen ganzen Tag lang gefastet. Das Fasten hört am darauffolgenden Tag mit Einbruch der Dunkelheit auf.

Josef besuchte ab dem elften Lebensjahr viermal in der Woche immer zur Nachmittagszeit die jüdische Gemeindeschule, hebräisch auch „Cheder“ genannt. Hier wurde der Talmud studiert, das bedeutendste Schriftstück des Judentums. Dieser Talmud besteht aus zwei Teilen, der ältere Teil mit dem Namen „Mischna" und der jüngere Teil trägt den Namen „Gemara". Der Talmud verankert den jüdischen Glauben mit oder in dem Alltag und gibt vor, wie man den Alltag dem Glauben nach gestalten sollte. Bedeutet, dass er Anweisungen und Erklärungen gibt.

An seine Zeit in der Gemeindeschule hat Josef eine sehr abscheuliche Erinnerung. Der damalige Leiter dieser Schule wies Josef an, nach dem Unterricht noch einmal zu ihm zu kommen. Dies tat Josef dann auch. Nachdem alle Klassenkameradinnen und Klassenkameraden gegangen waren, forderte der Leiter ihn auf, die Tür zu schließen. Josef schloss die Tür und ging zu ihm. Der Lehrer saß auf seinem Stuhl mit gespreizten Beinen und zog Josef plötzlich an sich heran, die Hose zerrte er herunter und wollte nun den Penis anfassen. Die Aussage des Leiters war, dass er mal schauen müsste, ob noch alles in Ordnung sei. Josef war perplex und versuchte sich loszureißen, was dann auch gelang. Er floh über den Flur nach draußen und war völlig geschockt. Der Leiter hatte einen pädophilen und homosexuellen Hang, und Josef vermutet, dass diesem Verhalten weitere Kinder der Gemeindeschule zum Opfer fielen. Dieses Erlebnis hat er niemals seinen Eltern erzählt.

Mit dem 13. Lebensjahr bei Jungen und bei Mädchen feiert man im jüdischen Glauben das Fest mit dem Namen „Bar Mitzwa". Es ist ein Fest, das die Religionsmündigkeit besiegelt. Die Jungen oder Mädchen haben von dem Tag an dem Glauben nach die gleichen Rechte und Pflichten wie die Erwachsenen. Zudem verpflichtet dieses Alter, dass man die jüdischen Gesetze achtet und sich zum Einhalten verpflichtet. Nach dem „Schabbat", dem siebten Tag in der Woche, an dem nicht gearbeitet werden soll, und einem Gottesdienst wurde Josefs „Bar Mitzwa" gefeiert. Ein reichhaltiges Essen, an dem rund 40 Verwandte, Familienmitglieder und Freunde teilnahmen, rundete diese Festlichkeit ab. Zudem erhielt Josef auch einige Geschenke wie eine Uhr oder einen Fotoapparat. In der Synagoge wird der Hauptteil des Festes zelebriert und man liest und singt Ausschnitte der Tora. Die Tora ist der erste Teil der „Tanach", der hebräischen Bibel. Josef wurde auf dieses Fest mehrere Monate lang vorbereitet.

Mit zwölf Jahren, im Jahr 1936, besuchte Josef die sechste Klasse in der Volksschule. Die Eltern mussten nun eine Entscheidung treffen, welche auch aus Kostengründen nicht leichtfiel. Es musste jetzt die Frage geklärt werden, ob sie ihren Sohn für weitere zwei Jahre auf die Volksschule schicken sollten. Danach würde eine Ausbildung am Technikum oder eine Handwerkslehre anstehen. Die andere Option war, dass Josef zum Gymnasium wechselte. Kattowitz hatte zwei Gymnasien, ein städtisches und ein Gymnasium, das eher der Oberschicht und der gutbetuchten Gesellschaft angehörte. Dieses Gymnasium trug den Namen eines polnischen Dichters, Adam Mickiewicz. Die Eltern entschieden sich für das Gymnasium der Oberschicht. Um hier aufgenommen zu werden, musste Josef eine Prüfung absolvieren. Den Bewerbern wurden aber noch mehrere Steine in den Weg gelegt, denn entscheidend war auch die Herkunft, denn es gab auch eine begrenzte Zahl an Plätzen für jüdische Kinder. Josef überzeugte mit guten Noten in der Prüfung, ergatterte einen der Plätze und durfte das Gymnasium besuchen. Besonders hat ihn die schöne Schuluniform gefallen, die alle auf dem Gymnasium tragen mussten. Sein Anzug war dunkelblau und hatte silberne Knöpfe. Zusätzlich wurde ein weißes Hemd mit blauer Krawatte getragen. Jede Uniform der Schüler, die die erste bis vierte Klasse des Gymnasiums besuchten, hatte einen blauen Streifen. Nachdem die vierte Klasse erfolgreich beendet worden war, wurde zwei Jahre lang bis zum Abitur das Lyzeum besucht. Hier wechselte auch der blaue Streifen zu einem roten Streifen. Es gab auch Mützen, die ebenfalls die jeweiligen Streifen trugen.

Alle jüdischen Gymnasiasten hatten weniger Rechte, so durfte Josef kein Mitglied bei den Pfadfindern werden. Dort lernte man durch eine militärische Ausbildung neben dem Drill und Gehorsam auch den Umgang mit verschiedenen Waffen. Juden wurden an dem Gymnasium als Menschen zweiter Klasse angesehen, sodass auch kaum Kontakte oder Freundschaften zwischen den Juden und den polnischen sowie katholischen Mitschülern entstanden. Auch die Lehrkräfte behandelten die Juden mit einer harten Strenge und waren sehr anspruchsvoll, was die Überprüfung der Leistung angeht. Josef wollte aber seine Eltern mit der erschwerten Situation auf dem Gymnasium nicht belasten und verschwieg seinen Kummer und die

Erlebnisse. Mit der Zeit wurde die Wirtschaftslage immer schlechter und somit hatten die Eltern genug eigenen Kummer und Sorgen um die Ohren. Der Vater arbeitete immer härter und die Arbeitstage wurden unendlich lang, denn er wollte den guten Lebensstandard der Familie aufrechterhalten.

Josef erinnert sich an einen sommerlichen Tag im August 1939. Im Radio spielte man immer mehr Marschmusik oder Soldatenlieder. Die Regierung wollte der Bevölkerung den Mut geben, dass die eigene polnische Armee so stark sei, dem sehr wahrscheinlichen Angriff der Deutschen auch standhalten zu können.

Viele Deutsche und deren Volksgruppen lebten bereits in Polen und so nutzten die Nationalsozialisten ihre Propaganda aus und machten für ihre Politik in den Gebieten viel Werbung. Diese Propaganda erreichte auch Kattowitz, so hat es Josef in Erinnerung. Es gab fortan in den vielen Kiosken die Zeitung „Völkischer Beobachter" zu kaufen. Eine Zeitung, die täglich erschien und die Bevölkerung mit Verschwörungstheorien, Hassreden gegen die Juden und aktuellen politischen Neuigkeiten des NS-Regimes aufmerksam machen wollte. Im gesamten Stadtgebiet hingen Plakate mit antipolnischen und antisemitischen Parolen, die die gesamte Übernahme der Deutschen befürworten und bewerben sollten. In den kommenden Monaten wuchs die Angst in der Bevölkerung und es wurde vermutet, dass der Krieg bald schon ausbrechen könnte. Viele Menschen, die über die finanziellen Mittel verfügten, flohen aus der Stadt, andere hingegen beharrten auf der NS-Propaganda und blieben.

Josefs Vater hingegen hatte Bedenken, denn Kattowitz lag unmittelbar in der Nähe der deutschen Grenze. Es könnte möglich sein, dass die Stadt Mittelpunkt und Austragungsort der Kämpfe werden würde. Deshalb packte die vierköpfige Familie ihre Habseligkeiten zusammen und floh. Der Weg sollte sie in die 30 Kilometer weit entfernte Stadt Krenau *(polnisch: Chrzanow)* führen. Dort hatte die Familie noch Verwandtschaft. Krenau hatte zu der damaligen Zeit rund 20.000 Einwohner, von der die Hälfte Juden waren. Heute hat die Stadt Chrzanow 40.000 Einwohner und liegt in der Woiwodschaft Kleinpolen. Das Stadtgebiet liegt 40 Kilometer westlich entfernt von Krakau und 24 Kilometer von Oswiecim *(Auschwitz)*.

Am 1. September 1939 überfielen die Deutschen das Nachbarland Polen, es war der Beginn des Zweiten Weltkrieges. Genauer Ort und Beginn des Kriegs war die „Westernplatte" an der Ostseeküste in Danzig. Das Schiff „Schleswig-Holstein" feuerte auf die polnische Befestigung und eröffnete somit den Krieg. Zur gleichen Zeit flogen auch deutsche Bomber über die deutsch-polnische Grenze und ließen den ersten grausamen Angriffen ihren freien Lauf. Zu diesen Botschaften wurde zu jeder vollen Stunde die polnische Nationalhymne gespielt.

Auch in Krenau sprach sich die Nachricht des Überfalls blitzschnell herum. Die Straßen der Stadt leerten sich vor Angst, Fenster und Türen wurden verriegelt und es herrschte Stille. Die Familie und die Verwandten vernahmen ein Brummen. Sie hatten große Angst, dass es Bomber sein könnten, denn dann hätten sie wahrscheinlich schlechte Karten zum Überleben gehabt. Aber es waren deutsche Soldaten, die mit Motorrädern in die Stadt fuhren. Sie wollten prüfen, ob es Widerstand in der Bevölkerung geben würde. Danach folgten Truppen. Die Soldaten ließen die Zivilbevölkerung in Frieden und wurden teilweise sogar noch herzlichst von Anhängern der Propaganda und Menschen, die Hoffnungen wegen des neuen politischen Umschwungs hatten, begrüßt. Bis zu diesem Zeitpunkt ahnte noch niemand, was für Kriegsverbrechen die Deutschen mit der Bevölkerung und besonders mit den Zigeunern und Juden vorhatten.

Der Vater hatte den Glauben, dass die polnische Armee dem Überfall und den deutschen Truppen mit Gegenwehr antworten würde. Die Männer versteckten sich zudem, denn es herrschte die Meinung, dass die deutschen Soldaten den Frauen und Kindern nichts antun würden. Ein großer Irrtum! Der Vater, der in genau diesem Versteck war, bekam von der folgenden Situation nichts mit. Gegen sechs Uhr morgens wurde die Mutter mit den beiden Kindern durch aufbrausende und energische SS-Männer, die gegen die Wohnungstür klopften, aus dem Schlaf gerissen. Die Mutter öffnete ängstlich die Tür und bekam die Botschaft, dass sie innerhalb der nächsten zehn Minuten alles zusammenpacken sollte und auch nur einen einzigen Koffer mitnehmen dürfe. Am Ende waren es doch zwei Koffer, was die beiden Männer aber trotzdem noch bewilligten. Neben Kleidung ergriff Josef in der Eile seine geliebte Briefmarkensammlung, die im weiteren Verlauf dieses Kapitels noch große Bedeutsamkeit gewinnen sollte. Gemeinsam wurden sie nun auf die Straße gezerrt, denn das Haus wurde von den Deutschen beschlagnahmt. Die anderen Verwandten, die in dem Haus lebten, ereilte das gleiche schlimme Schicksal, und es sollte noch schlimmer werden.

Die Deutschen richteten ein jüdisches Ghetto in der Stadt ein. Der Begriff „Ghetto“ bedeutete bei den Nationalsozialisten, dass alle Juden *(die einen hohen Teil der Bevölkerung in Krenau ausmachten)*, in einem Stadtviertel zentriert wurden. Die Familie kam in diesem Viertel unter und erhielt eine Wohnung in einem sehr ärmlichen und ungepflegten Bereich. Josef ist in Erinnerung geblieben, dass es zu der Wohnung nicht mal eine vernünftige Straße gab und der Weg mit schlammigen Schlaglöchern übersät war. Er betitelt diesen Wendepunkt seiner Lebensgeschichte als Beginn von einem Leben, das mit Qualen und Abwertung der Juden übersät sein sollte.

Eines Nachts ereignete sich eine ähnliche Situation wie in Kattowitz. Mehrere SS-Männer überfielen das Ghetto und scheuchten einige Männer auf die Straße hinaus. Gemeinsam machte sich der Trupp auf den Weg zu einer ausgehobenen Grube. Hier mussten sich die Männer in einer Reihe aufstellen und wurden einer nach dem anderen von den SS-Männern erschossen, so Königsberg.

Die Mutter und die beiden Kinder hatten große Angst, der Vater war immer noch in seinem Versteck und wurde noch nicht gefunden. Was wäre, wenn die SS ihn finden würde? Gemeinsam wurde eine Entscheidung gefällt, der Vater wollte fliehen. Er schlug aber vor, dass die gesamte Familie mitkommen soll. Das lehnte die Mutter aber ab, da sie den beiden Kindern diesen Stress nicht antun wollte. Zudem vertrat sie immer noch die Meinung, dass die SS den Müttern und Kindern doch niemals etwas Böses antun würde. Die Entscheidung der Mutter sollte im Nachhinein betrachtet ein sehr großer Fehler gewesen sein. So packte der Vater einige Sachen zusammen, verabschiedete sich und floh mit einer kleinen Gruppe von Männern. Die Frage, ob sich die Familie jemals wiedersehen würde, schwirrte allen durch die Gedanken.

Ein kalter Winter sollte die Menschen im Ghetto im Jahr 1939 erwarten. An einem Novemberabend in diesem Winter, klopften jüdische Polizisten, die von der SS als „Bewacher des Ghettos" auserwählt worden waren, an die Tür der Wohnung. Es wurde gefragt, ob noch Männer im Haus seien. Die Mutter hatte große Angst, dass jetzt doch auch die Jungen abgeholt werden würden und Josef an der Reihe sei. Die Polizei beruhigte sie und sagte, dass man Hilfe benötige, da in dem tiefen Schnee die Fahrzeuge der Wehrmacht stecken geblieben seien. So meldete sich Josef freiwillig für diesen Dienst und schloss sich einer Gruppe an. Gemeinsam räumten sie die Straßen wieder frei.

Eine weitere Aufgabe übernahm Josef für eine polnische Baufirma, die für die Deutschen das Rathaus in Krenau umbauen sollte. Er musste dabei schwere Steine oder Ziegel mehrere Etagen hochtragen. Lange währte diese Arbeit nicht, denn mit der Zeit wurde es auch Juden auf dem Arbeitsmarkt schwergemacht und so untersagte die deutsche Regierung den Firmen eine Beschäftigung von Juden.

Dieses Mal sollte sich eine Arbeit der Nationalsozialisten ergeben, die Josef schwer zu schaffen machte. Er wurde eingeteilt für eine Arbeitsgruppe, die für den Straßenbau oder untertage arbeiten sollte. Josef wurde aber durch einen guten Kontakt der Mutter zu dem Gremium der Judenältesten, die die Auswahl übernahmen, nur für den Umbau eines Schulgebäudes zu einer Kaserne zugeteilt. Er arbeitete im Heizraum und musste das Feuer der Öfen am Brennen halten.

Nach der Errichtung des Ghettos führten die Nationalsozialisten eine weitere schwerwiegende Maßnahme für die jüdische Bevölkerung durch. Die Stadt wurde in zwei Zonen aufgeteilt. Den größeren Teil, welcher auch besser instand gehalten wurde, durften die Juden ab sofort nicht mehr betreten, eine Ausnahme bestand nur darin, dass jüdische Arbeiter, die für die Deutschen gearbeitet haben, einen Passierschein erhielten. Der kleinere und verwahrloste Teil *(das Ghetto)*, war den Juden zugesprochen. Zudem sollten die Juden ab jetzt am linken Arme eine weiße Binde tragen, auf der ein Davidstern abgebildet war. Juden, die sich diesen Regeln in irgendeiner Form widersetzten, wurden bestraft. So eine „Bestrafung" war meistens der sofortige Tod. Zur gleichen Zeit wurde der Bevölkerung des Ghettos angeordnet, dass sie jegliche wertvolle Besitzgüter, wie Pelze oder Gold, abgeben sollte. Wer das nicht tat, wurde bestraft.

Wichtige Einrichtungen der Gestapo oder der Kriminalpolizei wurden errichtet. An diesen Gebäuden hingen die Hakenkreuzfahnen der Deutschen. Das gesamte Stadtgebiet glich immer mehr einer deutschen Stadt. Jegliche Erkennungsmerkmale oder Anzeichen der polnischen Bevölkerung waren nicht mehr vorhanden. Zudem wurde ein neues Amt gegründet, das sogenannte Kreisbauamt, welches für Landwirtschaft und Tief- und Hochbau zuständig war. Leiter dieses Amtes war der SS-Obersturmbannführer Helmut Kleinicke. Dieser Mann sollte in Josefs Leben noch eine sehr wichtige Rolle spielen. Das Amt war zuständig für alle Baustellen in Krenau und unterhielt eigene Betriebe wie eine Gärtnerei oder einen Forstbetrieb, für die auch Arbeiter aus dem Ghetto eingesetzt wurden. Diese Arbeiten waren meist besser angesehen, da sie weniger anstrengend waren als etwa die untertage. Josef wurde von den Judenältesten für diese Arbeiten ausgewählt und hatte Glück, denn so konnte er immer mal wieder auf den Plantagen eine Tomate, etwas Obst oder Kartoffeln erhaschen und die Familie litt so weniger unter Hunger.

An einem Tag wurde Josef abkommandiert in das Haus, was eher einer Villa glich, von Helmut Kleinicke und seiner Ehefrau. Diese Villa gehörte vorher Juden, die herausgescheucht und enteignet wurden. Mit zwei weiteren Arbeitern erhielt Josef die Aufgabe, beim Umzug mitzuhelfen. Die folgende Situation ereignete sich: Kleinicke und seine Frau gingen nach der Arbeit durch die Räume, um diese zu kontrollieren. Nach dem Rundgang schickte er die anderen beiden Arbeiter zurück, Josef hingegen sprach er persönlich an und befahl, dass er weiterhin bei ihm bleibe. Er bekam die Aufgabe, die Koffer der Ehefrau noch in das Ankleidezimmer zu tragen sowie in den Schrank einzuräumen. Einige Stunden bis zum Eintreffen der Koffer vergingen, Josef war auf sich alleine gestellt, da Kleinicke und seine Ehefrau den Raum verließen. Josef nutzte die Zeit und schaute sich etwas in dem Büro um und entdeckte mehrere Briefmarkenalben. Er war sehr erfreut über den Fund, war doch das Sammeln von Briefmarken seine große Leidenschaft. Er schnappte sich eines dieser Alben und blätterte es durch, bemerkte aber nicht, wie Kleinicke leise den Raum betrat. Kleinicke fasste ihn an die Schulter und Josef erschreckte sich. Gleichzeitig schoss Josef der Gedanke durch den Kopf, ob er sein „Vergehen“ überleben würde. Beide unterhielten sich über das Sammeln und Josef bot an, dass er ihm seine Sammlung zeigen würde. Kleinicke willigte ein und ließ zudem anordnen, dass Josef jetzt einmal in der Woche kommen sollte, auch um mehr Zeit für den Austausch über die Briefmarken zu haben. Am Ende verschenkte Josef seine Sammlung an Kleinicke.

Ein kleiner, interessanter Einwurf. Nach Kriegsende sollte Josef seine geliebte Sammlung wiedererhalten. Bei einem Interview im Jahr 2014, das er mit Peter Hartl von der ZDF-Redaktion „Zeitgeschichte“ führte, gewann Hartl den Eindruck, dass die Suche nach der Identität seines Lebensretters für Josef ein Herzensanliegen war, das ihn nicht loslässt, und er wollte ihm dabei behilflich sein. In diesem Sinne machte Hartl ausfindig, wer Kleinicke überhaupt war, seine biografischen Dateien, soldatischen Fußabdrücke und so weiter. Schwieriger war es indes, Kleinickes Angehörige ausfindig zu machen. Dabei kam Hartl die Unterstützung und Beharrlichkeit seines Kollegen Christoph Gunkel von Spiegel Online *(wo auch Josef hin und wieder veröffentlicht)* zugute. Er knüpfte den entscheidenden Kontakt zu Tochter Jutta Scheffzek.

Wie und wann hatte Kleinicke aber Josef das Leben gerettet?

An einem sehr kalten Tag im Dezember 1941 füllte sich die Stadt plötzlich mit SS-Truppen. Diese Truppen scheuchten die jüdischen Bewohner auf die Straße. Leider befand sich auch Josef in dieser Gruppe. Alle auf die Straße gescheuchten Bewohner marschierten auf den Marktplatz. Hier wurden die Juden durch zwei SS-Männer selektiert. Selektiert wurde mit dem Daumen, der entweder nach rechts oder links geschwenkt wurde. Die rechte Gruppe bestand aus Frauen, Älteren und Kindern und die linke Gruppe aus jungen Menschen. Mehrere Stunden vergingen, in der die Selektierten nicht wussten, was um sie herum geschah. Dann tauchte SS-Obersturmbannführer Helmut Kleinicke mit zwei begleitenden SS-Männern

Soldaten treiben Juden in Chrzanow zum Bahnhof für die Deportation

auf. Der Grund war, dass die Gruppe nochmal überprüft werden sollte. Kleinicke sah Josef und sprach die beiden SS-Männer sofort an. Durch die Nennung seines wichtigen Amtes und weil Josef sein bester Arbeiter war, wurde Josef als Einziger aus der gesamten Gruppe herausgeholt. Somit rettete ihm Kleinicke vorerst das Leben. Bedauerlicherweise sollte sich ein ähnliches „Spektakel" einige Monate später, im Februar 1942, ereignen. Die Bewohner wurden wieder aus den Betten gescheucht und mussten sich anziehen und wieder am Marktplatz versammeln. Jede Familie durfte dabei einen Koffer mitnehmen. Einige Menschen wollten sich bei dieser Aktion verstecken, wurden aber von den SS-Männern gefunden und mit der Waffe sofort getötet. Die Menschen hatten Angst und fingen das Schreien und Weinen an oder suchten die Hilfe in einem Gebet. Ein SS-Mann wollte auf dem Weg zum Marktplatz Josef von seiner Mutter und Schwester trennen. Doch der SS-Mann sah, dass die Mutter ein junges Alter hatte, und entschied sich am Ende dafür, dass die kleine Schwester von der Familie getrennt werden sollte. Das wollte aber die Mutter nicht zulassen und entschied sich, mit der Schwester zu gehen. Diese Entscheidung war fatal, denn Josef sah an diesem Tag, dem 18. Februar 1942, seine Mutter und Schwester zum letzten Mal. Die Selektierten wurden in das Konzentrations- und Vernichtungslager Auschwitz deportiert.

Josef wurde einer Gruppe von Männern zugeordnet, wo er wie durch ein Wunder zwei Schulfreunde aus Kattowitz traf, Stefan und Dago. Diese Gruppe wurde nun zu Fuß zum Bahnhof geschickt. Am Bahnhof angekommen erwarteten die Gruppe dann mehrere Viehwaggons und die damit sichere Deportation. Da aber die Waggons am Ende völlig überfüllt waren und immer noch Menschen auf die „Verfrachtung" warteten, wurde ein Personenwaggon mit Bänken angekoppelt. Josef und seine beiden Freunde hatten Glück und kamen in diesen Waggon. Die Zugfahrt dauerte mehrere Stunden und ging durch die Nacht. Mehrere Male blieb der Zug stehen, bei einem dieser Stopps flüchteten zwei Personen. Josef hörte nur die Schüsse, da es stockfinster war, so wusste niemand, ob sie die Flucht überlebt hatten. Keiner wusste, wo genau es hinging, so hatten viele große Angst vor der Ungewissheit. Es war Josefs Beginn einer langen Reise durch mehrere Konzentrationslager der Nationalsozialisten.

Am Tag darauf erreichte der Zug das unbekannte Ziel. Josef vermutet um die Mittagszeit herum. Durch die Schlitze oder Scheiben *(je nach Waggonart)* konnte man auf dem Bahnsteig SS-Männer sehen. Durch einen Lautsprecher wurden die Juden aufgefordert, die Waggons zu verlassen, und es wurde ihnen mitgeteilt, dass sie in einem Zwangsarbeiterlager angekommen waren. Ein Nebensatz dieser Durchsage war, dass jeglicher Fluchtversuch mit dem sofortigen Tod bestraft werde. Die Gruppe marschierte in Viererreihen von dem Bahnsteig aus quer durch die Landschaft, dann folgte eine Pause, da die Arbeitskolonnen, die von der Arbeit in das Lager zurückkehren mussten, vorgelassen wurden. Als Josef mit den anderen, jetzt als „Häftlinge" bezeichnet, durch den Toreingang des Lagers marschierte, war es mitten in der Nacht.

Josef wurde in einem der ungefähr 100 Außenlagern des KZ Groß-Rosen untergebracht. Einem Außenlager, das sich in der Nähe der Industriestadt Marstadt *(polnisch: Laskowice)* befand und etwa 60 Kilometer von Breslau *(polnisch: Wroclaw)* entfernt war. Im KZ

Groß-Rosen waren in den Jahren von 1940 bis 1945 um die 130.000 Menschen inhaftiert, wovon 40.000 ermordet wurden. 13.000 Häftlingen waren zudem in den Außenlagern untergebracht. Von der Gesamtzahl der in den Außenlagern untergebrachten Häftlinge starben ca. 3700 Häftlinge. Die ersten Menschen, die im KZ Groß-Rosen angekommen waren, kamen aus Kattowitz und Sosnowitz *(polnisch: Sosnowiec)*. Das Hauptlager bestand aus mehreren Holzbaracken, in denen die Menschen auf Holzpritschen schlafen mussten. Ein meterhoher und tödlicher Stacheldraht trennte das Lager von der Außenwelt.

In Marstadt wurden den Neuankömmlingen am ersten Tag nach der Ankunft die Haare geschoren, anschließend bekamen sie die erste Aufgabe und mussten mit Besen und Schaufeln die Gänge zwischen den Holzbaracken säubern. Am zweiten Tag wurde beim Morgenappell bekannt gegeben, dass Handwerker, Maurer oder Elektriker gesucht würden. Alle drei Freunde meldeten sich für den Dienst, obwohl sie nicht jeder in jedem Bereich genug Erfahrung hatten. Mit der „Meldung zum neuen Dienst" gelangten die drei in ein neues Konzentrationslager, das KZ Gräditz. Die Gruppe marschierte am nächsten Tag dorthin und nach einem längeren Fußmarsch kamen sie vor einer Fabrik an, in der sie nun ihre Arbeit verrichten sollten. Die Firma hieß „Hagenuk", eine Abkürzung für Hanseatische Apparatebaugesellschaft Neufeldt und Kuhnke. Produkte der Firma waren und sind Telekommunikation und Radiogeräte sowie Ausrüstung von Schiffen und Tauchgeräten. Josef und Dago wurden dort als Elektromeister beschäftigt. Josef hatte mit seiner neuen Arbeit keinerlei Erfahrung, schaffte es aber mit viel Glück, nicht aufzufallen. Dann ereignete sich ein Unfall: Josef stürzte von einer drei Meter hohen Leiter in ein Fenster, die Scheibe zersprang in tausende Teile und dieser lautstarke Fall alarmierte die SS-Männer. Josef hatte Todesangst, doch überlebte er auch diese Situation mit viel Glück.

Einige Monate später wurden Josef, Stefan und Dago sowie weitere 20 Häftlinge in eine Ziegelei, die in Privatbesitz war, abkommandiert. Josef erinnert sich an den Leiter dieser Ziegelei, der mit einer Peitsche durch die Räume lief und seine sogenannten „Sklaven" antrieb.

Mit Schaufeln und Hacken mussten sie den nassen und sehr schweren Lehm aus dem Boden ausheben und dann in eine Lore werfen. In der ganzen Zeit litt Josef unter Hunger, der eisigen Kälte und Müdigkeit und fragte sich andauernd, wie er das bisher Erlebte überhaupt überleben konnte.

In dem Lager gab es mehrere Kapos. Der Kapo war eine Assistenz oder ein Mitarbeiter der Lagerleitung, um die Häftlinge zu beaufsichtigen. Oftmals wurden kriminelle oder sehr gewaltbereite Menschen für dieses Amt vorgesehen, damit sie sich durch die Härte und Disziplin ein Ansehen aufbauen konnten und die Häftlinge gehorsam waren. Sie erhielten stets Privilegien wie bessere Nahrung, wärmere Kleidung, „leichtere“ Arbeit und hatten eine in den Holzbaracken abgetrennte Schlafstube mit richtigem Bett. Ein Kapo, an den sich Josef erinnert, hieß Max. Max stammte wie Josef auch aus Krenau/Chrzanow und Josef kannte seine Familie. Es sollte aber noch ein zweiter Kapo mit dem Namen Stiebel dazukommen, den Josef aus vergangener Zeit kannte. Stiebel war Mitarbeiter in dem damaligen Friseurladen in Kattowitz, wo sich die Familie die Haare schneiden ließ. Josef sprach ihn an, doch er schlug ihm mitten ins Gesicht. Er vermutet, dass er ihn nicht wiedererkannte. Josef war geschockt darüber, wie sich ein Mensch so schnell verändern konnte, dieses Ereignis machte ihm psychisch sehr zu schaffen.

Das Leben in dem Konzentrationslager wurde für Josef immer schwerer und unerträglicher, Läuse und Wanzen machten sich im Lager breit, zudem war die Kleidung langsam hinfällig und es gab keinen Ersatz. Der furchtbare Hunger sollte sich auch verschlimmern, die Kräfte schwanden so langsam dahin. Josef war aber stark, denn er wollte nicht sterben und gegen den Tod voller Stärke und Willenskraft ankämpfen. Genau in dieser Zeit ereilte Josef ein schweres gesundheitliches Schicksal, denn er erkrankte an Flecktyphus. Eines der Symptome war sehr hohes Fieber. Er fing an zu fantasieren und es gelang ihm immer schlechter unter diesen Umständen zu arbeiten. Am Abend, wenn er von der Arbeit zurück in die Baracke kam und auf die Holzpritsche fiel, fühlte er sich wie in einer Art „Trance“ oder „Bewusstlosigkeit“. Bekannte pflegten Josef wieder gesund und so sprang er einem schlimmeren Schicksal von der Schippe.

Es verging ein Jahr im KZ Gräditz, dann wurden die Häftlinge in einer Nacht zu einem Appell zusammengetrieben. Sie mussten in einer Kolonne das Lager marschierend verlassen. Wieder wusste keiner, wo dieser Marsch hinführen sollte. Es wurde eine Pause in einer ehemaligen Ziegelei zum Schlafen eingelegt. Die Häftlinge mussten auf dem nackten Betonboden schlafen, sodass viele kein Auge zubekamen. Nach ein paar Stunden Schlaf wurden sie wieder geweckt und der Marsch sollte noch weitere drei Stunden andauern. Das Ziel war das KZ Faulbrück. Dieses Lager war ebenfalls ein Außenlager des KZ Groß-Rosen. Untergebracht waren sie hier wieder in Holzbaracken, die ungefähr einhundert Quadratmeter groß waren, ausgestattet waren diese Baracken mit Hochbetten, die vier Etagen hatten. Ein Jutesack, der mit Stroh gefüllt war, diente als Matratze. Vom Tagesablauf her gab es kaum Unterschiede zum vorherigen Konzentrationslager.

Die Cousine von Dago, Ruth, war ebenfalls in das Lager deportiert worden. Sie arbeitete in der Küche und schaffte es heimlich, dass immer mal wieder etwas aus der Küche in den Mägen der Männer verschwand. Dago hatte es ihr zu verdanken, eine bessere Arbeit in einem Bestandslager zu erhalten. In dieser Baracke oder dem Haus wurde getragene Kleidung nach einer Reinigung eingelagert. Die Kleidung kam als Spende von der deutschen Bevölkerung für die Soldaten im Krieg. Dago gelang es immer mal wieder, ein wenig Kleidung heimlich einzustecken und zu verteilen. Eines Tages entdecke ein SS-Mann ein Paar Socken, das Dago in seiner Tasche versteckt hatte. Die Strafe waren 25 Hiebe mit der Peitsche. Josef schleppte ihn nach der Prozedur stark blutend zurück in die Baracke. Dago erlitt schwere psychische Schäden durch diese Aktion und redete fortan kein Wort mehr mit Josef und Stefan.

Josef wurde im KZ Faulbrück in eine Arbeitskolonne für den Steinbruch zugeteilt und musste mit einem Hammer große und schwere Gesteinsbrocken aus der Steinwand schlagen. Anschließend wurden diese Brocken mit eigener Körperkraft zu einer Sammelstelle getragen. Ein SS-Mann sprach Josef belustigt an, dass er doch ein großer und starker Junge wäre, und hatte eine Aufgabe parat. Er sollte einen noch viel größeren Brocken hochheben. Er versuchte es und war sehr wackelig auf den Beinen. Der SS-Mann wurde wütend, weil ihm die aufgebrachte Körperkraft von Josef nicht genügte, und schlug ihm mit einer Peitsche. Der begleitende Schäferhund wurde ebenfalls wütend und Josef bekam Angst. Er kam ins Wanken und der Brocken stürzte herab, genau auf die vordere Pfote des Hundes. Der Hund biss vor Schmerz und Wut in das linke Bein von Josef und konnte ein Stück des Fleisches herausbeißen. Die Wunde blutete ungeheuerlich, aber Josef wurde, zurück im Lager angekommen, von Bekannten versorgt.

Generell war ein Arbeitstag sehr lang und ging oftmals bis zu zwölf Stunden. Beginn so eines Tages war um fünf Uhr am Morgen, sodass eine Nacht nur fünf bis sechs Stunden an Schlafenszeit hatte. Die Häftlinge mussten sich beim sogenannten Morgenappell in Reih und Glied und bei jeder Witterung aufstellen. Dieser Appell dauerte oftmals mehrere Stunden. Kam jemand zu spät, wurde er mit harten Maßnahmen bestraft. Die versammelten Häftlinge mussten sich der Reihe nach durchzählen von links nach rechts und wenn sich jemand verzählte, mussten alle länger stehen und von vorne beginnen. Anschließend wurden Arbeitsgruppen gebildet, die jeweils von einem Kapo zur Arbeit begleitet und beaufsichtigt wurden. Bevor es aber losging, musste der Kapo noch dem Rapportführer, der meistens ein SS-Schar- oder -Unterscharführer war, melden, wie stark die Gruppe am heutigen Tag war, und dieser notierte es dann in den Unterlagen.

Das Essen im Lager beschränkte sich auf sehr kalorien- und fettfreie Nahrung. Häufig erhielten die Häftlinge nur Brot und Suppe. Aber auch ein Stück Käse oder eine kleine Portion Marmelade gab es tatsächlich, so berichtet Josef. Bei der Suppe musste man stets Glück haben, dass man ein Stück Kartoffel erwischte, denn sie bestand häufig nur aus gesalzenem oder eher versalzenem Wasser. Da die meiste Nahrung also aus Wasser bestand, mussten sich die Häftlinge oft entleeren, doch durften sie es nicht, was urinierte und verkotete Hosen zur Folge hatte. Josef beschreibt dies als psychische Qual und Untergang, da er seine menschlichen Bedürfnisse komplett zurückstellen musste. Ein sehr trauriges Szenario untermalte diesen Kampf nach Essen und das Überleben trotz großem Hunger. Ein Vater und Sohn, die auch in seiner Holzbaracke untergebracht waren, stritten sich täglich um die zugeteilte Brotration, sodass der eine es dem anderen wegnahm und umgekehrt.

Josef wurde während seiner Zeit in diesem Konzentrationslager für die sogenannte „Totenkolonne" ausgesucht. Ein grausamer Arbeitsdienst, für den bis zu sechs Häftlinge zuständig waren. Aufgabe dieser Häftlinge war es, die Toten aus den Holzbaracken oder Tote, die während der Appelle oder Arbeiten einfach tot umfielen, aufzusammeln und auf eine Karre übereinander aufzustapeln. Diese Karre wurde dann bis zu einer Grube, einem Massengrab, geschoben und über die Kante ausgeleert. Josef konnte diesen Dienst nicht bewerkstelligen, denn er litt sehr unter dieser Aufgabe. Er bekam eine andere Arbeit zugeteilt.

Eine weitere Situation, die Josef in seiner Zeit im KZ Faulbrück nicht vergessen wird, ist, dass an einem Tag drei Häftlinge aus dem Lager geflüchtet waren. Einen der Geflüchteten kannte Josef aus seiner Zeit im Ghetto in Krenau. Er hieß Moniek Ruf und arbeitete in einem Laden, in dem Uhren hergestellt wurden. Die drei Geflüchteten wurden an einem Bahnhof, wo sie auf den Zug in die Freiheit warteten, erwischt und von der Polizei verhaftet. Der Weg führte die drei direkt zu der Lagerleitung des Konzentrationslagers zurück. Was als Bestrafung folgen sollte, ist an Grausamkeit und Unmenschlichkeit nicht zu übertreffen! Wie jeden Abend wurde auch an diesem Abend die Suppe an die Häftlinge verteilt. Dieses Mal sollte der Kochtopf aber nicht wie gewohnt am Fenster der Küchenbaracke stehen, sondern unter dem einzigen Baum, den es auf dem Lagergelände gab. Dieser neue Platz verwunderte Josef. Alle Häftlinge stellten sich in einer Reihe auf, als Josef kurz vor dem Kochtopf war, überkam in das blanke Entsetzen. Über dem Topf hingen die drei erhängten Leichname der Geflüchteten, auch Moniek Ruf war dabei. Josef konnte keinen Schluck der Suppe hinunterkriegen, so geschockt war er.

Es sollte mit der Zeit einen Lichtblick geben, denn Josef kam in der zweiten Hälfte des Jahres 1943 mit seinen beiden Freunden Dago und Stefan in ein neues Konzentrationslager mit dem Namen KZ

Reichenbach. Dort wurden sie mit Lastkraftwagen hingefahren und was sie dort erwartete, waren vernünftige Baracken, also keine Holzbaracken mehr. Nach der Ankunft wurden neue Arbeiten verteilt, und Josef erhielt den Dienst in einer Textilfabrik beziehungsweise in einer Färberei. Der chemische Geruch machte der Atmung schwer zu schaffen und Josef schnappte förmlich nach Luft. An jedem Sonntag hatten die Häftlinge tatsächlich einen freien Tag, was nach den vorherigen Konzentrationslagern eine völlige Neuerung war, dieser Tag wurde für die Reinigung der Baracken genutzt.

Nach einigen Tagen bekam Josef die Aufgabe, aus einem sich in der Nähe befindenden Gebäude Kartoffeln zu holen. Diese sollten auf eine Karre geladen und zur „Schälerei“ gebracht werden. Josef nutzte den Moment und steckte sich ein paar Kartoffeln heimlich in seine Hose. Dabei löste sich eine Schnur und die Kartoffeln fielen heraus. Er wurde erwischt und in das Büro des SS-Lagerführers abgeführt und erhielt für sein „Vergehen“ eine harte Bestrafung. Da es dreizehn geklaute Kartoffeln waren, bekam der Kapo von dem SS-Lagerführer die Aufgabe, dreizehn Schläge mit der Peitsche auf den Hintern von Josef zu geben. Da Josef die Zähne zusammenbiss und die Schmerzen so lautlos aushielt und das den SS-Mann noch wütender machte, befahl er sechs weitere Schläge zu geben. Es waren höllische Schmerzen, erinnert sich Josef, der nach dieser Aktion und den zusätzlichen Schlägen bewusstlos wurde und mit einer Trage in die Baracke zurückkam.

Foto von Josef nach der Befreiung

Eines Tages fuhr auf den Appellplatz des Konzentrationslagers ein Lastkraftwagen. Die Häftlinge aus den Krankenstuben wurden gezwungen aufzusteigen. Unter diesen Häftlingen war auch Stefan, Josefs Freund. Stefan war in den Tagen davor immer schwächer geworden und hatte keine Kräfte mehr. Von der Ladefläche des Wagens rief er Josef zu, dass es mit ihm nun vorbei wäre. Josef wollte seinen Freund aber nicht alleine lassen und sprang ebenfalls auf den Wagen auf. Der Weg führte die beiden in ein 50 Kilometer entferntes Konzentrationslager mit dem Namen KZ

Oberwüstegiersdorf. Dieses Lager war ebenfalls ein Außenlager des KZ Groß-Rosen. In dieses Lager wurden gegen Ende des Krieges nur die Kranken und Schwachen gebracht und überwiegend ihrem Schicksal überlassen. Es gab zwar auch eine Brotration, die fiel aber noch deutlich geringer aus als in den vorherigen Konzentrationslagern. Stefan wurde immer schwächer und gab seine Brotration an einem Morgen seinem Freund Josef ab. Er meinte, dass Josef es zum Durchhalten brauche, und schloss danach seine Augen, für die Ewigkeit.

Josef mit seiner Frau Brigitte im Interview

An einem frühen Morgen wurde die Eingangstür der Baracke aufgetreten und vier bewaffnete Russen kamen herein. Sie riefen „Svoboda", was in russischer Sprache „Freiheit" heißt. Die Häftlinge konnten es nicht glauben, dass sie nun frei waren und die Grausamkeiten der Nationalsozialisten überlebt hatten. Einige waren aber zu schwach und kamen einige Tage nach der Befreiung der Roten Armee völlig entkräftet und verhungert ums Leben. Josef war nach vier Jahren der Gefangenschaft endlich frei, inzwischen war er 20 Jahre alt. Einer der ersten Gedanken war, ob seine Schwester Irena oder seine Mutter noch am Leben war und ob er seinen Vater jemals wiedersehen würde.

Völlig entkräftet entschied er sich nach dem Verlassen des Lagers, einen Fußmarsch anzutreten, und landete in einer nahegelegenen Stadt in der Nähe von Waldenburg *(polnisch: Walbrzych)*. Er kam bei einer Frau unter, die ihn sehr gut mit Nahrung und Bekleidung versorgte. Anschließend schenkte man ihm ein Fahrrad und er fuhr zurück nach Reichenbach. Der Ort war jetzt zur Sammelstelle für Überlebende des Holocaust geworden. Josef wollte dort seine Familie und Dago suchen. Dago fand er wieder, aber seine Mutter und Schwester nicht. Dago nahm sich später nach schweren psychischen Depressionen das Leben.

In der Nachkriegszeit arbeitete Josef beim Breslauer Rundfunk als Journalist. Sein weiterer Weg sollte über mehrere Ecken und Reisen dann nach Essen ins Ruhrgebiet führen, wo er heute mit seiner Ehefrau Brigitte lebt. Seine Mutter und die Schwester wurden in den Gaskammern von Auschwitz ermordet und der Vater landete in russischer Kriegsgefangenschaft und konnte so überleben. Nach insgesamt fünf Jahren der Trennung gab es das Wiedersehen mit seinem Vater.

Jetzt sind Sie am Ende dieses Kapitels angelangt. Sie haben nun die Möglichkeit, über den QR-Code und/oder den abgedruckten Link, über die Kamera oder das Internet, einen vertieften und noch detailreicheren Einblick in die Zeit, besonders die Zeit in den verschiedenen Konzentrationslagern und dem Ghetto von Josef Königsberg, zu erhalten.

https://youtu.be/teMUdZnq-BO

■■■ Es war für mich sehr schwer zu begreifen, dass ich plötzlich nichts mehr auf offener Straße zu suchen hatte ■■■

Karla Raveh

Den Grundstein für mein politisches sowie geschichtliches Engagement legte der Kontakt und das Gespräch mit der Holocaust-Überlebenden Karla Raveh aus Lemgo. Ich ging Mitte Mai 2015 auf die Europarealschule in Horn-Bad Meinberg. Im Geschichtsunterricht war das Thema „Holocaust" und „Zweiter Weltkrieg" an der Reihe und es schockierte mich, dass dieses Thema des dunkelsten Kapitels der deutschen Geschichte anhand von fünf Seiten im Geschichtsbuch und mehreren kleineren Dokumentarfilmen von der Lehrerin und dem Lehrplan abgehakt wurde. Dennoch war die Geschichtslehrerin sehr bemüht, uns einen Einblick in das Thema zu geben, doch stand schon ein neues Thema in den Startlöchern. In dem Geschichtsbuch und den Lehrfilmen gab es mehr Berichte und Abbildungen über und von Adolf Hitler und seinen Reden als von den Menschen, die unter seiner Diktatur in vielerlei Hinsicht leiden und schlimme Dinge erleben mussten. Mich berührte und fesselte das Thema sofort und ich begann mir eigenständig Fachwissen durch Literatur anzueignen. Ich wurde zum Stammgast in der örtlichen Bücherei. Ich besaß zum damaligen Zeitpunkt mein erstes eigenes Smartphone, welches aber neben einer SIM-Karte keinen Internetzugang hatte. So erinnere ich mich noch heute daran, wie ich mit dem Handy durch den Ort zog, um ein freies WLAN-Netzwerk zu finden. Dies fand ich in einem Park und nutzte die freie Zeit für Internetrecherchen zum jüdischen Leben im Kreis Lippe.

Vertieft wurde mein Wissen durch zwei Gedenkstättenfahrten, die in das Konzentrationslager Bergen-Belsen und an die Wewelsburg gingen. Beide Fahrten organisierte ich gemeinsam mit meiner damaligen Politiklehrerin Frau Schumacher. Ich bin ihr bis zum heutigen Tag sehr dankbar, dass sie schon früh das Potenzial meines Engagements erkannte und mir auch in der Schule die Möglichkeit gab, dies den anderen Schülerinnen und Schülern zu zeigen, etwa durch Vorträge oder Diskussionsrunden. Nach diesen Besuchen entfachte in mir der große Wunsch, einer Person zu begegnen, die all die Gräueltaten der Nationalsozialisten und die Zeit im Holocaust überlebt hat.

Mal wieder verbrachte ich tagelang damit, das Internet nach möglichen Kontaktpersonen oder direkten Personen zu durchsuchen, die aus dieser Zeit „aus erster Hand“ berichten können. Ich stieß auf die „Karla-Raveh-Gesamtschule“ in Lemgo. Die Namensträgerin der Schule überlebte das Konzentrationslager Auschwitz-Birkenau, das Ghetto Theresienstadt sowie die Konzentrationslager Bergen-Belsen und Salzwedel. Ich verfasste eine E-Mail an das Sekretariat, ob es möglich sei, Karla Raveh für ein Interview zu gewinnen. Es vergingen nur wenige Tage und ich erhielt eine Antwort.

Karla Raveh hatte ihren festen Wohnsitz bereits 1949 nach Israel verlegt und kommt immer wieder für längere Aufenthalte zurück in das Lipperland. Mein Anliegen sowie Kontaktdaten wurden aber direkt an sie weitergeleitet. Großes Glück ereilte mich, denn zwei Wochen nach der Weiterleitung meiner E-Mail erhielt ich von dem Sekretariat eine erneute Antwort. Karla Raveh wäre bereits in der darauffolgenden Woche zu Besuch und hat einem Interview zugestimmt. Ich sollte mich bitte am Anfang der Woche bei ihr über eine mir telefonisch durchgegebene Rufnummer melden. Ich bereitete an dem Wochenende vor dem Telefonat einen Fragenkatalog vor, den ich, basierend auf Presseberichten sowie bereits erschienener Literatur über die Familie Frenkel-Raveh, gestaltete.

Das Frenkel-Haus

Am Montag war es dann soweit, völlig aufgeregt und nervös wählte ich die Nummer und eine nette und sympathische Stimme begrüßte mich am Telefon. Es war Karla Raveh. Ich stellte mich kurz vor und erläuterte mein Anliegen. Sie freute sich über mein Interesse an ihrer Familien- und Lebensgeschichte und bot an, sie in dem familiären Wohn- und Geschäftshaus, dem „Frenkel-

Stolpersteine vor dem Frenkel-Haus

Haus“ in der Echternstraße 70 in Lemgo, zu besuchen. Im Untergeschoss war ein kleines Museum errichtet, und im Obergeschoss bewohnte sie während des Aufenthaltes im Lipperland eine Wohnung. Wir vereinbarten, dass bereits wenige Tage später das Interview durchgeführt würde. Ich bedankte mich, und nach dem Auflegen stieg meine Nervosität ins Unermessliche, denn ich wusste schon zum damaligen Zeitpunkt, dass die Überlebenden des Holocaust immer rarer werden und es eine große Ehre ist, einer solchen Person von Angesicht zu Angesicht zu begegnen. Dass ich knapp zehn Jahre später dieses Buch mit mehreren Überlebenden des Holocaust verfasse und jedem dieser Menschen persönlich begegnen durfte, damit hätte ich niemals gerechnet. An diesem Engagement war Karla Raveh beteiligt, denn sie gab mir nach unserem Interview mit auf den Weg, die Erinnerungskultur und Gedenkarbeit mit meinem aktiven Einsatz fortzuführen.

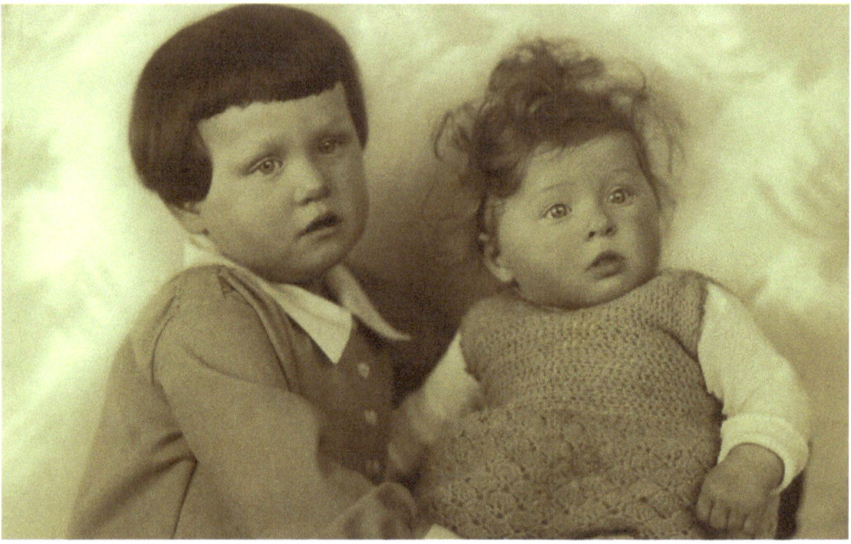

Die Schwestern Helga und Karla 1927/1928

Karla Raveh *(geborene Frenkel)* wurde am 15. Mai 1927 in Lemgo geboren. Die alteingesessene jüdische Familie Frenkel lebte in der in den vorherigen Zeilen beschriebenen Echternstraße. 70, im „Frenkel-Haus". Hier erblickte auch Karla das Licht der Welt. Ihre Eltern waren Walter Frenkel *(geb. 1897)* und Herta Frenkel *(geborene Rosenberg/1901)*. Sie hatte drei Geschwister, Helga, Ludwig und Uriel.

Karlas erster Schultag 1933

Im Jahr 1938 hatte Karla mit nur elf Jahren ihre erste Begegnung mit dem „Judenhass". Am 11. September 1938 bekam sie mit, wie die Synagoge in Lemgo von Angehörigen der SS angezündet wurde und völlig abbrannte. Zudem wurde auch der Friedhof samt den Grabsteinen zerstört. Karlas Worte: „Es war für mich sehr schwer zu begreifen, dass ich plötzlich nichts mehr auf offener Straße zu suchen hatte. Zudem wurde ich direkt nach der

Walter Frenkel mit Helga und Karla 1933

Kristallnacht auch aus der Schule herausgeschmissen. Ich war immer ein fröhliches und wildes Mädchen, doch das war vorbei, denn ich sah, wie meine Eltern leiden mussten, durfte mein Vater keinen Beruf mehr ausführen."

Im Jahr 1942 wurden alle Bewohner vom Frenkel-Haus aufgefordert sich am folgenden Tag bei der Polizei zu stellen. In der ehemaligen Polizeiwache am Lemgoer Marktplatz wurde die gesamte Familie durchsucht. Anschließend wurden sie in Autobusse verladen und in das Zwischenlager nach Brackwede *(bei Bielefeld)* gebracht. Am 28. Juli 1942 wurden die Eltern, alle Kinder sowie die beiden Großmütter Helene Rosenberg und Laura Frenkel von Brackwede in das Ghetto Theresienstadt deportiert. Karla war damals fünfzehn Jahre alt. Keiner aus der Familie wusste den Zielort, es wurde ihnen nur gesagt, es geht in den „Osten". In den folgenden Worten erinnert sich Karla an die Zeit in Theresienstadt:

„Es gab eine Zeit, da waren in dem Ghetto 60.000 bis 70.000 Juden untergebracht, in einer Stadt, die vorher nur 6000 Einwohner hatte. Theresienstadt war völlig überfüllt. Damals hatte der österreichische König für seine Mutter Theresia die Stadt im 18. Jahrhundert als Festung errichtet und nach ihrem Namen benennen lassen. Im Ghetto waren die Familien oftmals, so wie auch bei uns, noch zusammen. Dies war aber nicht die ganze Zeit so, denn wir lebten auch mal in unterschiedlichen Unterbringungen innerhalb des Ghettos. Es war aber gut, die Jugend zu separieren, denn mit den alten Leuten war es sehr schlimm. Sie verloren oft den Mut und die Seuchen trafen die Alten zuerst. Ich erhielt in einer Kaserne ein Zimmer, welches ich mir mit dreißig anderen Mädchen teilte. Wir alle schliefen in Stockbetten aus Holz. Meine Jugend und das junge Alter von 15 Jahren halfen mir sehr während der Zeit. Im Ghetto habe ich immer gearbeitet und hatte das Glück, der Landwirtschaft zugeteilt zu werden. Ich war so immer an der frischen Luft.

In Theresienstadt hatte ich meinen festen Arbeitsplatz und wir mussten uns am frühen Morgen versammeln, weil die Felder zum Bearbeiten draußen waren. Wir wurden abgezählt und kontrolliert, ob alle zum Antreten erschienen waren. Unter SS-Bewachung ging das Arbeitskommando aus dem Ghetto heraus. Uns wurde mit auf den Weg gegeben, dass sich das Klauen auf den Feldern oder in den Gärten nicht lohnen würde, da alle erntereifen Pflanzen, Bäume und Sträucher von zivilem Personal abgeschätzt wurden. Es drohten beim Erwischen schlimme Bestrafungen, wurde uns gesagt. Unsere Vorarbeiterin sagte stets, wir sollen es, wenn, klug machen, sodass es niemand sieht. Eine schlimme Bestrafung war es, in die ‚kleine Festung' eine Art ‚Gefängnis', wie es im Buch steht, zu kommen. Eines Tages hatten wir mal Kartoffelfelder bearbeitet, da gab es ein Mädchen aus unserer Gruppe, welches erwischt wurde. Wir haben sie nie mehr wiedergesehen, das Schicksal ereilte viele, die dorthin kamen.

Ich erinnere mich daran, wie ich beim Rübenstecken auf dem Feld das Grün der Pflanzen gegessen habe, es war wie eine Art ‚Spinat' und sehr vitaminreich. Diese Blätter steckte ich mir heimlich in den Schlüpfer oder unter den Arm. Es war großes Glück, dass ich bei den Stichproben, welche die SS am Lagereingang durchführte, niemals erwischt wurde. Die Blätter brachte ich zu meiner Mutter, die einen Zugang zur Wärmeküche hatte. Sie wärmte die Blätter in einem Ofen auf und versorgte die Familie. Diese zusätzliche Versorgung war meine Sicherheit, fit zu bleiben, denn im Ghetto litten alle Häftlinge unter großem Hunger. Es gab zu wenig Brot und die Suppe, die uns verabreicht wurde, war das Wasser der Rüben. Meine Großmutter holte sogar eines Tages nochmal einen Pferdekopf aus dem Misthaufen heraus und kochte diesen ab.

Am Ende war ich zwei Jahre und drei Monate im Ghetto Theresienstadt. Ich wollte schlussendlich voller Naivität und Hoffnung mit auf einen der von Theresienstadt abgehenden Transporte. Eventuell führte mich dieser Transport an den Ort, wo auch meine Eltern mit dem zwölften von ca. fünfzehn Transporten hingekommen waren, ohne zu wissen, was für ein Ort dies sein würde. Dass dieser Ort am Ende das Vernichtungs- und Konzentrationslager Auschwitz-Birkenau, die ‚Todesmaschine', war, wurde mir erst bei der Ankunft bewusst. Zu diesem Zeitpunkt wusste ich auch noch nicht, dass meine Eltern und die anderen Familienangehörigen nicht mehr lebten."

Im Oktober 1944 erfolgte der Transport in das Vernichtungs- und Konzentrationslager Auschwitz-Birkenau. Den Menschen wurde der neue Zielort nicht mitgeteilt. Karla vermutet aber, dass, wenn der Name „Auschwitz" gefallen wäre, sich mit Sicherheit einige Menschen geweigert und versteckt hätten. Die Zeit in Auschwitz beschreibt sie wie folgt:

„Wenn ein Transport mit tausend Menschen ankam, prüfte eine ganze Kette von SS-Männern die Neuankömmlinge. Es wurden aus dieser Gruppe nur 50 junge Frauen und 50 junge Männer ausgesucht. Was wir bei der Selektion nicht ahnten, war, dass die anderen Menschen geschlossen in diese Baracken und ins Gas gingen. Niemand wusste, dass man die Menschen einfach vergast und verbrennt. Ich hatte großes Glück und wurde bei der Selektion zum Arbeiten ausgesucht. Später arbeitete ich dann in einer Munitionsfabrik und Näherei für Uniformen. Nach der Ankunft wurde uns der Kopf geschoren und wir erhielten eine Glatze. Zudem bekam jeder Neuankömmling neue Kleidung, die eher Lumpen glich. Wir bekamen aber keine gestreifte Kleidung, denn diese hatten sie nicht mehr. Es machte sich aber auch keiner vom SS-Personal die Mühe, welche zu beschaffen. Diese verschmutzten Lumpen trugen wir Tag und Nacht, beim Arbeiten und Schlafen. Ich musste einen Ärmel ausziehen und abtrennen, diesen dann mit dem Ärmel meiner Freundin tauschen und wieder annähen, so sah man sofort, dass wir Häftlinge waren. Auf den Rücken bekamen wir mit einer Art ‚Siegellack' eine Markierung. Ich erinnere mich daran, wie brutal mir diese Markierung verpasst wurde. Wir lebten in einer Holzbaracke und schliefen auf Holzpritschen. In unserer Baracke wurde auch geklaut, mir stahl man mal meine Holzschuhe, weil ich nicht wusste, dass man diese in der Nacht unter das Kopfkissen legen sollte. Am nächsten Tag waren sie weg und ohne Schuhe war ich im eisigen und kalten Winter verloren. Ich entschloss mich, ebenfalls in einer Nacht mich auf allen vieren durch die Baracke zu schleichen, und klaute mir ein Paar Holzschuhe zurück. Ein anderes Mal klaute man mir meine Brotration. Jeder erhielt am Morgen ein Stück Brot, welches für den ganzen Tag reichen musste. Ich hatte ein Kleid von einer alten Frau erhalten und suchte mir einen Strick als Gürtel. Mein ganzes Essen legte ich mir durch den Ausschnitt in das Kleid. Wenn es mit meinem Hunger gar nicht mehr ging, hatte ich so etwas zu kauen. Zudem musste ich gut auf meine Schüssel, die jeder Häftling erhielt, achtgeben, denn war die Schüssel weg, erhielt man auch keine Suppe mehr."

Auf die Frage, ob Karla wusste, was in Auschwitz-Birkenau geschah oder es unter den Häftlingen zu Gerüchten kam, beschreibt sie die folgende Situation: „Zum Beispiel haben wir nachts am Anfang nackt stehen müssen, und wir gucken und sehen diese zwei Schornsteine, die rauchen. Und es stinkt dort so. Und dann haben wir die Alten, die uns behüten mussten, gefragt: Was sind das für Fabriken? Denn man hatte uns ja gesagt: Die wollen uns zur Arbeit haben. Da sagten die: Was glaubt ihr, was das ist? Das sind eure Leute, die da brennen."

Ihre Zeit in Auschwitz endete nach zwei Wochen, denn Karla wurde von der SS ausgesucht, um in das Konzentrationslager Bergen-Belsen deportiert zu werden. Diese Zeit erlebte Karla wie folgt:

„In Bergen-Belsen war ich doch länger als in Auschwitz, es müssen ungefähr sechs Wochen gewesen sein. Wir hatten keinerlei Kalender, hatten aber einen kalten, schneereichen Winter, sodass es um die Weihnachtszeit gewesen sein muss. Im Konzentrationslager selbst erlebte ich schlimme Dinge. Die ganze Zeit über hielt ich mich an zwei Mädels, zwar kannten wir uns vorher nicht, kamen aber gut miteinander aus und gaben einander Mut und Kraft. Ich hatte aber wieder einmal Glück, von der SS für den Arbeitsdienst ausgewählt zu werden."

Nachdem Karla bereits das Ghetto Theresienstadt, Auschwitz-Birkenau und Bergen-Belsen überlebte, führte sie der weitere Weg in ein weiteres Konzentrationslager. Sie wurde in das Konzentrationslager Salzwedel in der Altmark, ein Außenlager des Konzentrationslagers Neuengamme, deportiert. Dieses Lager war ein reines Frauenlager. Dort arbeitete sie in einer Munitionsfabrik.

Dass das Lager befreit werden würde, daran glaubte Karla nicht: „Man redete von Werwölfen, dass die deutschen Soldaten das Lager nicht einfach aufgeben würden, auch wenn die US-Truppen kommen."

Die Befreiung kam. Das Konzentrationslager Salzwedel wurde am 14. April 1945 von der US-Armee befreit. So erlebte Karla den Tag der Befreiung:

„Die SS wusste, dass es endgültig vorbei war, einige hatten sich sogar schon abgesetzt. Als ein US-Soldat mit seinem Panzer ins Lager fuhr, war er verwundert, als sich plötzlich abgemagerte Frauen und Männer auf ihn stürzten. Viele stiegen voller Freude und Dankbarkeit auf den Panzer und umarmten ihn. Ich dachte aber nur an das Trinken und Essen, weil man uns die letzten Tage vor der Befreiung nicht mehr versorgt hatte. Wir plünderten das Lager, um uns selbst zu versorgen."

Helene Rosenberg
in Montreux/CH 1947

Nach der Befreiung erkrankte Karla schwer an Tuberkulose. Sie war abgemagert und ausgemergelt. Karla zog erst einige Monate später nach Lem-

Die Familie Raveh in Tivon 1960

go. Sie und ihre Großmutter Helene Rosenberg waren die einzigen Überlebenden des Holocaust, alle anderen Familienangehörigen verstarben im Warschauer Ghetto, im Konzentrationslager Auschwitz-Birkenau oder im Ghetto Theresienstadt. Nach ihrer Ankunft und Behandlung im Krankenhaus ging sie in die Schweiz zur Gesundung. In Lemgo lernte sie ihren Mann Szmuel Raveh kennen. Im Jahr 1949 heiratete das Paar und wanderte im gleichen Jahr, im Sommer, nach Israel aus. In den Jahren 1954 und 1958 wurden die Söhne Michael und Dani geboren. Sie hatte mit Deutschland und der Vergangenheit abgeschlossen und wollte auch nicht mehr nach Lemgo kommen. In den Jahren von 1949 bis 1985 sprach Karla zudem nicht die deutsche Sprache.

Karla und Szmuel Raveh in Israel 1950

Es kam der Tag, als Karla 1985 einen Brief von der Studienrätin Hanne Pohlmann aus Lemgo erhielt. Sie war mit ihrer Schulklasse auf dem jüdischen Friedhof in Lemgo gewesen und hatte in ihrer Nachricht die Frage gestellt, ob es noch jemanden aus der Familie gibt, der die Zeit des Holocaust überlebt hat. Karla sagte zu ihrem Mann, dass sie damit nichts mehr zu tun haben will. Es lag nicht daran, dass sie Deutsche nicht mehr mochte, sondern dass sie sich den Besuch in ihre damalige Heimat nicht antun wollte, denn Lemgo war nicht mehr ihre Heimat.

Mit der Zeit willigte Karla doch ein und besuchte Lemgo. Sie hielt in der Volkshochschule einen Vortrag über ihre Familien- und Lebensgeschichte. Pohlmann regte Karla an, ihre Erinnerungen aufzuschreiben, so entstand neben einem eigenen formulierten Manuskript das Buch „*Überleben: Der Leidensweg der jüdischen Familie Frenkel aus Lemgo*".

Feier zum 90. Geburtstag am 15. Mai 2017 in Lemgo, Karla hält eine Rede

Von 1986 an besuchte sie fast jedes Jahr für mehrere Monate Lemgo. Voller Stolz erwähnt sie, dass sie sogar Namensträgerin einer Schule, der „Karla-Raveh-Gesamtschule“, ist.

Mit dem Internet kennt sie sich nicht so gut aus, schreibt dennoch E-Mails, um den Kontakt zu ihren Freunden u. a. aus Deutschland aufrechtzuerhalten. Die Freunde, die Karla in den Konzentrationslagern kennenlernte, verstarben leider zum großen Teil. Sie betont das „leider“, weil sie untereinander ein besonderes Band hatten, welches nun zerschnitten ist.

Im Jahr 1986 verstarb Szmuel Raveh.

Im Jahr 1988 wurde Karla zur Ehrenbürgerin der Stadt Lemgo ernannt. Im selben Jahr wurde das „Frenkel-Haus“ als Gedenk- und Dokumentationsstätte in der Echternstraße 70 in Lemgo eröffnet.

Karla Raveh verstarb am 27. Mai 2017 im Klinikum Lemgo nach kurzer Krankheit. Gemäß ihrem Wunsch wurde Karla neben ihrem Mann Szmuel in Tivon, Israel, bestattet.

Jetzt sind Sie am Ende dieses Kapitels angelangt.
Sie haben nun die Möglichkeit, über den QR-Code und/oder den abgedruckten Link, über die Kamera oder das Internet, einen vertieften und noch detailreicheren Einblick in die Lebens- und Familiengeschichte von Karla Raveh zu erhalten. Das verfilmte Interview gibt weitere exklusive und detailreiche Einblicke.

https://youtu.be/tC9DJuM8cyM

■ ■ ■ **Die jungen Leute sollen aus erster Hand erfahren, was damals passiert ist, und es nicht nur aus Zahlen erfahren** ■ ■ ■

Thomas Gabelin

Über einen Pressebericht wurde ich auf die Familien- und Lebensgeschichte der Familie Gabelin aus Krefeld aufmerksam. Thomas Gabelin als Holocaust-Überlebender gibt die Geschichte seiner Familie als engagierter Zeitzeuge weiter. Es beeindruckte mich sehr, mit welchem Engagement Thomas Gabelin gegen das Vergessen aktiv ist. Ich informierte mich über das Internet, wie ein möglicher Kontakt hergestellt werden könnte. Der Weg führte mich auf die Homepage der „Villa Merländer", einer NS-Dokumentationsstelle, die ebenfalls in Krefeld beheimatet ist. Thomas Gabelin ist dort sehr aktiv in die Gestaltung der Gedenkarbeit einbezogen, sodass ich mich entschied, die Leitung, Frau Franz, via E-Mail zu kontaktieren. Es dauerte nur wenige Stunden und ich erhielt die Nachricht, dass meine Interviewanfrage an Thomas Gabelin weitergeleitet wurde. Ich möchte mich an dieser Stelle recht herzlich bei Frau Franz für die Unterstützung bedanken. Die E-Mail traf auf sofortigen Zuspruch und mehrere Nachrichten wurden ausgetauscht sowie ein Telefonat geführt. Wir einigten uns auf einen Interviewtermin. So fuhr ich wenige Tage später in die „Samt- und Seidenstadt" Krefeld.

Der Vater von Thomas Gabelin, Werner Gabelin, wurde im Jahr 1915 geboren. Die Eltern führten eine sogenannte „Mischehe". Es gab eine jüdische Mutter und einen nichtjüdischen Vater. Der jüdische Glaube wurde aber nicht zelebriert und den Glaubensregeln und Festlichkeiten nicht nachgegangen. Werner Gabelin erlernte im späteren Lebensverlauf den Beruf des Kaufmannes und arbeitete bei der Färberei Flores in Krefeld. Der berufliche Weg führte ihn bis zum Aufstieg zum Abteilungsleiter.

Es ereignete sich an einem Tag in den späteren 1930er-Jahren die folgende Situation. Werner Gabelin trat wie an jedem Tag in sein Büro. An der Wand hing plötzlich ein großes Bild von Adolf Hitler. Er hängte daraufhin das Bild des Führers erschrocken ab. Sofort wurde er von den anderen Arbeitskräften gemeldet. Die Meldung hatte die

Folge, dass er entlassen wurde. Zudem wurde er aus der „Deutschen Arbeitsfront“ ausgeschlossen und hatte somit geringe Chancen, einen neuen und vernünftigen Arbeitsplatz zu finden. Ein langer Weg des Suchens führte Werner Gabelin letztlich zu einem Schrotthändler, genauer gesagt in die Firma „Nieken“. Es folgte eine Einstellung als Kraftfahrer.

Die Mutter, Lore Gabelin *(geb. Müller)*, wurde am 1. August 1921 ebenfalls in eine Familie, in der die Eltern eine „Mischehe“ führten, hineingeboren. Die Mutter war Jüdin und der Vater ein Katholik. Der jüdische Glaube wurde dennoch gepflegt. Die Familie besuchte jeden Freitag die Synagoge zum „Sabbat“ und an den Sonntagen die Kirche zum Gottesdienst. Lore wurde katholisch getauft und kam auf eine katholische Volksschule. Im vierten Schuljahr führte sie der weitere schulische Weg auf die „Bürgermädchenschule“. Während der Zeit des Schulwechsels befand sich Deutschland in der „Nazizeit“. Durch die jüdischen Wurzeln, die bei Lore Gabelin vorhanden waren, wurde sie in der Schule gemobbt. Sie erhielt in der Klasse einen separaten Sitzplatz. Mit der Zeit wurde sie aus der Klassengemeinschaft immer mehr ausgegrenzt. Die Schuldirektion legte den Eltern nahe, das Kind von der Schule zu nehmen, dem kamen die Eltern nach. Es gab zum „Abgang“ noch ein Entlassungszeugnis und so endete der Schulbesuch im siebten Schuljahr ohne Abschluss und anschließende Berufsausbildung.

Lore Gabelin

Eine gute Tat des Vaters von Lore Gabelin entpuppte sich im Nachhinein *(nach der „Nazizeit“)* als große Gefahr. Im Jahr 1941 erhielt die Schwester Ilse, die eine jüdische Schule besuchte, die Pflicht, den Judenstern zu tragen. Der Vater empfand es als ungerecht und wollte, dass beide Kinder den Stern nicht tragen sollten. Sein Antrag ging bis nach Berlin in die Parteizentrale der NSDAP. 1942 folgte ein Antwortschreiben auf seine Anfrage. Dieser Bescheid sah aber nicht vor, dass beide den Judenstern abnehmen durften, sondern die gesamte Familie ab sofort die Pflicht hatte, den Judenstern zu tragen. Da zu dieser Zeit bereits die ersten Deportationen in die Konzentrationslager und Ghettos der Nationalsozialisten durchgeführt wurden, wuchs durch die Kennzeichnung abrupt die Gefahr, selbst in eine Deportation zu geraten. In den Jahren darauf versuchte Lore Gabelin bei verschiedenen jüdischen Firmen Arbeit zu finden. Durch die Arisierung der jüdischen Betriebe wurde die Suche nach stetig neuen Arbeitsmöglichkeiten aber aussichtslos.

Werner Gabelin

Werner Gabelin und Lore Müller lernten sich über die Leidenschaft für den Sport kennen. Der Vater war Amateurboxer und die Mutter spielte Handball. Durch einen Zufall trafen beide aufeinander und verliebten sich. Geheiratet wurde kurze Zeit später am 15. August 1942. Wenige Wochen später, am 26. September 1942, erblickte das erste Kind, ein Sohn mit dem Namen Richard, das Licht der Welt. Werner und Lore Gabelin hatten als Halbjuden kein leichtes Spiel bei der Wohnungssuche. Sie kamen bei einer Dame mit dem Namen Frau Naebers unter, die ein Lebensmittelgeschäft in Krefeld führte. Der Kontakt zu der Dame wurde über den Chef des Vaters, Herrn Nieken, hergestellt. Sie brachte die kleine Familie in den eigenen Räumen des Hauses, in dem auch das Lebensmittelgeschäft war, unter. Weitere Einschränkungen für die jüdische Bevölkerung durch neue Gesetze und Regelungen der Nationalsozialisten beeinflussten das gesellschaftliche Zusammenleben stark. So durften die Juden keine

Kinos oder Theater mehr besuchen oder nicht auf den Parkbänken sitzen. Die Einkaufsmöglichkeiten wurden stark eingeschränkt, da in den meisten Geschäften nur noch die arische Bevölkerung einkaufen gehen durfte.

Im Düsseldorfer Ortsteil Derendorf befand sich der „Alte Schlachthof", der nach dem Beschluss über die „Endlösung der Judenfrage" die Funktion eines Sammellagers für die jüdische Bevölkerung des Rheinlandes zugeteilt bekam. Über den dortigen Güterbahnhof fuhren die Züge in die verschiedenen Ghettos und Konzentrationslager ab. Das Ziel war für die Deportierten stets unbekannt, lediglich wurde mitgeteilt, dass es zum Arbeitseinsatz in den Osten gehe. Lore und Werner Gabelin ahnten immer mehr, dass auch sie das Schicksal, deportiert zu werden, erreichen würde. Zu diesem Zeitpunkt war Lore Gabelin mit dem zweiten Kind, das den Namen Thomas bekam, im sechsten Monat hochschwanger. Am 17. September 1944, einem Sonntag, wurde die Befürchtung und Sorge zur Wirklichkeit. An diesem Tag klopfte es an der Tür der kleinen Wohnung. Vor der Tür stand die Gestapo und schrie lautstark „mitkommen" und dass es „auf Transport" gehen würde. Die Mutter packte in Windeseile einige Sachen zusammen, Richard wurde in den Kinderwagen gelegt und gemeinsam verließen die Eltern mit dem Kind die Wohnung. Der Weg führte sie vorbei an der Hauptkirche, die den Namen „St. Dionysius" trägt. Der Gottesdienst endete im selben Augenblick des Vorbeigehens und die Menschen strömten aus der Kirche hinaus. Jeder konnte sehen, wie die Menschen an der Kirche vorbeiliefen. Das Ziel des Weges war ein Sammelplatz für die jüdische Bevölkerung. Auch weitere Familienmitglieder ereilte das Schicksal der Deportation und die Wege führten ebenfalls auf diesen Platz.

Aus allen Himmelsrichtungen versammelten sich die Menschen. Vor Ort wurde eine Liste verlesen, auf der die Namen bereits im Vorfeld den Transporten zugeordnet wurden. Der Name von Richard fehlte auf der Liste und wurde nicht vorgelesen. Die Mutter bekam Angst und wollte, dass das Kind mit auf den Transport käme. Sie bekam die Antwort, dass sich der „NS-Frauenverband" um das Kind kümmern würde. Schlussendlich kam Richard bei seinem Großvater Friedrich Müller unter, wurde aber auch von der Dame, die Lore und Werner Gabelin in der kleinen Wohnung untergebracht hatte, versorgt. Die letzten Worte der besorgten Mutter an Richard waren sehr deutlich, denn zu Richard sagte sie eisern, dass er „sie nie wiedersehen" würde. Die Menschen wurden auf offene Transportwagen verladen und zu dem in den vorherigen Zeilen benannten „Alten Schlachthof" in den Düsseldorfer Ortsteil Derendorf gebracht. Dort kamen sie am späten Nachmittag an und verbrachten den Abend vor Ort in Angst und Ungewissheit.

Am nächsten Morgen fuhren lange Züge in den Bahnhof ein. Es waren Züge mit Abteilen und Sitzplätzen, keine wie so oft bei den Deportationen eingesetzte Viehwaggons. Ein Zug war nur für Männer und der andere Zug für die Frauen vorgesehen. Lore durfte ihren Mann, da sie energisch Widerstand leistete, begleiten. Unterwegs legte der Zug immer wieder kleinere Zwischenstopps ein und die Menschen mussten aussteigen. Bei diesen Stopps wurden unterwegs einige Baumaßnahmen durch die Menschen aus dem Zug fertiggestellt. Sie kamen während dieser Zeit häufig in Viehställen unter und durften sich auf den Feldern mit Nahrung versorgen. Ein weiterer Zug brachte die Menschen dann nach Berlin und der anschließende Weg führte in ein zentrales Auffanglager für Juden. Dieses Lager befand sich in der Hauptstadt, im ehemaligen Krankenhaus in der „Iranischen Straße". Hier verbrachten die Ankömmlinge die nächsten Stunden oder Tage und wussten nicht, wohin die weitere Reise ins Unbekannte führen würde. Diese Frage wurde aber dennoch rasch geklärt, denn kurz vor der Abfahrt eines solchen Transportes bekamen die Menschen gesagt, dass es nach Auschwitz oder Theresienstadt gehen würde. Lore und Werner Gabelin bekamen einen Zug, der in das Ghetto Theresienstadt fahren sollte, zugeteilt. Am 13. Oktober 1944 kamen sie nach einer mehrtägigen Zugfahrt dort an. Die Zeit in dem Waggon haben beide Elternteile nach dem Krieg nicht genau beschrieben, deshalb gibt es dazu keine Berichte oder Erzählungen, so sagt es Thomas Gabelin.

Die Ankunft sowie die ersten Stunden in Theresienstadt beschreibt Lore Gabelin in Nacherzählungen mit den folgenden Worten: „Ich zum Beispiel musste mich beim Schleusen nackt ausziehen und stand da mit meinem Bauch vor so einem 18-jährigen SS-Mann und der Bewachung. Selbst die Schuhsohlen wurden von innen aufgemacht und kontrolliert. Die erste Nacht verbrachten wir in einer provisorischen Unterkunft, die einem Leichenraum glich. Wir mussten auf dem Steinboden schlafen." Frauen und Männer wurden in Theresienstadt in den Baracken getrennt untergebracht, so war es auch bei Lore und Werner Gabelin.

Während der Zeit, in der Lore und Werner Gabelin in Theresienstadt inhaftiert waren, gingen die letzten vier Transporte nach Auschwitz. Werner Gabelin stand zweimal auf der Liste. Thomas Gabelin äußert sich in einer eigenen Vermutung: „Der Grund, warum mein Vater von dem Judenrat auf die Liste gesetzt wurde, ist mir leider unbekannt. Bevor die Liste aber offiziell bekannt gegeben wurde, überprüfte die SS die Zusammenstellung. Es wurde geschaut, wer von den aufgelisteten Häftlingen doch noch einen Nutzen für die Arbeiten und Aufgaben im Ghetto haben könnte. Mein Vater war als Amateurboxer sehr kräftig und hatte gute Konditionen. Die SS strich ihn aus diesem Grund wahrscheinlich zweimal von der Liste. Er hatte großes Glück, denn so entging er auch den Gaskammern und dem sicheren Tod in Auschwitz."

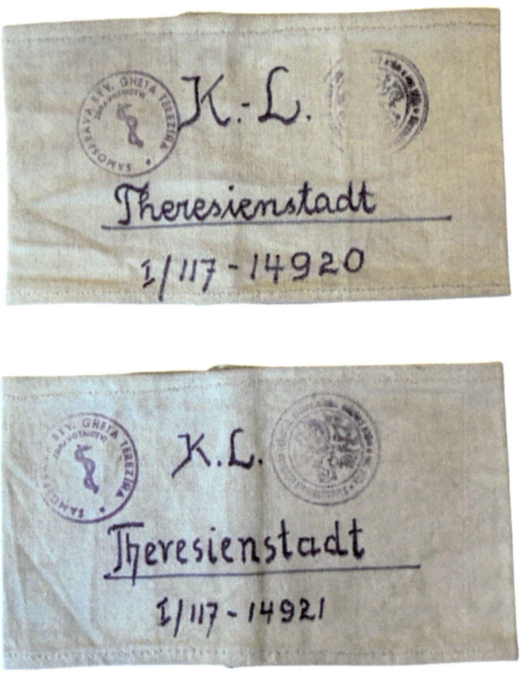

Die Transportnummern aus Theresienstadt

Der Tag in Theresienstadt begann mit dem allgemeinen Wecken und einer anschließenden Wäsche. Im Anschluss ging es zum regelmäßigen Arbeitseinsatz. Werner Gabelin arbeitete erst im Reserve-Lazarett und etwas später war er für den Bau der Baracken eingeteilt. Lore

Gabelin war für das Spalten von Glimmer zuständig. Glimmer ist ein Mineral, das sich bearbeiten und in feine Plättchen abspalten lässt. Diese Plättchen hatten im Krieg eine wichtige Aufgabe, sie wurden als Isolatoren gebraucht. Da Frauen mehr Feingefühl und Fingerfertigkeit besitzen, wurde ihnen diese Arbeit in Theresienstadt zugeteilt. Damit der Körper bei Kräften und die Arbeitsfähigkeit im Interesse der SS erhalten blieb, stellte man sich in der Pause bei der Essensausgabe an. Es gab häufig eine Suppe, die sich mehr aus Wasser als aus festen Bestandteilen wie Rüben oder Kartoffeln zusammensetzte. Thomas Gabelin berichtet, wie seine Mutter von Fischköpfen, aus der eine dieser Suppen bestand, erzählte und bei großem Pech sogar die Wanzen von der Decke in den Kochtopf fielen und beim Kauen fürchterlich knackten.

Den Häftlingen war es erlaubt, Pakete von der „Außenwelt" zu erhalten und auch einen Briefverkehr zu führen. Thomas Gabelin hat in seinen Unterlagen noch die Empfangsschreiben der Mutter, als sie Pakete erhielt. Die Mutter wechselte auch Briefe mit anderen Familienangehörigen, die nicht oder noch nicht deportiert worden waren.

Thomas Gabelin wurde am Donnerstag, dem 21. Dezember 1944, gegen 10 Uhr am Morgen in der „Hohenelber Kaserne", der Krankenstation im Ghetto und Konzentrationslager Theresienstadt, geboren. Am Tag der Geburt waren gutes Personal, Professoren und Ärzte in der Kaserne anwesend. Zudem waren auch Studenten vor Ort, die die Gelegenheit nutzten, eine Geburt zu Forschungszwecken zu begleiten. Leider fehlte es an einer Wasserversorgung, da die Leitungen abgedreht oder in dem eisigen Winter eingefroren waren. So wurde der frisch gefallene Schnee in die Kaserne gebracht und über dem Feuer warm gemacht.

Thomas Gabelin erzählt von den Berichten seiner Mutter, dass es keinerlei eigene Babykleidung für das Neugeborene gab, so erhielt Thomas die Kleidung von den Kindern, die nach Auschwitz deportiert und vergast wurden. Zudem war er durch alle möglichen Insekten völlig zerstochen und von Läusen und Flöhen befallen. Trotzdem erhielt er den Bescheid, dass er auf der Krankenstation frei von ansteckenden Krankheiten lebte. Die Mutter hatte immer genug Milch, sodass das Stillkind gut versorgt werden konnte.

Kurz vor der Befreiung des Ghettos Theresienstadt kamen noch Transporte aus anderen Konzentrationslagern an. Die Rote Armee war in unmittelbarer Nähe dieser Lager und die Nationalsozialisten wollten ihre Taten vertuschen. Lore Gabelin bekam die Ankunft eines dieser Transporte mit und beschreibt diese Situation wie folgt: „Ich habe selbst gesehen, wenn die Züge ankamen. Die Waggontüren waren verplombt. Nach der Ankunft wurden die Plomben geöffnet und man konnte nicht mehr erkennen, was noch lebte. Hier bewegte sich ein Bein, da ein Kopf oder ein Arm, denn Lebende lagen zwischen den Toten. Es war ein großes Durcheinander. Viele von den Neuankömmlingen brachten das Fleckfieber und Typhus mit in das Ghetto und es brach eine fürchterliche Epidemie aus."

Auch in Theresienstadt versuchte die SS ihre verübten Taten zu verheimlichen. Im Oktober 1944 wurden die letzten Toten im Krematorium verbrannt. Die Asche der in den vergangenen Jahren im Ghetto Theresienstadt verstorbenen Häftlinge wurde in Papiertütchen gefüllt. Etwa 20.000 dieser Tüten wurden in den an den Ghetto angrenzenden Fluss Eger geworfen. Die Eger ist ein Nebenfluss der Elbe. Nach der Befreiung entstand an der Stelle, an der die Asche ins Wasser geworfen wurde, zum Gedenken ein Hügel. Dieser Hügel symbolisiert mit seiner Höhe, wie hoch die aufgehäufte Asche der Toten gewesen wäre.

Das Ghetto Theresienstadt wurde am 8. Mai 1945 von der Roten Armee befreit. Thomas Gabelin hatte großes Glück, vor den letzten vier Weitertransporten in das Konzentrationslager Auschwitz geboren zu werden, und blieb von der Deportation als Kind somit verschont. Lore Gabelin stand gemeinsam mit dem kleinen Thomas im Arm an einem Fenster und dies taten auch andere Häftlinge. Es wurde gejubelt, als die russischen Panzer das Ghetto durchfuhren und die Soldaten ankamen. Wegen der im Ghetto herrschenden Krankheiten und Epidemien verhängten die Russen eine Quarantäne. Das Rote Kreuz brachte gutes ärztliches Personal mit und stellte die Versorgung und Pflege sicher.

Ein aus Krefeld stammender Überlebender des Holocaust organisierte die Aktion, dass alle Krefelder Juden aus dem Ghetto Theresienstadt zurückgeholt würden. Am 20. August 1945 kamen diese Transporte an und sammelten die Überlebenden ein. Unter diesen Menschen waren auch Werner und Lore Gabelin sowie der Sohn Thomas. Die Rückfahrt nahm eine Dauer von rund drei Wochen in Anspruch, bevor der Transport in Krefeld ankam. Zu diesem Zeitpunkt wog Lore Gabelin nach der Zeit in Theresienstadt nur noch rund 50 Kilo.

Der zurückgebliebene Sohn Richard erkannte beim ersten Wiedersehen beide Elternteile nicht mehr wieder. Thomas Gabelin vermutet, dass es für die Mutter sehr verletzend gewesen sein muss, da sie viel Liebe und Kraft in beide Kinder investierte, um sie durch diese Zeit zu bringen.

Lore Gabelin mit beiden Söhnen

In der kommenden Zeit planten die Eltern gemeinsam mit den Kindern die Emigration in die USA. Bereits im Vorfeld waren die Schwester des Vaters sowie auch die Eltern in das Land emigriert. Zu viert gingen sie 1949 in ein „Auswandererlager" nach Hamburg und warteten dort auf die Möglichkeit, in die USA zu gelangen. Dadurch, dass der Großvater in der damaligen USPD *(= Unabhängige Sozialdemokratische Partei Deutschlands)* Mitglied war und der Vater nach dem Krieg in die KPD *(= Kommunistische Partei Deutschlands)* eintrat, weil er sich gegen Antifaschismus engagieren wollte, scheiterte die Auswanderung. Die Amerikaner wollten keine Kommunisten im Land haben. Der Weg führte nach der gescheiterten Emigration zurück nach Krefeld. Der Vater nahm einen Job bei der Krefelder Stadtverwaltung an und die Mutter arbeitete später in der Mitte der 50er-Jahre bei der Elektrogenossenschaft.

Jahrelang nahm Thomas Gabelin es einfach so hin, dass er in einem Ghetto der Nationalsozialisten geboren wurde, und beschäftigte sich erst später, nachdem auch die Mutter von der Zeit im Holocaust berichtet hatte, mit der eigenen Familien- und Lebensgeschichte. In seiner Jugendzeit wurde in Düsseldorf der bekannte Propagandafilm über das Ghetto Theresienstadt von Adolf Hitler gezeigt. Dieser Film trägt den Namen „*Der Führer schenkt den Juden eine Stadt*". Gemeinsam mit der Mutter schaute er sich den Film an, doch führte es im Nachhinein anfangs nicht zu ausführlichen Gesprächen über die eigene Zeit im Holocaust, da sich die Mutter noch verschlossen hielt. Das einzige, was die Mutter beim Anschauen des Filmes äußerte, beschränkte sich auf die Worte, dass es in Theresienstadt so, wie die Szenen es in dem Film zeigten, nicht gewesen sei. Erst mit der Zeit berichtete die Mutter über ihre Erlebnisse. Mehrere Interviews mit der Leiterin der NS-Dokumentationsstelle der Stadt Krefeld, Ingrid Schupetta, führten zu einem ausführlichen Artikel über die Familien- und Lebensgeschichte der Familie Gabelin. Später beantwortete Lore Gabelin ihrem Sohn Thomas all seine Fragen, nur vom Vater gab es keinerlei Erzählungen oder Berichte zu hören.

Der weitere Lebensweg von Thomas Gabelin gestaltete sich wie folgt: Er besuchte ab dem Jahr 1951 die Volksschule und absolvierte mit Erfolg nach dem vierten Schuljahr im Jahr 1955 die Aufnahmeprüfung für das Gymnasium. Die Zeit auf dem Gymnasium hatte eine Unterbrechung, denn eines Tages fragte der Klassenlehrer, welcher der Schülerinnen und Schüler Interesse hätte, an einem Austauschjahr in den USA teilzunehmen. Thomas Gabelin meldete sich, da er dort Verwandte hatte und bereits kurz vor der Emigration gewesen war. Das Gymnasium wurde trotz Unterbrechung erfolgreich beendet und ein Studium schloss sich im Jahr 1964 an. Der Ort des Studiums war Bonn. Thomas Gabelin entschied sich für einen Studiengang, der ihn zum Psychologen ausbilden würde. Den Studiengang schloss er mit einem Examen und Diplom ab.

Die Eltern Werner und Lore Gabelin trennten sich nach einiger Zeit und ließen sich scheiden. Lore Gabelin zog mit einem neuen Lebenspartner nach Berlin. In Berlin gab es das sogenannte „Theresienstadt-Komitee". Dieses Komitee organisierte zum 25. Jahrestag der Befreiung des Ghettos Theresienstadt, im Jahr 1970, eine Gedenkfahrt. Thomas Gabelin wurde von seiner Mutter gefragt, ob er mitkommen möchte, er willigte ein. So fuhren beide das erste Mal nach der eigenen Zeit im Holocaust zurück an den Ort des Geschehens.

Während des Studiums lernte Thomas Gabelin auch seine Frau kennen. Geheiratet wurde im Jahr 1965 und es folgte die Geburt zweier Töchter.

Über die selbst erlebte und von den Eltern überlebte und nacherzählte Zeit berichtet Thomas Gabelin als aktiver und engagierter Zeitzeuge in deutschlandweiten Vorträgen. Sein Engagement begründet er mit einer sogenannten „Überlebensschuld". Er stellt sich die Frage, warum gerade er die Zeit im Ghetto Theresienstadt überlebt und ob er dadurch einen Auftrag bekommen hat. Die zweitgenannte Frage kann er erneut bejahend beantworten und nennt dies als Grund für sein Engagement. Die jungen Leute sollen aus erster Hand erfahren, was damals passiert ist, und es nicht nur aus Zahlen erfahren, das liegt Thomas Gabelin sehr am Herzen. Zudem sollen die Erinnerungen lebendig gehalten werden.

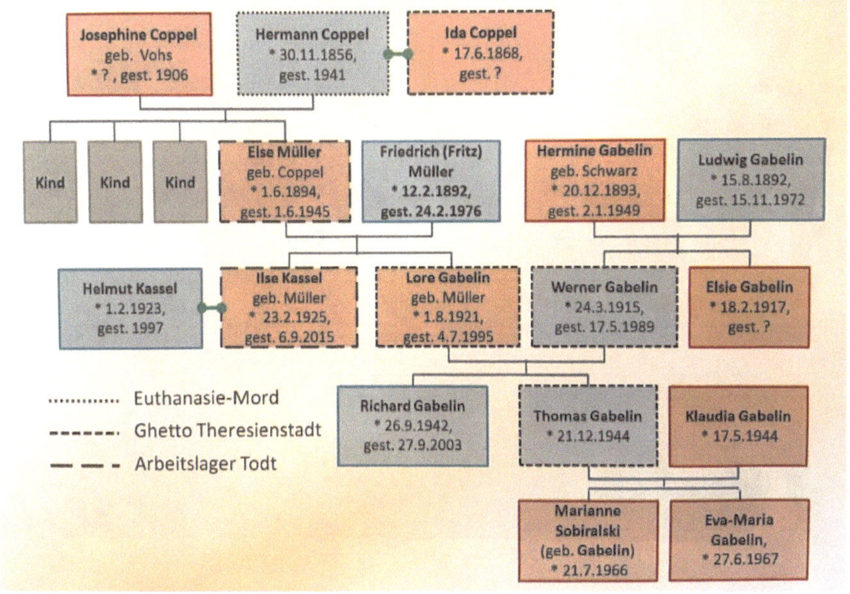

Stammbaum von Thomas Gabelin

Insgesamt kamen 65 Familienangehörige aus den Familien der jüdischen Großmütter von Thomas Gabelin auf verschiedene Art und Weise in den Ghettos und Konzentrationslagern der Nationalsozialisten ums Leben.

Werner Gabelin verstarb im Jahr 1989 und Lore Gabelin im Jahr 1995.

An dieser Stelle schließe ich das Kapitel über diese Familien- und Lebensgeschichte. Ich bedanke mich bei Thomas Gabelin für die Möglichkeit, dieses wertvolle und bedeutsame Gespräch zu führen.

Jetzt sind Sie am Ende dieses Kapitels angelangt. Sie haben nun die Möglichkeit, über den QR-Code und/oder den abgedruckten Link, über die Kamera oder das Internet, einen vertieften und noch detailreicheren Einblick in die Lebens- und Familiengeschichte von Thomas Gabelin zu erhalten. Das verfilmte Interview gibt weitere exklusive und detailreiche Einblicke.

https://youtu.be/HqmdN2Lvp5o

■■■ Zu Wladimir Putin und dem Angriffskrieg von Russland hat Mykola eine klare Meinung: „Der Putin muss sofort und so schnell, wie es geht, gestoppt werden“ ■■■

Mykola Kudas

Über einen Aufruf in den sozialen Netzwerken wurde mir durch Zufall in einer privaten Nachricht von einer Mitarbeiterin der Gedenkstätte Bergen-Belsen der Name und Kontakt eines Überlebenden des Holocaust zugesandt, welcher in Hannover wohnt. Sein Name ist Mykola Kudas. Gleichzeitig organisierte die Mitarbeiterin auch eine Dolmetscherin, die mir bei der Übersetzung der deutschen in die russische Sprache beim Kontaktaufbau half. Ihr Name war Elina. Elina sprach in einem langen Telefonat mit Mykola, ob er bereit wäre, ein Interview über seine bewegende Lebens- und Familiengeschichte zu führen. Er willigte schließlich ein, und ich erhielt einen Anruf von Elina mit der Zusage. Wenige Tage später fuhr ich in die Innenstadt Hannovers, wo Mykola in einem Hotel lebt.

Mykola ist nach dem Kriegsausbruch in der Ukraine im Juni 2022 zurück nach Hannover geflüchtet, der Stadt, in der er während des Zweiten Weltkrieges als Kind von ukrainischen Eltern, die in Hannover harte Zwangsarbeit leisten mussten, geboren wurde.

Seine Eltern trugen den Namen Ewgenij und Wera Kudas *(geborene Doroschko)*, der Vater wurde 31. Mai 1923 und die Mutter am 10. Juli 1924 geboren. Beide Elternteile beendeten den Schulbesuch nach der Grundschule und erlernten keinen Beruf. Sie verdienten ab der Jugendzeit ihr Geld mit kleinen Arbeiten in ihrem Dorf. Oftmals wurde auch der Arbeitsdienst gegen eine warme Mahlzeit getauscht, so unterstützte man sich in schweren Zeiten gegenseitig in der Dorfgemeinschaft. Die Familie pflegte Brauchtum und Religion der orthodoxen Kirche und hielt sich sehr streng an die Glaubensregeln. Im Jahr 1942 wurden Ewgenij und Wera, die in einem kleinen ukrainischen Dorf lebten, in Viehwaggons als Zwangsarbeiter nach Deutschland deportiert. Welches Ziel die Zugfahrt hatte, wurde den Menschen in den völlig überfüllten Zugwaggons nicht gesagt. So begann eine Fahrt voller Angst mit dem Ziel ins Ungewisse.

In Hannover angekommen, durfte das junge Ehepaar, welches noch kurz vor der Deportation heiratete, zusammenbleiben und wurde nicht getrennt. In der kommenden Zeit durchliefen beide drei Konzentrationslager, u. a. Hannover-Wülfel. Die Unterbringung im Konzentrationslager Wülfel erfolgte in Holzbaracken, die sie sich mit anderen inhaftierten Zwangsarbeitern teilen mussten. Während dieser Zeit arbeiteten beide Elternteile in der Zuckerfabrik in Rethen *(Leine)* und in der Firma „Otto Leyfert" in Hannover. Zudem wurden sie für verschiedenste Arbeiten im nahegelegenen Wald eingesetzt.

In dem Lager gab es trotz der harten körperlichen Arbeit nur kleine Essensrationen, sodass alle Häftlinge unter großem Hunger litten. Die Versorgung bestand hauptsächlich aus einer wässrigen Suppe und etwas Brot, so beschrieben es die Eltern, sagt Mykola. Während der Arbeit auf einem Feld stahl der Vater Zuckerrüben. Er wurde dabei von einem SS-Aufseher erwischt, bekam aber keinerlei Strafen. Mykola betont in unserem Gespräch, dass dieser SS-Mann wohl doch eine gute Seele gehabt haben muss.

Im Lager wurden immer wieder Babys geboren, die aber keine Verwendung für die SS und die Fabrikanten hatten. Die Hälfte der dort geborenen Kinder wurde durch verschiedene Experimente des SS-Personals und der SS-Ärzte ermordet.

Mykola erblickte als „Frühchen" im siebten Monat, am 8. Juni 1944, im Konzentrationslager Wülfel das Licht der Welt. Der Mutter wurde erlaubt, die ersten zehn Tage nach der Geburt bei ihrem Kind in der Holzbaracke bleiben zu dürfen. Im Anschluss sollte sie wieder zum Arbeitsdienst gehen. Dem Vater wurde diese Arbeitspause verwehrt, da man seine Kraft und seinen Einsatz durchgängig benötigte.

Das junge Elternpaar hatte großes Glück, denn Mykola hätte ein ähnliches Schicksal, wie es viele andere Babys in Wülfel erleben mussten, ereilen können. Wenn Ewgenij und Wera beide auf der Arbeit waren, wurde die Betreuung von anderen Frauen, die im Lager zurückblieben, übernommen. Nach einiger Zeit beschwerten sich immer mehr Häftlinge über die Lautstärke der Babys, sodass u. a. auch Mykola in ein Krankenhaus kam. Dieses Krankenhaus war ein

„Ausländer-Wöchnerinnenheim“ in Godshorn, einem Stadtteil von Langenhagen. Dort verblieb er nur drei Tage, denn der Fabrikant der Zuckerfabrik setzte sich für die junge Familie und eine schnelle Zusammenkunft im Lager Wülfel ein, dies hatte einen besonderen Grund: Mykola kam am gleichen Tag wie die Tochter des Fabrikanten der Zuckerfabrik zur Welt.

Zum Kriegsende hin, gegen Ende März 1945, wurde Hannover von britischen und amerikanischen Streitkräften bombardiert. Die Häftlinge mussten deshalb immer wieder die Holzbaracken verlassen und sich in den angrenzenden Wäldern verstecken. Der Vater nahm dabei immer Mykola in den Arm und kroch mit ihm unter Sträucher und Büsche. Hannover wurde so stark bombardiert, dass bis zum Kriegsende der gesamte Stadtkern zu 90 % und alle Gebäude der Stadt zu 52 % zerstört oder schwer beschädigt wurden.

Das Konzentrationslager Wülfel wurde Anfang April 1945 von der US-amerikanischen Armee befreit. Zehn Tage vor der Befreiung verschwand nicht nur das SS-Personal, sondern auch der Fabrikant der Zuckerfabrik mit seiner Familie spurlos.

Ewgenij und Wera wurde von einem Amerikaner gefragt, ob sie nicht mit nach Amerika kommen möchten. Beide entschieden sich gegen dieses Angebot und hatten den Wunsch, gemeinsam mit Mykola zurück in die ukrainische Heimat zu gehen. Bevor sie die Rückreise antreten konnten, mussten sie sich erst an das Leben in Freiheit nach dreijähriger Gefangenschaft gewöhnen und lebten in Hannover. Am 25. September 1945 traten beide die Rückreise an. Der Vater wurde an der ukrainischen Grenze *(damals noch Grenze der Sowjetunion)* „abgefangen“ und wurde zum medizinischen Dienst in der Roten Armee einberufen. Seine Arbeitsstätte war ein Krankenhaus, das sich um Kriegsverletzte kümmerte. So trennte sich fortan der Weg von Ewgenij und Wera, die Mykola mitnahm. Mutter und Sohn kamen einige Tage nach der Trennung in dem kleinen Heimatdorf an und lebten vorerst bei Weras Mutter. Fünf Monate später kam Ewgenij nach und gemeinsam zogen sie in eine neue Wohnung im Nachbardorf. Der Vater ernährte durch kleinere Arbeiten fortan die Familie.

Bis ins erwachsene Alter lebte Mykola bei seinen Eltern in dem Dorf und schloss die Schule mit der zehnten Klasse ab. Er zog dann in die ca. 36.000 Einwohner zählende Stadt Kachowka in der Oblast Cherson. Innerhalb des Stadtgebietes wechselte er mehrmals die Wohnung. Er entschied sich für die Ausbildung zum Landwirt. Für den Zeitraum von einem Jahr wechselte er seinen Wohnort abermals und lebte im Norden Russlands *(damals Sowjetunion)*, weil dort die Bezahlung besser war. Vor Ort arbeitete er als Waldarbeiter, Gleisbauarbeiter und in einer Ölraffinerie, kehrte aber nach Kachowka mit gut verdientem Geld zurück. In Kachowka lernte er seine erste Frau kennen, beide heirateten und bekamen vier Kinder. Die Ehe hielt nicht lange und ging im Streit auseinander. Sein weiterer beruflicher Werdegang führte ihn in eine Zuchtstation für Hühner und Enten. Mykola lernte in den Jahren darauf eine neue Frau kennen, sie hieß Alla. Beide heirateten, bekamen aber keine Kinder. Die Ehe hielt 19 Jahre lang, bis Alla verstarb. Nach dem Tod war Mykola zehn Jahre lang alleine beziehungsweise ließ sich auf keine feste Partnerschaft ein.

Ewgenij Kudas starb im Alter von 78 Jahren und Wera Kudas mit 81 Jahren. Der Kontakt zu den Eltern war stets harmonisch und liebevoll. Sie besuchten einander in regelmäßigen Abständen.

Bevor Mykola im Juni 2022 nach Deutschland flüchtete, lernte er in der Zeit davor eine neue Frau kennen, beide lebten sie vor der Flucht sechs Jahre zusammen. Sie trug ebenfalls den Namen Alla. Sie fasste gemeinsam mit der Tochter den Entschluss, die Ukraine, sowie die bereits annektierte Stadt zu verlassen, da sie Angst vor den russischen Soldaten und den Bomben hatte. Mykola stimmte diesem Entschluss zu. Gemeinsam mit vielen anderen Flüchtenden wurden sie mit einem Bus nach Saporischschja gefahren. Die Fahrzeit betrug ca. vier Stunden. Vor Ort angekommen mussten sie einen Tag in der Stadt verbringen, da es Bombenangriffe der Russen gab.

Am kommenden Tag ging es in den frühen Morgenstunden mit dem Bus nach Przemyśl weiter, einer polnischen Stadt, die an der polnisch-ukrainischen Grenze liegt. Dann trennten sich die Wege, da sowohl die Frau als auch deren Tochter nicht nach Deutschland, sondern nach Italien ziehen wollten. Die Tochter organisierte im Vorfeld noch einen Kontaktaufbau und Austausch mit dem Bürgermeister der Stadt Hannover sowie die Rückfahrt mit dem Zug und eine Bleibe für Mykola in Hannover. Als der Zug in Hannover am Hauptbahnhof einfuhr, wurde er direkt nach dem Aussteigen von Menschen in Empfang genommen. Sie sprachen auch die ukrainische Sprache und gaben zu verstehen, dass sie ihm helfen wollten.

Er kam für zwei Wochen in eine Erstunterkunft, die Mykola als Art „Messehalle" beschreibt. Zudem lag sie etwas außerhalb des Stadtzentrums. Hier wurden seine Daten und alle möglichen Informationen und Dokumente registriert. Im Anschluss wurde Mykola das Hotel zugeteilt, in dem er aktuell noch immer lebt. Er hat aber den großen Wunsch, in Hannover einen Platz in einem Pflegeheim zu bekommen.

Der Kontakt zu seinen Kindern brach nach Kriegsausbruch im Februar 2022 ab, da sie in den von Russland annektierten Kriegsgebieten, die der Ukraine gehörten, wohnen. Eine Verbindung über das Telefon ist nicht möglich.

Zu Wladimir Putin und dem Angriffskrieg von Russland hat Mykola eine klare Meinung:

„Der Putin muss sofort und so schnell, wie es geht, gestoppt werden. Er hat den Krieg mit der Ukraine angefangen! Selbst das kleine Dorf, in dem meine Eltern und ich lange Zeit lebten, wurde von Bomben getroffen. Mir wäre es am liebsten, wenn er aus der Welt geschafft wird, damit er sein Ziel, die gesamte Ukraine einzunehmen, nicht erreicht."

Zum Abschluss unseres Gesprächs sagt Mykola mit berührter Stimme, dass Hannover für ihn auch ein Stück „Heimat" bedeutet, denn hier wurde er geboren und verbrachte die erste Zeit seiner Kindheit gemeinsam mit den Eltern im Konzentrationslager im Stadtteil Wülfel. Heutzutage empfindet Mykola, dass Hannover eine wunderschöne Stadt ist und er sich hier wohlfühlt. Er möchte an seinem Geburtsort auch sterben.

Jetzt sind Sie am Ende dieses Kapitels angelangt. Sie haben nun die Möglichkeit, über den QR-Code und/oder den abgedruckten Link, über die Kamera oder das Internet, einen vertieften und noch detailreicheren Einblick in die Lebens- und Familiengeschichte von Mykola Kudas zu erhalten. Das verfilmte Interview gibt weitere exklusive und detailreiche Einblicke.

https://youtu.be/EHp-fKtnUds

NACHWORT

Das Nachwort dieses Buches ist für mich ein sehr persönlicher Teil, denn es entstand in Zusammenarbeit mit Richard Brox.

Richard Brox wurde als Bestsellerautor und Literaturpreisträger mit seiner Biografie *„Kein Dach über dem Leben"* und Auftritten in diversen Talkformaten zu Deutschlands bekanntestem Obdachlosen. Das Buch erschien im Jahr 2017. Der international bekannte Journalist und Schriftsteller sowie Richards enger Freund Günter Wallraff schrieb das Vorwort für sein Buch. Richard und mich verbindet eine jahrelange Freundschaft, auf die ich sehr stolz bin und wegen der ich Dankbarkeit verspüre.

In meiner damaligen Schulzeit auf dem Felix-Fechenbach-Berufskolleg des Kreises Lippe in Detmold, ich war in der Ausbildung zum staatlich anerkannten und geprüften Erzieher, organisierte ich eine Lesung mit Richard. Dieser war zum damaligen Zeitpunkt in einer Talkshow im ZDF zu Gast gewesen, und ich hatte durch Zufall den für mich sehr beeindruckenden Gastauftritt samt Buchvorstellung gesehen. In den Tagen nach dem TV-Auftritt schlug ich dem Schuldirektor eine Lesung vor und nahm die Organisation in die eigene Hand. Am Ende lauschten rund 400 Schülerinnen und Schüler in der Sporthalle den berührenden und spannenden Worten von Richard. Nach diesem Erfolg lernten wir uns noch besser kennen und es entwickelte sich neben dem regen politischen und geschichtlichen Austausch auch die besagte Freundschaft.

Die Leserin oder der Leser mag sich sicherlich an dieser Stelle die Frage stellen, wie das Thema „Obdachlosigkeit" zu meinem Buch und der Thematik rund um den Zweiten Weltkrieg und Überlebende des Holocaust passt. Richards Leben prägte nicht nur die 30-jährige Zeit in Obdachlosigkeit und ohne festen Wohnsitz, sondern auch eine Familiengeschichte, die ihn zu einem „Zweitzeugen" werden lässt. Beide Elternteile überlebten die Shoa in den Konzentrationslagern der Nationalsozialisten.

Als Richard mir zum ersten Mal einen tieferen Einblick in seine Familiengeschichte gab, lauschte ich seinen Worten und sog jedes Wort mit hohem Interesse auf, denn es war für mich eine völlig neue Ansicht und Perspektive. Bisher war ich stets Zeitzeugen beziehungsweise Überlebenden begegnet, die selbst ein Konzentrationslager oder Ghetto der Nationalsozialisten überlebt hatten, nie aber einem Menschen, der als Nachfahre die Geschichte der Familie weitergibt. Es beeindruckte mich sehr, dass beide Elternteile das Glück hatten, die schlimme und unmenschliche Zeit der Shoa zu überleben.

Richard Brox erzählte mir in einem Interview seine Lebensgeschichte. Dabei ist es Richard wichtig zu betonen, dass all seine Erzählungen auf den Berichten seiner Eltern beruhen und ihn geprägt haben.

„Schon in der Kindheitsphase, fingen meine Eltern an, mit mir über das Erlebte zu sprechen. Ihr Verhalten war während der unzähligen gemeinsamen Gespräche emotional abgestumpft und traumatisiert, da sie so viele schlimme Dinge erlebten. Das Überleben sei im Vordergrund gestanden und die Erlebnisse konnten sie nicht mit Emotionen und Gefühlen bestücken.

Meine Mutter war eine geborene Goldmann und hatte jüdische Wurzeln. Ihr Geburtsjahr war 1921. Sie stammte aus dem polnischen Galizien. Zum damaligen Zeitpunkt lebte sie mit den anderen vier Geschwistern und den Großeltern in dem Kattowitzer Stadtteil Schoppinitz.

Im Jahr 1942 kam die Gestapo mit polnischer Miliz und räumte innerhalb von einer Stunde das Haus. Die Eltern der Mutter wurden vor den Augen der Kinder erschossen. Alle Kinder wurden in verschiedene Himmelsrichtungen in Zugwaggons transportiert. Die Mutter wurde wegen ihrer kräftigen Statur für die Zwangsarbeit auserwählt und arbeitete fortan für drei Monate in Kassel bei den Henschel-Werken, einem Maschinen-, Fahrzeugbau- und Rüstungskonzern. Der Arbeitstag hatte oftmals bis zu vierzehn Stunden und zehrte an den Kräften und Nerven der Mutter. Ihr blieb der über das Fabrikgelände hallende Ton in Erinnerung, der „Aufstehen und arbeiten" rief.

Untergebracht waren sie in Behausungen auf dem Fabrikgelände. Eine richtige und nahrhafte Verpflegung gab es nicht. Sie flüchtete und hatte das Ziel, nach Polen zurückzukehren, lebte auf der Flucht im Untergrund. Im Oktober 1944 wurde sie von der Gestapo in Leipzig festgenommen. Sie kam in das dortige Gestpogefängnis. Am 22. November 1944 wurde sie in das Frauen-Konzentrationslager Ravensbrück überstellt – zur Vollstreckung der Todesstrafe. In der Häftlingskartei wurde sie als polnischer Häftling geführt.

Während der Inhaftierung nahm sie ein fünfjähriges jüdisches Kind, von dem die Mutter im Lager verstorben war, in Obhut. Sie teilte ihre ganzen Lebensmittelrationen mit diesem Kind. Dies ging einige Tage gut, bis ihr das Kind durch die SS entzogen wurde. Wenige Tage später erfuhr sie vom Tod des Kindes und bekam von dem SS-Personal die Aufgabe, mit eigenen Händen das Grab für das Kind zu schaufeln. Während dieser grausamen Arbeit wurde sie geschlagen und gedemütigt.

Die Mutter erlitt in Ravensbrück schlimme Folterungen. Vergewaltigungen und Demütigungen seitens des SS-Personals waren an der Tagesordnung. Gerade die SS-Frauen sollen wohl besonders brutal und hemmungslos im Vollstrecken solcher Grausamkeiten gewesen sein. Sie erhielt während der Inhaftierung eine Vielzahl an Aufgaben. In den letzten Wochen vor der Befreiung des Konzentrationslagers Ravensbrück, am 30. April 1945, wurden immer mehr Häftlinge aus anderen Konzentrationslagern oder Häftlinge, die von den Todesmärschen kamen, im Lager aufgenommen. Dies hatte zufolge, dass das Lager überfüllt war und Platznot herrschte. Eine ausreichende oder überhaupt überlebenswichtige Versorgung mit Essen und Trinken war nicht mehr gegeben.

Dem Vater erging es etwas anders, denn die Mutter war eine Sintezza. Sein Geburtsjahr war 1926. In der Jugendzeit tat er alles, um nicht systemtreu zu sein, weigerte sich, bei der Hitlerjugend mitzumachen, und widersetzte sich allen Vorgaben des NS-Regimes. Er wurde deshalb zum Reichsarbeitsdienst eingezogen, den er aber schlussendlich auch verweigerte. Zuletzt gab es eine Einberufung in die deutsche Wehrmacht. Der Weg führte ihn nach Ungarn. Vor Ort verweigerte er abermals den Dienst und legte bei und während eines Erschießungskommandos die Waffe nieder. Er sagte, dass er Pazifist sei und sich an solchen Grausamkeiten nicht beteiligen wolle. Diese Aussage und das Verhalten führten zu mehreren Aufenthalten in Wehrmachtsgefängnissen. Der Vater behielt seine rebellische Art bei und flüchtete mehrmals aus der Gefangenschaft. Im Jahr 1944 wurde er wegen seines Fehlverhaltens nicht zur Todesstrafe, sondern zur lebenslangen Zwangsarbeit verurteilt. Er wurde in das Wehrmachtsgefängnis nach Linz in Österreich verlegt und wurde fortan jeden Tag mit einem Transporter zum Arbeitsdienst in das Konzentrationslager Mauthausen überstellt.

Im Konzentrationslager Mauthausen geschahen furchtbare Dinge, die er Richard schon in früher Kindheit erzählte. An einem Tag musste der Vater einen Raum säubern und sah im Nachbarzimmer, wie ein SS-Mann ein Kind an den Füßen hielt und es so lange mit dem Kopf auf den Tisch schlug, bis es tot und das Gehirn Brei war. Viele der Aufgaben in Mauthausen verweigerte er und wurde dafür unter anderem mit Tritten in den Rücken bestraft.

Der Vater schilderte, dass der große Hunger durch die Unterversorgung viel schlimmer war als die Arbeit selbst. Die Menschen verhungerten und verdursteten förmlich. Wenn man ihnen etwas gab, dann war es Wassersuppe und Brot. Er war stark abgemagert, denn entweder gab es keine tägliche Essensration oder eine solch kleine Portion, dass diese nicht zum Leben, aber auch nicht zum Sterben reichte. Oftmals konnte er gar nicht definieren, was ihm zu essen gegeben wurde.

Die Zustände in dem Lager waren unhygienisch und unmenschlich, so beschrieb es der Vater. Gerade in der Zeit vor der Befreiung des Konzentrationslagers Mauthausen, am 5. Mai 1945, wurde sich um die Häftlinge nicht mehr gekümmert, sie vegetierten vor sich hin und überall lagen Leichen. Auch in den Baracken lagen die Lebenden neben den Toten. Als die Soldaten der US-Armee in Mauthausen eintrafen, war das SS-Personal bereits geflohen und so waren die Menschen sich selbst überlassen.

Nach der Befreiung verblieb die Mutter noch bis ins Jahr 1950 in der DDR, genauer gesagt in Halle an der Saale. Sie zog dann nach Westdeutschland. Der Vater wurde als leidenschaftlicher Schlagzeuger von US-Soldaten, mit denen er sich anfreundete, in die USA eingeladen. Dort verblieb er einige Jahre und spielte in einer Bigband. Im Jahr 1949 entflammte das Heimweh nach Deutschland und der Weg führte ihn nach Heidelberg. Der Vater arbeitete dort zeitweise als Chauffeur eines US-Generals. In dessen Büro arbeitete seine zukünftige Partnerin und Richards Mutter als Sekretärin, so lernten sich beide Mitte der 50er-Jahre kennen und lieben.

Am 9. Juli 1964 kam der gemeinsame Sohn Richard auf die Welt. In den Jahren nach der Befreiung litt der Vater unter schlimmen Alpträumen und wachte oftmals mitten in der Nacht schweißgebadet und die schockierendsten Dinge von sich gebend auf. Er erzählte ihm dann von Menschen, die an Spießen aufgehängt wurden. Immer wieder trösteten sich die Eltern gegenseitig, wenn die Vergangenheit sie wieder einmal mit all den grausamen Erlebnissen und Eindrücken einholte.

Die Familie lebte in den Jahren nach dem Krieg in ärmlichen Verhältnissen in Mannheim und wurde von der US-Armee unterstützt. Der Vater sowie die Mutter galten unter den US-Soldaten als „Helden“, da sie Überlebende der Shoa waren. Beide Elternteile hatten ihren festen Bekanntenkreis. Die Mutter pflegte größtenteils die Kontakte nach Polen und hatte den großen Wunsch, zurück in die Heimat zu gehen. In der Nachbarschaft lebte auch eine jüdische Familie, zu denen sie oftmals hingingen. Dies geschah meistens an den Freitagabenden, wenn beide Familien den „Shabbat“ feierten. Der gesamte Wohnraum wurde abgedunkelt und Kerzen angezündet.

„Ich erinnere mich: Die Frauen standen in der Küche und deckten den am Ende sehr reichhaltigen Esstisch. Zudem gab es immer Rotwein, den ich aber noch nicht trinken durfte, so gab es Traubensaft, den alle aus einem Kelch tranken, der herumgegeben wurde."

Nach dem schriftlichen Teil über die Befreiung der Eltern und die ersten Nachkriegsjahre geht Richard Brox nun auf sein Leben, seine Nachforschungen und sein politisches Meinungsbild ein:

„Im Januar 2020 erhielt ich eine Einladung von ‚Amcha Deutschland e.V.', als Nachkomme meiner in Ravensbrück inhaftierten Mutter das Konzentrationslager zu besuchen. Der Verein unterstützt Überlebende der Shoa und deren Nachkommen in verschiedenen Formen, wie beispielsweise psychosozial, nichtmateriell und präventiv. So entschied ich mich, die Reise nach Fürstenberg an der Havel anzutreten, weil tief in meinem Inneren schon immer der Wunsch da war, den Ort zu besichtigen, an dem die Mutter gewesen war. Ich wollte selbst wissen, wie es den Häftlingen vor Ort ergangen ist, und einen Eindruck von dem ehemaligen Konzentrationslager erhalten. Der Besuch erstreckte sich über mehrere Tage. Ich hatte nun die Möglichkeit, offene Fragen, die ich noch reichlich hatte, endlich zu klären. Die Führung selbst habe ich als sehr monoton und belanglos in Erinnerung, ich hatte das Gefühl, dass nur ein vorab geplanter Text heruntergerattert wurde. Mir wäre es viel lieber gewesen, wenn die Grausamkeiten und Schandtaten des SS-Personals in voller Härte erzählt würden, damit es aus den Erinnerungen nicht mehr herausgeht.

Der Kontakt zu meinen Eltern war sehr freundlich. Sie halfen mir in vielen Lebenssituationen. Leider fehlte es diesem Kontakt an Nähe, Zärtlichkeit und Zuwendung. Ich wurde von ihnen nie in den Arm genommen. Meine Eltern haben äußerlich gelebt, aber innerlich waren sie tot. Vater und Mutter konnten ihre Gefühle nicht zeigen, da sie selbst keine Gefühle mehr hatten und geben konnten. Mein Vater verstarb 1977 und die Mutter 1985.

Eventuell haben diese Eindrücke und Erlebnisse mein Leben beeinflusst. Ich würde sagen, dass ich kein Menschenfreund und ihnen gegenüber abgeneigt bin. Meine Meinung ist, dass der Mensch zu allem möglich und unberechenbar ist. Fragt doch mal einen Forensiker, Pathologen oder einen geübten Kriminalisten, wozu der Mensch imstande ist, wenn man ihn nicht zügelt! Der gute und liebevolle Mensch kann von heute auf morgen zu einem Mörder oder Sadisten werden. Jeder Mensch trägt das Böse in sich. Ein Beispiel ist Adolf Hitler! Er ermächtigte sich dem Bösen, denn er wusste ebenfalls, dass jeder Mensch auch bereit dazu ist, Böses zu tun, und man es nur aus ihm herauskitzeln muss. In Windeseile hat man eine Gruppe von diesen Menschen zusammen, die in vielfältiger Art und Weise auch Böses schaffen können. So ist es auch heute! Warum haben wir Kriege? Weil diese von Menschen geschaffen worden sind. Da stellt sich die Frage, wieso der Mensch so etwas macht, die Antwort ist leicht, denn so kann er seine böse Seite ausleben. Wir haben, wenn man sich dem Hass nicht entgegenstellt, drei Eckpfeiler in unserer Gesellschaft, die ich als Wegbegleiter für Mord und Totschlag sehe, das ist Antisemitismus, Rassismus und Homophobie. Was mir meine Eltern vorgelebt haben, war Zivilcourage. Sie lehrten mich ‚Nein' zu sagen gegenüber jeder Form von Hass und Hetze. Wer dies nämlich nicht tut, macht sich mitschuldig für spätere Mordanschläge. Stell dir vor, du nimmst einen Stein und erschlägst damit einen Menschen. Es ist nicht der Stein, der den Menschen getötet hat, sondern es ist das Wort, was davor gefallen ist, und dass man sich nicht entgegengestellt hat.

Ob die Menschheit aus der Vergangenheit und den Kriegen nichts gelernt hat? Ich würde es so sagen: Seit es den Menschen gibt, gibt es auch Kriege, Mord, Totschlag oder Vergewaltigungen. Es liegt einfach daran, dass ich glaube, dass in jedem Menschen wieder die soeben beschriebene gute und böse Seite vorhanden ist. Bei dem einen überwiegt die eine Seite etwas mehr als die andere. Ich kann nur sagen, man muss hergehen und alles, was ‚Böse' ist, wie etwa Rufmord, Lästereien oder Anfeindungen, unterbinden. Diese Dinge waren auch Bestandteile des späteren Massenmordes im Holocaust. Wie viele Menschen wurden nur deshalb in die Konzentrationslager deportiert, weil u. a. der Nachbar gesagt hat, dass im Nachbarhaus eine jüdische Familie wohnte, und die Meinung pflegte, dass diese Menschen ‚weg' müssten. Die Masse macht es und nicht die einzelne Person, dass es zu einem solchen Szenario ausartet. Aber wer steht hinter dieser Masse? Es ist jeder Einzelne, der sich nicht gegen Hass und Hetze aufstellt, somit trägt er eine Mitschuld an diesen Verbrechen. Wir leben heute in einer Gesellschaft, in der beide Dinge so breit aufgestellt sind, dass sie sich durch alle Altersschichten durchziehen. Heutzutage kann man sich bereits anonym im Internet austoben. Ich hatte vor einiger Zeit einen sehr schönen Zeitungsbericht zu meiner Familiengeschichte in der ‚Jüdischen Allgemeinen'. Im Anschluss wurde ich auf Facebook dermaßen angegangen, dass es bis zu Morddrohungen ging. Ich war nicht mehr der bekannte Obdachlose, sondern das ‚Judenschwein'. Viele schrieben auch, dass das, was ich von meinen Eltern nacherzähle, niemals so stattgefunden hat.

Am Ende bin ich ein überzeugter Pazifist und lehne jede Anwendung und Begünstigung von Gewalt ab, denn das, was es in den Weltkriegen schon gegeben hat, darf es nicht nochmal geben. Ich bin für alles, was Frieden schafft, ohne Waffengewalt. Für mich ist jede Form von Frieden, Freiheit und Gerechtigkeit wichtiger als Krieg und Mordgelüste. Ich bin auch kein Befürworter davon, die Menschen zu unterstützen, die eine Waffe in die Hand nehmen, um andere Menschen zu richten. Vielmehr bin ich dafür, dass es einen Weltfrieden geben sollte, der mit Worten und nicht mit Waffen besiegelt wird. Für mich ist zudem ein politisches System wichtig, in dem der Mensch in Frieden, Schutz, sozialer Gerechtigkeit und in einer wirtschaftlichen stabilen Sicherheit leben kann. Dies kann man nur miteinander und wenn man füreinander da ist, erreichen, indem man die Schwachen schützt und die Starken als tragende Persönlichkeiten herannimmt, um die Schwachen aus dem Sog des Elends herauszunehmen. Als Fazit möchte ich zu dieser Frage nur noch sagen, dass der Mensch unbelehrbar ist und aus der Vergangenheit keine Lehren ziehen wird, solange man den Menschen nicht ständig und immer wieder daran erinnert, wie schlimm es in der Vergangenheit, wie etwa im Zweiten Weltkrieg, war. Den aktuellen politischen Rechtsruck haben wir nicht nur in Deutschland, sondern in vielen Teilen von Europa.

Irgendwann werden auch die letzten Überlebenden der deutschen ehemaligen Konzentrationslager und Ghettos verstorben sein. Ich habe nur nacherzählt bekommen, was meine Eltern erlebt haben. Die Glaubhaftigkeit und Wahrhaftigkeit ist mittlerweile erforscht, erwiesen und bewiesen. Es ist enorm wichtig, diese Rolle als ‚Zweitzeuge' wahrzunehmen und in der Öffentlichkeit kundzutun, um dem Hass und der Hetze in der Gesellschaft entgegenzuwirken. Die Gräueltaten, die während der Nazi-Barbarei geschehen sind, müssen den Menschen täglich als Mahnung vor Augen geführt werden, sei es durch Gedenkstättenbesuche, Vorträge, Zeit- oder Zweitzeugengespräche oder Lesungen. Mir ist es wichtig, dass diese Möglichkeiten die Gräueltaten aber nicht abstumpfen, sondern in aller Grausamkeit darstellen.

Um das Verständnis zu wecken, sollte man von jung an regelmäßige Besuche in den Konzentrationslagern verpflichtend in Schulen durchführen, dabei aber nicht nur einen klassischen Rundgang machen! Im ‚Stammlager I' in Auschwitz ist es möglich, in eine Gaskammer hineinzugehen, das ist ein guter Anfang, am besten sollte man die Tür für eine Minute abschließen und verdunkeln, damit der Mensch auch hier die Angst und Stille spürt.

Ein Wort zu den stetigen Forderungen von Reparationszahlungen, AUCH seitens der polnischen Regierung. Diese Forderungen werden trotz des am 12. September 1990 unter den Siegermächten sowie zwischen Polen und Deutschland geschlossenen ‚Zwei-plus-vier-Vertrags' gestellt. Mein Standpunkt dazu: In diesem Vertrag wurde mit Unterschrift aller damaligen Staatsoberhäupter rechtlich und verbindlich geklärt, dass ein und alle Mal jede Form von Reparationszahlungen abgegolten ist. Wenn heute jemand herkommt und solche Zahlungen noch fordert, gibt es den verbindlichen Vertrag, der dies untersagt. Ich bin der Ansicht, dass, egal welches Land diese Zahlungen noch fordert, es mit großem Dank annehmen sollte, wenn es eine ‚Summe X' auf freiwilliger Basis des jeweiligen anderen Landes noch erhält.

Zu guter Letzt empfehle ich noch den Dokumentarfilm *‚Fritz Bauer – Tod auf Raten'* in allen Schulen. Bauer war in seiner Amtszeit als hessischer Generalstaatsanwalt in den Jahren von 1956 bis 1968 Initiator der Frankfurter Auschwitzprozesse."

An dieser Stelle möchte ich mich von ganzem Herzen für die Unterstützung bei Richard bedanken. Das Nachwort dieses Buches hat meiner Meinung nach gezeigt, wie wichtig es ist, dass auch die Nachfahren der Holocaust-Überlebenden die Stimme erhalten, die jeweiligen Familiengeschichten in der Öffentlichkeit kundzutun. Richard ist einer dieser „Zweitzeugen", der hier die Geschichte der Eltern im Holocaust nacherzählt hat.

LITERATUR UND QUELLEN

Eva Szepesi

1) Szepesi, Eva: „Ein Mädchen allein auf der Flucht: Ungarn – Slowakei – Polen“. 5. Auflage, Hrsg: Metropol-Verlag am 27. Januar 2011, 159 Seiten.

2) Autor unbekannt (2022). „Überlebende des Holocaust: Eva Szepesi wurde in Auschwitz bereits für tot gehalten“ / www.swr.de : https://www.swr.de/swr1/swr1leute/holocaust-ueberlebende-eva-szepesi-100.html (Abgerufen am 9. Juni 2023)

Edith Erbrich

1) Erbrich, Edith / Rautenberg, Hans-Josef: „Ich hab das Lachen nicht verlernt: Ein Leben voller Erinnerungen“. Hrsg: Rediroma-Verlag am 17. Juni 2020, 68 Seiten.

Christa Rose

1) Move4Motion (2019). „Christa Rose – Eine KZ Auschwitz Überlebende berichtet“ / www.YouTube.de: https://www.youtube.com/watch?v=iByhwMJnraY (Abgerufen am 9. Juni 2023)

2) Autor unbekannt (2020). „Christa Rose hat als Kind das Grauen von Auschwitz überlebt“ / www.von.at : https://www.vn.at/politik/2020/02/13/christa-rose-hat-als-kind-das-grauen-von-auschwitz-ueberlebt.vn (Abgerufen am 9. Juni 2023)

Sonja Strauß

1) Junker, Hans (2021). „Familie Strauß – Sonja Strauß“ / www.coelbe.de : https://www.coelbe.de/rathaus-politik/erinnerungskultur/familie-strauss/ (Abgerufen am 9. Juni 2023)

2) Bild von Menschenhaufen in Bergen-Belsen, Abbildung: „Bergen-Belsen 1945“. Quelle: Junker, Hans (2020). https://verortungen.de/wp-content/uploads/2021/02/Lebenswege_Junker_Sonja Strauss_27012021.pdf (Abgerufen am 9. Juni 2023)

3) Bild von Carl Clauberg, Abbildung: „Die KZ-Ärzte Joseph Mengele und Carl Clauberg“. Quelle: Junker, Hans (2020). https://veror-

tungen.de/wp-content/uploads/2021/02/Lebenswege_Junker_
Sonja Strauss_27012021.pdf (Abgerufen am 9. Juni 2023)

4) Abbildung: „Das ‚Zigeunerlager' im KZ Auschwitz-Birkenau, Bezeichnungen und Funktionen der Blöcke, moderne Grafik auf Basis des Ausbaustandes etwa Mitte 1944". Quelle: Dörrbecker, Maximilian (Chumwa) / CC BY-SA 2.5. https://de.wikipedia.org/wiki/Zigeunerlager_Auschwitz#/media/Datei:Zigeunerlager_im_KZ_Auschwitz-Birkenau.png (Abgerufen am 9. Juni 2023)

5) Bild von Josef Mengele, Abbildung: „Die KZ-Ärzte Joseph Mengele und Carl Clauberg". Quelle: Junker, Hans (2020). https://verortungen.de/wp-content/uploads/2021/02/Lebenswege_Junker_Sonja Strauss_27012021.pdf (Abgerufen am 9. Juni 2023)

6) Abbildung: „Baracke im Lager Mauthausen". Quelle: Junker, Hans (2020). https://verortungen.de/wp-content/uploads/2021/02/Lebenswege_Junker_Sonja Strauss_27012021.pdf (Abgerufen am 9. Juni 2023)

Ingeburg Geißler

1) „Ingeburg Geißler" / www.verfolgung-von-jugendlichen-im-ns.de : https://www.verfolgung-von-jugendlichen-im-ns.de/biographies/ ingeburg-geissler (Abgerufen am 9. Juni 2023, Fund Autor, anonym)

Albrecht Weinberg

1) Hunfeld, Kristin (2022). „Albrecht Weinberg ist einer der letzten Überlebenden von Bergen-Belsen" / www.bremenzwei.de : https://www.bremenzwei.de/themen/albrecht-weinberg-104.html (Abgerufen am 9. Juni 2023)

2) Giermanns, Heinz J.: „Einer von uns: Albrecht Weinberg – Leiden an Deutschland". 1. Auflage, Hrsg: Redaktionsbüro hegPress im Jahr 2014, 262 Seiten.

Ruth Melcer

1) Grammatikopulu, Despina (2017). „Zeugin der Zeit: Ruth Melcer – Ein Kind in Auschwitz" / www.br.de : https://www.br.de/fernsehen/ard-alpha/programmkalender/sendung-2547608.html (Abgerufen am 9. Juni 2023)

[2] Melcer, Ruth / Presser, Ellen: „Ruths Kochbuch: Die wunderbaren Rezepte meiner jüdischen Familie“. 1. Auflage, Hrsg.: Gerstenberg Verlag am 23. März 2015, 160 Seiten.

Dr. Ursula Beyrodt

[1] Gerhardt, Ulrich (2012). „Die Quellen sprechen – Ursula Beyrodt“ / die-quellen-sprechen.de : https://die-quellen-sprechen.de/Ursula_Beyrodt.html (Abgerufen am 9. Juni 2023)

[2] Mageras, Anna (2010). „Ich bin deutsch und jüdisch, jüdisch und deutsch“ / userblogs.fu-berlin.de : https://userblogs.fu-berlin.de/migrationen/?page_id=708 (Abgerufen am 9. Juni 2023)

Josef Königsberg

[1] Engelbrecht, Sebastian (2020). „Gerechter unter den Völkern“, Der Mann, dem Josef Königsberg sein Leben verdankt“ / www.deutschlandfunk.de : https://www.deutschlandfunk.de/gerechter-unter-den-voelkern-der-mann-dem-josef-koenigsberg-100.html (Abgerufen am 9. Juni 2023)

[2] Königsberg, Josef: „Ich habe erlebt und überlebt!: Das Leben des Menschen ist vom Schicksal bestimmt“. 1. Auflage, Hrsg.: Portalis am 1. Februar 2008, 195 Seiten.

Karla Raveh

[1] Hammer, Benjamin (2016). „Das Ende des Schweigens“ / www.deutschlandfunk.de : https://www.deutschlandfunk.de/holocaust-gedenktag-das-ende-des-schweigens-100.html (Abgerufen am 09. Juni 2023)

[2] Raveh, Karla / Rosenberg, Helene: „Überleben: Der Leidensweg der jüdischen Familie Frenkel aus Lemgo“. 5. Auflage, Hrsg.: Alte Hansestadt Lemgo am 1. Januar 2003, 151 Seiten.

Thomas Gabelin

[1] Diederichs, Petra (2020). „Krefelder Geschichte – Geboren in Theresienstadt“ / alt.erinnerungsort.hs-duesseldorf.de : https://alt.erinnerungsort.hs-duesseldorf.de/neuigkeiten/323-dr-thomas-gabelin-geburtsortkz-theresienstadt-thomas-gabelins-

bewegende-familiengeschichte-23-06-2022,-19-00-uhr,-hs 3-e-001 (Abgerufen am 9. Juni 2023)

Mykola Kudas

[1] Text basiert auf dem geführten Gespräch am 8. Januar 2023 in Hannover

Nachwort

[1] Hein, Christina (2023). „Vom Obdachlosen zum Bestseller-Autor" / www.hna.de : https://www.hna.de/kassel/autor-lebte-lange-auf-der-strasse-92166905.html (Abgerufen am 9. Juni 2023)

[2] Brox, Richard: „Kein Dach über dem Leben: Biografie eines Obdachlosen". 9. Auflage, Hrsg.: Rowohlt Taschenbuch am 15. Dezember 2017, 272 Seiten.

[3] Viernau, Carsten (2023). „Kein Dach über dem Leben – Interview mit dem Bestsellerautor Richard Brox" / netzwerknord-hessen.de : https://netzwerknordhessen.de/kein-dach-ueber-dem-leben-interview-mit-dem-bestsellerautor-richard-brox/ (Abgerufen am 9. Juni 2023)

[4] Menker, Guido (2019). „Richard Brox ist seit 30 Jahren obdachlos – und kämpft weiter" / www.kreiszeitung.de : https://www.kreiszeitung.de/lokales/rotenburg/rotenburg-ort120515/geld-bedeutet-nichts-mehr-11486089.html (Abgerufen am 9. Juni 2023)

SEKUNDÄRLITERATUR

Benz, Wolfgang: Der Holcaust (Beck'sche Reihe). München 2023.

Frings, Karola: Sinti und Roma: Geschichte einer Minderheit (Beck'sche Reihe). München 2019.

Lehnstaedt, Stephan: Der Kern des Holocaust: Belzec, Sobibór, Treblinka und die Aktion Reinhardt. München 2023.

Marwell, David: Mengele. Biographie eines Massenmörders. Warum wurden seine Kriegsverbrechen aus der NS-Zeit nie geahndet? Darmstadt 2021.

Overy, Richard: Weltenbrand: Der große imperiale Krieg, 1931–1945. Berlin 2023.

Reese, Laurence: Auschwitz. Geschichte eines Verbrechens. Die fundierte sowie erschütternde Darstellung über die unfassbaren Geschehnisse des Holocaust. Berlin 2007.

Steinbacher, Sybille: Auschwitz: Geschichte und Nachgeschichte (Beck'sche Reihe). München 2020.

Wachsmann, Nikolaus: KL. Die Geschichte der nationalsozialistischen Konzentrationslager. München 2018.

Bildnachweis

Die Bilder in diesem Buch sind zum größten Teil aus dem Archiv der Überlebenden des Holocaust. Die Rechte wurden dem Autor zur Veröffentlichung gewährt. Die Nachweise weiterer Bilder sind in den Literatur- und Quellenangaben zu den einzelnen Kapiteln aufgeführt.